新时代大学生创新创业教育研究与探索

康家树 雷晓柱 徐 良 **著**

北方文艺出版社

图书在版编目（ＣＩＰ）数据

新时代大学生创新创业教育研究与探索 / 康家树,
雷晓柱, 徐良著. -- 哈尔滨 : 北方文艺出版社, 2021.7
ISBN 978-7-5317-5196-0

Ⅰ.①新… Ⅱ.①康… ②雷… ③徐… Ⅲ.①大学生
—创业—研究 Ⅳ.①G647.38

中国版本图书馆CIP数据核字(2021)第147301号

责任编辑 / 安　璐　赵晓丹
装帧设计 / 河北优盛文化传播有限公司
出版发行 / 北方文艺出版社
网　　址 / www.bfwy.com
邮　　编 / 150080
地　　址 / 黑龙江现代文化艺术产业园 D 栋 526 室
印　　刷 / 定州启航印刷有限公司
开　　本 / 710×1000　1/16
字　　数 / 300千字
印　　张 / 13.5
版　　次 / 2021年 7 月第 1 版
印　　次 / 2022年 9 月第 2 次印刷
书　　号 / ISBN 978-7-5317-5196-0
定　　价 / 79.00元

PREFACE 前言

　　在当代社会中，大学生既是社会发展的重要人力资源，也是实施科教兴国战略的重要载体。进入 21 世纪以来，随着社会经济的快速发展、高等教育大众化水平的不断提高，我国大学生人数以及大学毕业生人数都在逐年增长。如今，广大大学生普遍面临着激烈的就业竞争，大学生就业难已经成为一个不容忽视的社会问题。国家、社会和教育工作者等对此高度重视，并积极探寻解决这一问题的有效方法与途径。目前，我国政府已经实施多项政策促进大学生就业，其中，鼓励和扶持大学生自主创业是他们寻找到的一条有效途径。

　　作为社会瞩目、国家期盼的未来精英，当代大学生普遍素质较高，且具有优秀的专业素养、扎实的技术技能。如果能对广大大学生善加引导，鼓励，帮助他们走上创业的道路，不仅可以解决我国大学生的就业问题，也能创造就业岗位，解决他人的就业问题，还能加速我国经济的发展，可谓一举数得。近些年来，随着我国政府对大学生创业的重视，很多高校已经开始在大学生就业创业教育方面投入较多的关注。与此同时，学术界也有一些学者投入大量精力来分析和研究大学生创业的相关问题，并取得了可喜的研究成果。但是，社会经济形势在不断发展变化，大学生想要创业成功，必须要做好充分的创业准备，一旦创业活动开始，还必须要做好创业团队管理以及其他相关的管理事宜。基于此，作者特撰写了这本《新时期大学生创新创业教育研究与探索》，希望能够帮助大学生真正树立起自己创业的观念，使大学生在掌握创业相关知识与技能的基础上走向成功创业之路。

　　本书共包括九章内容。从整体上来看，本书主要是在对大学生创业的基础知识进行系统介绍的基础上，从多个角度对大学生创业做了全面且深入的探究。本书是作者在对新时期大学生就业创业状况进行充分了解的基础上，根据相关的科学理论所完成的。本书内容在重点阐释大学生创业理论的同时，还注重相关的实践探索，以期发掘出更利于大学生创业的有效途径与方法。在语言表述方面，本书力求通俗易懂，避免出现大量罗列术语的现象，使本书具有较强的可读性。

　　本书在撰写的过程中，作者参考了大量有关大学生创业方面的参考文献，也引用了许多专家学者的研究成果，在此一并表示衷心的感谢。由于时间仓促，作者水平有限，书中难免存在一些谬误之处，恳请广大读者多提宝贵意见，以便本书日后的修改与完善。

编　者

CONTENTS 目录

第一章
新时期"互联网+"背景下
大学生创新创业基础

随着社会经济的发展，国家越来越重视创业和创新。正在加快改革科技成果产权制度、收益分配制度和转化机制，同时不断简化创业行政审批手续，降低创业门槛，大力破除技术壁垒、行政垄断的藩篱。"大众创业、万众创新"是经济增长的新引擎。"80后""90后"是一批受过高等教育的年轻人，他们正在成为社会劳动的主力军。他们思想上更开放，更具有国际化的视野，也深受互联网的影响，创新创业文化已经深入到他们每一个人的内心深处。创业创新为每个人提供了一个以勤劳致富、实现梦想的公平机会。创业创新正在成为实现个人价值的重要方式。当前，我国已形成"政府促进创业、市场驱动创业、学校助推创业、社会扶持创业、个人自主创业"的生动局面。以互联网为依托的创新平台、创业途径正在持续打破时空限制，网店、微店、微客、创客等新兴群体已不断通过新创意来参与公平竞争，踏上成功创业之路。"互联网+"为产业智能化提供支撑，增强新的经济发展动力，为"大众创业、万众创新"提供新环境，当然，也为大学生创业者提供新的理论和技术支持。本章就"互联网+"背景下大学生创新创业的基础理论及相关问题进行阐述。

 ## 第一节　创新创业的内涵

一、创新的内涵

奥地利经济学家熊彼特最早提出了"创新"的概念。他完善了自己的理论，提出创新就是"建立一种新的生产函数",彼得·德鲁克发展了创新理论。他提出,任何使现有资源的财富创造潜力发生改变的行为,都可以称之为创新。随着人们对现代社会的科学、技术与经济发展、社会进步关系研究的深入,人们对于创新概念的理解更为深刻。

二、创业的内涵

创业本义是"创立基业""创建功业"。《辞海》的解释就是"创立基业"。在英文中,"创业"有两种表述方式:一是"venture";二是"entrepreneurship"。"venture"一词的最初意义是"冒险",但在企业创业领域,它的实际意义是被赋予了"冒险创建企业"。20世纪70年代中期以来,创新和创业精神成为全球理论界和实业界关注的新热点,专家学者纷纷从创业本质出发,重新审视管理理论,谋求创新。创业是一个跨学科、多层面的复杂现象,这一特点使得这一领域既引人注目又显得复杂。荣斯戴特曾这样定义创业:"创业是一个创造增长的财富的动态过程。"斯蒂文森强调了创业的过程:"创业是一个人——不管是独立的还是在一个组织内部——追踪和捕获机会的过程。"斯蒂文森进一步指出:有三个方面对创业是特别重要的,即察觉机会、追逐机会的意愿及获得成功的信心和可能性。在国内,有学者在自己的著作中对创业是这样定义的:"创业是一个发现和捕获机会并由此创造出新颖的产品、服务或实现其潜在价值的过程。"创业必须要贡献出时间和付出努力(心理与生理),承担相应的风险,并获得金钱的回报、个人的满足。

结合我国当前实际,本书认为创业是"通过必要的时间和努力发现与把握商业机会,通过创建企业或企业组织结构创新,筹集并配置各种资源,将新颖的产品或服务推向市场,从而最终实现企业经济价值和社会价值的过程"。当然,从更广泛的意义上说,创业就是创造事业。

从以上创业概念上看,它主要强调了以下四个方面。

(1)创业是创造的过程。创业创造出某种有价值的新事物,这种新事物必须是有价值的,不仅对创业者本身,而且对其开发的某些目标对象也是有价值的。(2)创业需要贡献出必要的时间,付出极大的努力。要完成整个创业过程,要创造新的有价值的事物,就需要大量的时间。(3)承担必然存在的风险。创业的风险可能有多种形式,一般来说是财务方面的、精神方面的、社会方面的及家庭方面的。(4)给予创业家以创业报酬。作为一个创业者,最重要的回报可能是其由此获得的独立自主,及随之而来的个人满足。对于追求利润的创业者,金钱的回报无疑是最重要的。

三、创新与创业的关系

（一）创新与创业的内在联系

创新不是创业，但是创新与创业是密切相关的实践活动。一方面，成功的创业离不开创新。创业者要么通过创新进入一个新的领域，获得先机；要么进入一个既有的行业，面对大大小小的进入门槛和形形色色的竞争对手，也只有通过创新才能谋求到竞争优势。另一方面，创新也需要创业。创新的成果经过创业的产业化发展才更能彰显创新的价值，从而也能更激励企业和个人不断创新。

创新与创业两者的关系相互促进又相互制约，是密不可分的辩证统一体。创新是创业的基础，是创业人才必备的素质；创业是创新的载体和表现形式。创新为创业成功提供了可能性和必要的准备，但如果脱离创业实践，缺乏一定的创业能力，创新也就成了无源之水。

从创新的时效性看，企业创新特别是在科技成果推向市场的过程中，一般总是从产品创新、技术创新开始的。当产品创新和技术创新进行到一定程度时，企业的创新注意力会逐渐移到市场营销创新上。在这些创新重点的不同时序上，还会伴随着必要的管理创新和组织创新。

综上所述，可以看出创新与创业两者相互联系、密不可分。由于创新与创业的密切关系，创业与创新教育应该相互渗透融合，弘扬创新创业精神，健全创新创业机制，完善创新与创业的环境。

机会型创业是衡量一个国家创业活跃程度和创业水平的重要指标。无疑，人数众多的受过高等教育具有较高综合素质的大学生应是机会型创业的主力军。大学生在就业与创业的选择中，可以充分发挥自身优势，利用资源和环境条件，捕捉、识别、筛选并抓住市场机会，作为事业的选择，从事创业活动。

（二）创新与创业的区别

第一，概念不同。按照《现代汉语词典》的解释，创新是指抛开旧的、创造新的，也可简要概括为破旧立新的过程。创业，在《辞海》中的定义是"创立基业"。因此就可以被译为"事业心、开拓精神教育"或是"企业家精神教育"。创业就是创业者对自己拥有的资源或通过努力对能够拥有的资源进行优化整合，从而创造出更大的经济或社会价值的过程。而创新则是一种新思想从产生到首次商业化的过程，简而言之，创新就是美好的梦想加上有效的实施，最后变为价值的创造过程。

第二，涵盖的具体内容不同。"创业"最初的含义是"冒险"，现在的含义是一种劳动方式或行为。创业是一种劳动方式，是一种需要创业者组织并运用服务、技术、器物作业并进行思考、推理和判断的行为。创业是一个从无到有的实践过程。"创新"是指一个独立个体能够善于发现和认识有意义的新知识、新思想、新事物、新方法，掌握其中蕴含的基本规律，并具备相应的能力。创新涵盖众多领域，包括政治、军事、经济、社会、文化、科技等各个领域的创新。

第三，两者的作用不同。创业的作用在于创造财富和价值，同时也推动并深化创新。创新的作用在于发现和创造新东西，它是事业发展的源泉和动力，它的价值体现在创业上。创业者在创业过程中需要具有持续旺盛的创新行为、创新意识，才可能产生富有创意的想法或方案。当今社会，企业是创新的主体，创新是企业最重要的战略重点之一。通过创新实现企业效益的有机增长，是在行业内取得成功的关键。

第四，创业和创新对创业者的要求不同。创业需要创业者不断开发、提高自己的创业基本素质，具备创业精神和创业能力，创新需要创业者具备创新精神和创新能力。创业精神是创业中体现的精神，而创新精神是指在创业者的主观世界中，体现出的具有开创性、新颖性的思想、观念、方法、个性、意志、作风、品质等。

由上述可知，创业与创新虽然都具有开创新东西之意，但两者内涵有着明显区别。创业可能涉及创新，或者也并不涉及；创新可能涉及创业，或者也并不涉及。

四、人类创新创业的发展历程

人类社会发展的历史，从某种意义上讲就是一部不断创新创业的历史。人类文明离不开创新创业活动。创新创业活动推动社会进步，是人类赖以生存和发展的基础。

（一）人类创新创业的起源

英国出版的《发明的故事》一书详尽介绍了古今中外近 380 种人类创新创业与发明创造成果的历史由来。其中，数得上人类"第一发明"的当推弓箭。弓箭等猎具的发明和推广应用极大地提高了生产效率，使猎物有所剩余，养起来成为家畜，推动人类社会由采集为主、狩猎为辅的时代转入畜牧时代。从此母系社会开始瓦解，进入父系社会。

弓箭的广泛使用使人们产生利用弓弦绕钻杆打孔的想法，从而发明钻具。人类利用钻具与被钻物的摩擦生热进行取火，掌握了取火技术。人工取火技术的掌握不仅可以用于熟食、照明、取暖和驱避野兽等，使人类寿命得以延长，生存质量得到提高，而且在火烧黏土的制陶过程中随着高温技术的掌握，更是可以用火熔炼金属，制造金属农具，给人类带来生产文明。随着以金属农具为代表的整套农业技术的推广应用，人类社会由畜牧时代进入农业社会。可以说，钻木取火技术的发明当推人类历史上第一次技术革命。

（二）农业文明——人类创新创业史上的第一个高峰

在古代社会，以农业文明为代表的创新创业实践与发明创造活动，使我国长期处于封建社会。我国形成了与西方不同、独具一格的政治、经济、文化传统和科学技术体。在西方处于落后的中世纪"黑暗时代"时，我国正处于唐宋盛世（公元 7 ~ 12 世纪）。我国古代伟大的四大发明中除造纸技术外，其余三大发明都是在这一时期成熟和推广应用起来的，形成我国历史上科学文化与经济繁荣前所未有的壮观景象。

我国古代的四大发明传入欧洲和亚洲一些国家，促进了这些地区的科学技术和生产力的发展。指南针促进欧洲航海事业和探险事业的发展，火药成为消除欧洲各地封建割据的有力武器，造纸术和印刷术则对欧洲科学文化的普及、提高起到永久性的巨大推动作用。

（三）工业文明——人类创新创业史上的第二个高峰

世界生产力的发展先后经历以瓦特蒸汽机为代表的机械技术革命、以煤化学和合成染料为代表的化工技术革命以及以电气化为代表的电力技术革命三次高潮，世界科学技术和生产力发展的中心相继由英国、德国转移到美国。第二次工业革命是以电力的广泛应用为其显著特点的，它使世界跨进了电气时代。

从 19 世纪六七十年代起，世界上出现了一系列电气发明。1866 年德国工程师西门子制成发电机，1870 年比利时人格拉姆发明了电动机，电力开始被用来带动机器，成为补充和取代蒸汽动力的新能源。内燃机的发明是这一时期应用技术上的又一重大成就。1876 年德国人奥托制造出一台以煤气为燃料的四冲程内燃机，成为颇受欢迎的小型动力机。1883 年，德国工程师戴姆又制成以汽油为燃料的内燃机。1892 年，又一名德国工程师狄塞尔发明了一种结构更简单、燃料更便宜的内燃机——柴油机，它虽比使用汽油的内燃机笨重，但非常适用于重型运输工具。由于内燃机的发明解决了交通运输工具的发动机问题，在这一领域中发生了一次革命性的变革。19 世纪 80 年代，一种新型的交通工具——汽车诞生了。从 19 世纪 90 年代起，许多国家都建立起汽车工业。

内燃机的发明还推动了石油开采业的发展，加速了石油化学工业的产生。在无机化学工业方面，19 世纪 60 ~ 70 年代发明了以氨为媒介生产纯碱和利用氧化氮为催化剂生产硫酸的新方法。化学工业也随着煤焦油的综合利用得到迅速发展。从 19 世纪 80 年代起，人们开始从煤焦油中提炼氨、苯、人造染料等化学产品。

人造染料成本低、性能好，很快就代替了天然染料。

新的技术革命也推动了一些老工业部门的发展，其中最突出的是钢铁工业。1856 年英国人贝西默发明的"吹气精炼"操作法很快得到推广，从 19 世纪 60 年代起许多国家都修建了贝氏转炉。1864年法国人马丁和德国人西门子兄弟同时宣布发明了平炉炼钢法。平炉不仅可以熔化生铁和熟铁，还可以熔化废钢，使之变成优质钢。但这两种炼钢法都不能使用含磷的矿石。1875年英国冶金技师托马斯成功地解决了这个问题。他发明的碱性转炉，使用含磷矿石也可炼出优质钢。冶炼技术的不断改进使钢的质量明显提高，产量持续增长。

（四）信息社会知识经济、创意经济的发展与创业革命

到20世纪中叶，以原子能、电子计算机、航天技术、网络技术的应用为代表的信息技术的发展，引起社会生产的重大变化，从而又导致了人们称为第三次的工业革命。信息革命使得科学技术转化为直接生产力的速度加快，科学和技术密切结合相互促进，科学技术各个领域间相互渗透，高度分化又高度综合。所有这些，极大地推动了社会生产力的发展，促进了社会经济结构和社会生活结构的变化，推动了国际经济格局的调整。信息技术革命正在进行中，每一天都有新的信息技术不断改变现状，这就要求整个社会不断地对传统生活方式以及法律法规进行调整。

在多如繁星的信息技术中，计算机技术是推动信息技术革命发展的重要技术。计算机技术也带动了很多相关技术的出现及发展，如微电子技术、网络通信技术、Web和数字化技术等。在人们的生活中，计算机技术和通信技术在很多电子产品中得到广泛应用，致使现在电子产品种类众多，包括计算机、便携式媒体播放器（如iPod）、数码相机和便携式摄像机、移动电话、收音机和电视、GPS（全球定位系统）、DVD和CD播放器、电子书阅读器、街机游戏以及平板电脑（如iPad），甚至连汽车和家用电器（如微波炉、电冰箱和洗衣机）都使用计算机技术进行控制、监视和故障检测。

知识经济社会，知识与信息在经济社会商品价值创造中所起的作用越来越大，很多知识与信息成为独立存在的商品。以知识为主宰的知识经济时代，知识成为衡量企业财富的标准，成为企业的战略资产。在以知识为基础的知识经济社会，智力资源成为一个国家、一个企业取得竞争优势的核心资源。创意产业是基于知识产权，通过对知识产权的开发来创造潜在财富和就业机会的产业。随着社会的发展，创新产业涵盖的面越来越宽泛。创意产业体现新经济的创新性、高附加值性、强融合性、渗透性、辐射性和持久盈利性特点，日益呈现出融入服务业、制造业甚至包括初级制造业等其他产业的趋势。创新创业成为经济发展的重要引擎，导致新产品和新行业的不断涌现，特别是创意产业的发展，高科技中小企业呈现强劲的发展势头。

第二节 大学生创新创业的路径选择

目前，我国正处在经济社会转型的关键时刻，创新创业成为一种社会需求，可以说，西方发达国家的经济可持续发展都是以大学生创新创业为驱动的。作为社会关注的重点，大学生创新创业不仅是社会需求，也是自身需要，是大势所趋。而伴随着互联网的飞速发展，"互联网＋"为大学生创新创业打开了新的大门。本节即对"互联网＋"背景下大学生创新创业的路径进行分析探讨。

一、"互联网＋"背景下大学生创新创业的现实需求

（一）大学生创业是经济平稳转型的形势所需

在当前这个经济社会转型的重要时期，企业的转型决定了经

济社会转型的成功与否。而企业的转型又与其人才的数量、质量息息相关，可以说，是否拥有足够的创新型人才资源是企业转型的关键。而高校的创新创业教育又是高技能创新型人才的培养基地。因此，为了确保企业乃至整个经济社会能够顺利转型，高校应高度重视创新创业教育，积极适应市场要求，并主动寻求变革发展，在校园内建立起良好的创新创业氛围，帮助大学生树立创新创业意识、增强创新创业素质、提高创新创业能力，培养出具有区域特色的创新创业高技能人才。

（二）创业成为大学生自我发展的需要

作为国家的未来、民族的希望，大学生是一群有着强烈责任心的知识密集型群体，他们有着比普通人更为强烈的实现自我价值的愿望，他们想通过自己的努力促进国家的建设发展，同时也实现自身的全面发展。而这都可以在创业这个舞台上得到实现。

通过创业，大学生可以很好地展示自己的聪明才智，实现自我发展的需要，也可以带动更多的人就业，帮助更多的人就业，为社会创造出更多的价值，达到实现自我价值与社会价值的双赢目的，促进社会的和谐稳定发展。

二、"互联网＋"背景下大学生创新创业路径的培育

网络技术已经延伸到社会的各个角落，人类的生活与互联网的关系也日益紧密。高等教育自然也不例外，教育改革的呼声也越来越高，而有效的途径和突破口正是创新创业教育。基于"互联网＋"技术的高校创新创业教育体系的构建意义重大，体系间是一

个周而复始、循序渐进的过程。

（一）以"互联网+"技术为支撑构建创新创业课程体系

合理设置高校创新创业课程体系，是高校实现创新创业教育目标的主要途径。因此，为了帮助大学生树立创新创业的意识，提高大学生的创业知识，高校要从大学生的需求与特色出发，依靠"互联网+"技术，构建立体式、全天候、高覆盖的自助课程体系，如建立专门的创新创业教育网站、创新创业微信群、创新创业教育大讲堂以及"碎片式"手机 App 移动创新创业课堂等。

（二）以"互联网+"技术为支撑构建创新创业文化体系

高校还可以借着互联网的东风，构建创新创业文化体系，在充分发挥互联网优势的前提下，为大学生开辟创新创业路径。对此，高校可以从以下两个方面入手。

第一，高校可以在学报专刊、校报校刊、校园广播、橱窗板报、校园文化长廊、网络等各种刊物媒体上开辟创业宣传阵地，大力宣传弘扬创业文化和成功创业事迹，营造浓厚的创新创业教育文化氛围，使学生的创新创业知识在潜移默化中得到增加，创业意识也随之得到提升。

第二，高校可以加大对学生成功创业典型的表彰和奖励力度，从而激发大学生的创新创业意识。

（三）以"互联网+"技术为支撑构建创新创业资讯体系

今天，互联网技术突飞猛进，谁能够熟练利用互联网技术，谁就会掌握主动权。所以高校要积极发挥互联网优势，构建创新创业资讯体系，通过手机客户端、网站、答疑系统、微信群等为学生提供及时的资讯服务，让学生能够紧跟时代步伐，既感受到创新创业的魅力，又能学习到创新创业的相关知识。与此同时，高校还可以加大投入，建立企业家与学生互动交流的平台系统，让企业家与学生能实现实时互动，学生通过平台找到合适的企业进行创业实习。

（四）以"互联网+"技术为支撑构建创新创业实践体系

作为一种实践性很强的活动，创新创业要利用"互联网+"技术设置一系列的实践活动，改变传统的实践方式。高校可以以"互联网+"技术为支撑，由相关主管校领导牵头负责建构相应的创新创业实践基地，如构建线上线下创业实践平台、网上模拟创业，建立远程创新创业视频系统，建立网上大学生创业园，等等，把创新创业实践基地纳入日常教学管理工作中，进行相应的预算投入，在人、财、物等方面来保障实践基地在创新创业教育中发挥实效。同时，高校还要建立长效机制来保障实践基地的有效运作，通

过建立一套相关的考核制度来促进学校各部门参与到学生的创新创业教育工作中来，确保大学生的创业实践活动能突出"创造性、实践性"特色。

（五）以"互联网+"技术为支撑构建创新创业教育评价体系

为更好地确定创新创业教育实施情况和最终效果，高校要以"互联网+"技术为支撑，以创业率、创业成功率、创新创业教育影响力等因素为核心指标，构建创新创业教育评价体系。高校可以通过建立相关模型，以大数据分析法，得出能够真实全面反映创新创业教育实际情况的科学结论，从而推进创新创业教育健康持续发展。

（六）以"互联网+"技术为支撑建立相应的创新创业指导服务机构

为了帮助大学生更好地进行创新创业实践，高校要以"互联网+"技术为支撑，建立相应的创新创业指导服务机构，为大学生提供创新创业指导与服务。

三、"互联网+"背景下大学生创新创业路径的模式

在"互联网+"背景下，大学生创新创业路径可以分为政府支持下的大学生创新创业路径和学生组织拓展大学生创新创业路径两种模式。

（一）政府支持下的大学生创业路径

创业对国家经济发展的促进作用不言而喻。高校把服务社会作为学校的重要职能，着力培养大学生创新创业的能力。政府也在积极创造条件，制定推行创业的扶持政策和措施，千方百计鼓励和扶持大学毕业生创新创业，这可以从以下几个方面入手。

1. 营造正能量的舆论氛围

农耕经济文化在社会上流传了几千年，人们的创业意识薄弱。加上计划经济体制的影响，社会中普遍存在着对创业的惰性情绪。此前，在高等教育中，创新创业教育一直不被重视，甚至是缺失的，这导致大学生创新创业素质较低，为了不承担创业失败的风险，他们宁愿去挤就业的独木桥。这些不敢创业、不愿创业、不会创业、不能创业的想法，成为严重束缚大学生就业和创业的"瓶颈"，严重制约了大学生创业的积极性。

这就要求政府要倡导创业精神，营造全社会尊重和包容创业的舆论氛围。传媒是政府的耳目喉舌，政府要积极利用网络媒体宣传大学生身边的典型事迹和致富经验，宣传诸如温州人的"四千精神"即"走遍千山万水，说遍千言万语，历尽千辛万苦，想尽千方百计"的创业精神，营造正能量的、有利于大学生创业的良好社会舆论环境，引导大学生转变择业观念，增强自主创业意识，积极创造条件鼓励大学生立足现有岗位创业。

2. 提供政策支持

除了营造良好的社会舆论环境外，政府最为直接的创新创业支持，就是政策支持。

政府要从客观实际出发，更好地为大学生接受创新创业教育、开展创业实践提供有效服务和政策支持，要对有创新创业实践的大学生给予特别关爱，维护他们身上的创新创业理想，给予他们更靠实、更优惠的政策。

此外，政府还要加大扶持力度，进一步完善鼓励、支持、引导和服务大学生创新创业的政策措施和工作机制，做好行政管理机制改革，清除一切限制创新创业的体制性障碍，以优化大学生创业的政策环境和法制环境。

3. 强化制度创新

政府在教育中处于主导位置，其制定的教育指导思想、教育管理取向以及相关政策导向都决定着教育的发展走向。可以说，政府主导着高等教育尤其是高校创新创业教育的深化改革。因此，政府部门要通过宏观指导和行政管理推动高校创新创业教育体系的构建与实施。具体来说，政府要强化制度创新，将创业意识贯穿教育的始终，从初等教育阶段就向青少年学生灌输创新创业思想，培养他们的创新创业意识。到职业教育阶段和高等教育阶段，政府要着力培养大学生的创新创业能力和素质。此外，政府还要把创新创业教育融入国民教育体系，将其与国家教育发展规划、素质教育、青少年思想教育、职业生涯发展教育等紧密结合，以创新创业教育带动国家的教育振兴行动计划。

4. 完善大学生创业的社会配套体系

中国社会目前还处于转型期，中国大学生创业者肩上的负荷更重，创业所需要的各种服务还不完善，创业政策还不能得到很好的落实，创业的制度环境还需要进一步优化，大学生创业的社会配套体系也需要进一步建立和完善。

第一，积极扶植大学生创业的中介机构，使其在大学生创新创业和相关企业、资金、法律政策咨询机构间架起桥梁，为大学生在创办企业、产品开发、科研成果转化提供便利。

第二，形成以政府为主导、高校为主体、企业为支撑、全社会配合与家庭支持的"五位一体"的创新创业教育新格局。

第三，积极鼓励和扶持建立起若干个创新创业教育非营利性第三者组织，为高校创新创业教育提供非政府支持，分解高校创新创业教育的工作压力。

（二）学生组织拓展大学生创业路径

1. 利用组织体系全面的优势引导大学生创新创业

学生组织自身有较为完备的组织体系，纵向上从校学生会到院学生会再到各个班级，横向上则是各个独立的学生支部之间、院学生会之间，覆盖面广泛，组织架构清晰。学生组织要积极利用这一优势引导大学生进行创新创业，这样不仅能够方便快捷地开展学

生工作,上层也更容易获得下层的信息反馈,能更好地掌握学生的需求,更好地为其服务。

2. 利用文化阵地提高大学生的创新创业素质

目前的大学生多为"00后",他们与"80后""90后"有着明显的不同,他们更有朝气,心理特征更鲜明,自我价值的追求也更高,也更与时俱进,对网络的接受度更高。这些特点都是创新创业不可或缺的品质,但需要学生组织进行积极转化。为了在保护大学生创新创业热情的同时提高他们的创新创业素质,学生组织就要合理利用文化阵地的优势,将新时期的青年人的特征与学生组织的文化特征相结合,通过一定的培养、培训提升学生的创新创业素养,更好地为青年学生的创业活动服务。

3. 搭建创业平台

高校学生组织有广泛的组织体系,自然也有着丰富的人力资源、社会资源和资金资源。高校学生组织要合理利用这一优势,为大学生搭建创业平台,在大学生和企业之间搭建起沟通的桥梁,为大学生提供提升自身的组织能力、管理能力、积累创业经验的机会,也为企业提供引进先进人才、获得合作的机会,推动学生创业与社会各界共同发展,实现互利共赢。

要注意的是,学生组织可以为大学生提供两种资源,即资金资源和校友资源。

所谓资金资源,就是指高校学生组织通过社会募捐、贷款或基金等形式,为大学生提供创业资金,帮助大学生落实创新创业项目,促进创新创业项目的发展。

所谓校友资源,则是指高校学生组织或者以微信群的形式,或者以网站的形式,将历届校友集中在一起,让他们对有意从事创新创业的在校大学生进行指导,与他们分析、交流经验,帮助这些学生绕过弯道,避免创业误区。

4. 利用平台增强大学生创新创业的能力

学生组织还要充分利用高校内部资源,创建创新创业平台,在平台上举办创新创业教育和实践活动,增强学生的创新能力和创新创业意识,提升大学生的动手能力、社会责任感、社会经验和创新能力,提高大学生创新创业的综合素质,降低创业的风险。

第三节　大学生创新创业支持体系构建

大学生在创新创业过程中遇到政策、资金、技术、服务等方面的难题是不可避免的一件事。如果仅靠自己或是力量单薄的学校、家庭是不够的,还需要一个完整、成熟的创业支持体系。在这一方面,发达国家做得比较好,我国还处在探索阶段。不过,庆幸的是,在"互联网+"快速发展的今天,我国对大学生创新创业支持体系的构建已经越来越重视，在借鉴国外先进经验的同时，还非常注重结合中国的实际国情。

一、大学生创新创业政策支持体系的构建

政府和社会组织应从各个方面制定一系列政策和措施来鼓励大学生创业，增强他们创业的信心与积极性，为他们的创业保驾护航。根据长期以来的发展情况来看，建构大学生创新创业政策的支持体系主要从以下几个方面来着手进行。

（一）创业鼓励

大学生创业是一件值得鼓励的事情，所以政府、高校、社会组织应当拿出一定的态度，制定相关的政策来进行正面鼓励。当鼓励政策制定并公布后，要通过一定的办法让尽可能多的大学生了解和知道这些政策的存在。有的大学生可能有创业的念头，如果知道这些鼓励政策的支持，定会付诸实践，但调查发现有不少大学生根本不知道，也因此放弃了创业念头。

为了让更多大学生知道政府、高校、社会组织所制定的鼓励大学生创业的政策和措施，让广大有潜在创业想法的大学生通过了解这些鼓励政策真正踏出实践的第一步，将创业想法变成创业现实，社会各界应该通过各种媒介进行深入宣传；同时，各种媒介之间应加大合作力度，联合起来多组织一些有关大学生创业的社会活动，增强他们的创业主动性与积极性。此外，对大学生创业成功的典型案例进行深入报道，通过发挥榜样作用来鼓励大学生创业。这可以说也是一个很好的方法。这种方法还有利于营造一个轻松、友好的创业氛围。

（二）税费减免

我国的税收项目比较多，征收的也相对较高，除了企业必须要缴纳的国税、地税和所得税以外，根据企业所从事的不同行业还会缴纳一些其他的税。所以，国家出台一些税费减免政策对大学生创新创业也是一种较大的支持。在税费减免的同时，国家也可简化大学生创办企业和企业运营中的各项程序，并对相应的行政管理费用进行适当减免，从而使大学生创办企业的负担得到减缓。

（三）项目支持

大学生在创新创业过程中，如果遇上了好的创业机会，但是没有好的项目，难以获得可观的效益，那么也不能长久地生存发展。大学生创业者往往是一毕业就着手创业的事情，所以关系网和社会网是非常缺乏的，市场渠道也不是很通畅，这很有可能会致使其选择不到好的项目，最终导致创业不成功。针对此，政府和社会组织应适当地给大学生创业者分配一定比例的政府采购项目和社会采购项目，并通过正确、合理、积极的引导，

促使他们的企业快速成长。

（四）技术支持

大学生在创办企业后，尤其是互联网企业，会不可避免地遇到一些技术难题，而使创业脚步停滞不前。此时，如果有政府制定的保证大学生企业获得核心技术的相关法律法规，那对大学生创业者来说是一件非常值得高兴的事情。政府可要求国有企业和知名企业在条件允许的范围内帮助大学生企业解决技术问题，同时尽可能地花一定时间与大学生企业进行技术交流，给予大学生技术层面的有效支持。

此外，高校往往具备较高的科研力量，帮助大学生企业改良技术也不成问题。所以，大学生企业从高校这一平台上获得一定的技术支持也是一件靠谱的事情。有时候，大学生企业与高校合作还能将一些科研成果转化为市场上畅销的产品，这又可以实现双赢。当然，如果政府出面制定相关的政策，则更容易实施。

二、大学生创新创业资金支持体系的构建

企业的创建、运营、维系都需要资金的注入，资金链状况的良好对于一个企业正常健康的发展意义重大。而对于大学生创业者来说，经常面临的一个问题就是资金困难。所以，要想支持大学生将创业构想转化成创业成果，就必须有效地通过各种渠道来引入资金，建立和完善以家庭、学校、政府、社会为基础的资金支持体系。

（一）政府的资金支持

政府应当通过各种政策与措施在资金方面支持大学生的创新创业，使其在创业初期顺利解决资金困难问题。具体而言，政府对大学生创业的资金支持可以从以下几个方面入手。

第一，相应的资金政策。除对大学生创业减免相关的税费外，降低大学生创业的门槛，也是一种很好地减轻其创业负担的办法。

第二，银行贷款。政府可以硬性规定国有商业银行设定一定比例的商业贷款给大学生企业，贷款利率在各地做相应的调整，同时建立适合的担保预约制度，保证大学生可以相对容易地进行融资。贷款方面可参考美国面向大学生创业的贷款担保计划和小额贷款计划。

第三，政府设立创业基金。不少地方政府拨出专项创新创业资金来扶持大学生创业，科技含量高的产业、科技型中小企业或者优势产业可以考虑申请政府基金或创新基金。

（二）学校的资金支持

高校的资金支持可以有效减轻大学生创业的时间成本，缩短创业周期，使其在高校

内专心于理论知识的学习、创业技能和创业品质的培养及创业计划和创业构想的实施。高校的资金支持可以从以下三个方面着手进行：一是将科研成果进行商业化；二是举办高品质的创业竞赛进行创业奖励；三是直接设立创业种子基金。近年来，中国很多大学也相继设立了创业基金，它们有力地支持了大学生的创新创业实践。

（三）家庭的资金支持

相关调查显示，大学生创业的"第一桶金"往往是来自家庭、亲戚、朋友。所以，家庭的资金支持对大学生创业发挥着重大作用。当然，这也反映了两个方面的情况：一是我国现行的金融市场上，想要通过商业信贷来支持大学生创业还十分困难；二是我国相关的法律法规和优惠大学生创业的资金政策还不完善，亟待出台。

家庭资金支持除了指大学生的自有资金和通过亲戚朋友的帮忙所获得的资金和物资外，还包括家庭对于大学生创业的精神支持，精神支持是指家庭赞同大学生的创业行为，减轻大学生毕业后对其成家立业、赡养父母等的经济负担，能够容忍创业所抛弃的机会成本和创业失败的损失，相当于减轻了大学生创业负债的压力。

（四）社会的资金支持

社会的资金支持主要是指通过市场上的一些民间组织及市场力量来帮助大学生进行企业融资。这虽然不是主要的融资渠道，但确实是大学生创业融资的一个有力补充。

民间组织可以联合一些专门的机构投资者对项目较好的大学生企业进行风险投资，这在国外比较常见。尽管这种是带有股权性质的投资，但机构投资者会在咨询、财税等各方面对大学生的新创企业进行援助，从而增强大学生企业的存活率。

一些民间组织也可以组织一些企业投资与其发展方向相关的大学生企业，以加盟公司、旗下公司、技术联合等方式出现，促进双方企业的发展。

三、大学生创新创业教育支持体系的构建

创业教育是成功创业的重要因素。高校作为大学生创业前期理论学习的基地，对于培育大学生相关的专业理论知识、创业基本技能及大学生的艰苦奋斗、持之以恒、敢于创新的企业家冒险精神有着十分重要的作用。近年来，国家也非常重视大学生的创新创业教育，不仅增强了理论方面的研究，而且力促各个高校来真正实施创业教育。不过，从目前的情况来看，我国大学生创业者的创业理论知识储备不丰富，基本素质较低。所以，为了更好地支持大学生创业，有必要大力开展创业教育。具体来说，高校可通过以下几个方面形成有效的创业教育支持。

（一）将创业教育纳入学分体制

当前，很多高校都实行学分制。在学分制下，高校完全可以把创业教育纳入其中，使其成为学生必修的课程。这样，大学生就有了接受创业教育的稳定机会。将创业教育纳入学分体制后，高校要注重经常性地评估创业教育任务，并努力丰富创业教育的内容。同时，可以规定学生要想获得创业教育课程的学分，就必须参与各种创业培训、创业活动，并取得一定的成绩。

（二）设置具有特色的创业教育课程

将创业教育作为一门必修课程纳入学生的课程体系后，对于高校来说，很重要的一件事就是创业教育课程的设置。设置创业教育课程最应该关注的问题就是怎么样能激发大学生创业的兴趣，怎么样增强大学生创业的积极性，以及怎么样让大学生真正掌握相关的创业理论与创业经验等。很显然，要想解决上述的一些问题，大学生创业教育课程必须灵活生动有趣，课程内容和课程形式都要有所创新。模拟商业谈判、创业课程试验、圆桌会议等都是国外比较典型的课程形式，我国高校可以适当借鉴。

（三）积极组织创业竞赛

早在 20 世纪 80 年代的时候，美国百森商学院和得州大学奥斯汀分校就在校园内组织开展了创业计划大赛，后来，纽约大学、斯坦福大学、芝加哥大学等多所高校都开展了创业计划大赛。这种大赛之所以得到很多高校的欢迎，主要是因为其确实能鼓励大学生创业，帮助大学生增加创业方面的知识和经验。这得到了中国一些高校的借鉴，如清华大学开展的"清华大学创业计划大赛""挑战杯""大学生创业求实杯"等，确实产生了不错的教育效果。所以，在构建大学生创新创业教育支持体系的过程中，高校要积极组织创业竞赛，并采取一定的鼓励方式让更多的大学生参与其中。

四、大学生创新创业服务支持体系的构建

对于大学生创新创业来说，一套完整的服务支持体系是非常有必要的。它对大学生的创新创业可以起到润滑剂的作用。构建创业服务体系时，可从以下两个方面努力。

（一）创业孵化基地

创业孵化基地是指政府为创业者搭建的制度性、智能化的服务平台，经市、县人力资源和社会保障部门、财政部门认定，能为入驻的初创小微企业和个体创业者提供基本的生产经营场地以及有效的创业指导服务和一定期限的政策扶持，能够持续滚动孵化和培育创业主体。

创业孵化基地提供的服务主要有低成本的生产经营场地、基本办公.条件和后勤保障服务；创业培训、经营管理指导、创业项目推介和创业信息咨询等服务；战略设计、市场策划、市场营销、项目推广等服务；财务代账、融资担保、专利申请、法律维权等服务。

此外，大学生入驻创业孵化基地还可享受一次性创业补贴。这主要是在其办理工商营业执照后，稳定经营并依法纳税一段时间后，由孵化基地运营管理机构申请，经基地所在地区县、开发区人社部门审核，给予一次性的创业补贴。

（二）管理服务

企业的管理服务水平对大学生新创企业后期的生存与发展有着非常直接的影响。因此，要想让大学生新创企业健康成长，不断壮大，而不是停留在创办起来的阶段，还应当在创新创业服务支持体系中，重视管理服务方面的支持。具体来说，可从以下几个方面做出努力。

第一，在创业基地、大学创业园等设立专门的管理服务部门，就大学生在创办企业的过程中遇到的一些基础性的常识问题，给出正确的回答，尤其是提供法律、财税、会计等方面的咨询，让大学生顺利创业。

第二，帮助大学生创业者对企业的产权结构和现行的企业组织结构进行全面了解，从而合理分配与设计自己企业的组织结构和产权结构，避免企业面临一些不必要的纠纷和问题。

第三，积极组织培训活动，让大学生企业的相关人员接受培训。培训的内容主要集中于行业内的基本问题，包括在企业内任职不同的员工应该承担哪些相应的权利和责任并具备怎样的素质和能力，努力提升企业的核心竞争力，使大学生企业能够尽快做大做强。创业集群辐射效应使创业的大学生都在这个孵化基地进行创业，相互交流，提高大学生企业的存活率。

五、"互联网＋"背景下大学生创新创业支持体系构建的建议

大学生创业的创新创业活动是一个长期的、艰辛的过程，除了需要政府、社会等各个方面的共同努力外，更需要在当今"互联网＋"背景下，充分利用互联网相关技术，以"互联网＋"思维促进大学生成功创业。具体来说，在"互联网＋"背景下，构建大学生创新创业支持体系时应注意以下几个方面。

（一）以"互联网＋"为载体构建高校创业教育体系

以"互联网＋"为载体构建高校创业教育体系，一般需要在以下三个方面努力。

第一，利用"互联网+"技术构建具有针对性、适用性的、因地制宜的创业教育课程体系。从当前的高校创业教育来看，主要的实施途径就是开设创业教育课程。创业教育课程既是创业教育理念的主要载体，也是实现创业教育目标的重要手段。在设置创业教育课程时，高校相关人员要充分考虑学生的特点和需要，除了正常的必修课程外，还充分利用"互联网+"技术设置一些自由选择课程。比如，开发专门的创业教育网站，在网站上，放置一些创业网络课堂供学生根据自己的时间自由上课，也可以放置一些创业经典故事，让学生通过阅读，提高创业的积极性。再如，开发专门的创业课堂 App，让学生在手机上就可以轻松自由地进行碎片式的学习；同时，建立校园内的创业微信群，通过群内的活动与讨论，鼓励学生创业，并解答与创业相关的问题。

第二，利用"互联网+"技术构建高校创业教育实践体系。加强高校的创业教育力度，除了让学生接受一定的课程外，还应当注重创业教育实践。因为创业活动本身就具有较强的实践性。高校在设置一系列创业实践活动时，可注意将"互联网+"技术应用其中，使得传统的实践方式得以改变。例如，搭建线上线下创业实践平台体验，让学生在网上进行模拟创业，这就像游戏一样，既能给学生带来乐趣，又能让学生了解一些创业知识，掌握一些创业能力；还可建立远程创业视频系统，让大学生与创业教育专家和创业成功人士进行真实的互动与交流，以增强大学生的创业信心和创业积极性。

第三，利用"互联网+"技术构建高校创业教育评价体系。高校创业教育的实施情况和最终效果如何，还需要科学合理的评价才能知道。以前，可能主要是看创业学生的数量有没有增加，大学生的综合素质如何，创业能力是否提高等。这些指标虽然能大致看出创业教育的实施情况，但不全面。利用"互联网+"技术建立创业教育评价体系，往往能够从多方面来判别创业教育的综合实施情况，评价指标也变得更为细致多样，除了创业学生数量、创业能力等之外，还包括创业率、创业成功率、创业教育影响力等。

（二）充分运用"互联网+"新理念，打造大学生创新创业新模式

理念往往指导着实践。在"互联网+"时代背景下，大学生创业者创办企业时，就应当充分运用"互联网+"的新理念。如果大学生企业经营的是传统产业，就应注意将企业与互联网结合起来，让企业走信息化与工业化相融合的路子，从而跟上时代的步伐，与时俱进。如果大学生创办的是小微型科技企业，那么就更应该重返发挥互联网优势，创建开放式创新平台，为企业的客户提供各类个性化的服务和体验，促进企业的创新发展。

（三）基于互联网技术搭建众创服务平台

为了更有力地支持大学生创业，政府应利用互联网技术搭建众创服务平台。众创服

务平台主要通过充分发挥互联网的作用，有效利用国家的创业创新政策，收集整合各大创业项目和创业培训课程，为创业者和大学生提供系统的创业服务，提供良好的网络空间和社交空间及资源共享空间。通过众创服务平台，大学生可以在创业基地、创新服务、创新项目、创业课程等多个方面获得有效的建议与指导。

（四）引导大学生在电子商务领域创业

在互联网经济迅猛发展的当前，国家应开展大学生网上创业模拟实训，提高创业人员的操作能力，打造大学生电子商务创业实践基地，从而引导大学生在电子商务领域积极开展创业活动。在大学生电商企业进驻电商创业园后，要为大学生电商企业提供电商培训、电商企业孵化和运营的一体化服务。此外，还应对大学生电商创业实行以奖代补，实行社保补贴和场地租金补贴等。

（五）提供完备的创业指导咨询服务

为了改善中小企业经营环境，促进中小企业健康发展，扩大城乡就业，发挥中小企业在国民经济和社会发展中的重要作用，施行《中华人民共和国中小企业促进法》。该法规强调要建立与完善中小企业社会化服务体系。可见，服务体系对于企业的发展来说非常重要。要想构建一个好的网络，能够提供多层次、全方位、网络化、社会化服务的体系，就应当多重视以下几个方面。

第一，树立以人为本的服务理念，从高校学生创业的实际需求出发，不断完善和创新服务内容。服务的重点包括：为有意创业的高校学生提供创业咨询、创业指导与策划、创业培训等服务；为注册登记两年内的新创办高校学生创业企业提供财税、法律、劳保、外贸等代理服务，政策与信息服务，管理咨询服务，技术服务，融资指导服务，人员培训服务等。

第二，鼓励各类服务机构多渠道征集、开发创业项目，建立"创业项目信息库"和"创业者信息档案库"，及时为高校学生创业提供服务，帮助高校学生掌握基本创业技巧，指导制订创业计划书，规划创业项目，帮助其实现创业。通过多方面的指导帮助，采取多种形式来帮助高等学校毕业生创业，构建合理的支持服务体系，使学生能成功创业。

第三，建立高素质的创业教育培训的辅导员队伍。这可以说是创业教育服务支持工作的基础。各级政府和相关职能部门要把当地各行各业有经验的人组织起来，如优秀的企业家、法律专家、管理咨询专家等，为高校学生创业服务。同时，建立创业辅导员选聘及管理制度，也有利于构建一支高素质的创业教育培训队伍。

第四节 大学生创新创业教育的发展与展望

互联网对大学生创新创业教育的影响越来越明显。这种影响使得传统人才教育方法得到了突破和创新,又在一定程度上让创新创业人才的培育更加具有科技特色。"互联网+"首先打破了权威对知识的垄断,让教育从封闭走向开放,人人能够创造、共享知识。在"互联网+"的冲击下,教师和学生的界限也不再泾渭分明,教育组织和非教育组织的界限也越来越模糊。学校和学生之间的关系发生了逆转,是学生主动学习知识,而不是被动接受学校的安排。因此,开展大学生创新创业教育的模式也发生了巨大的变化。下面就"互联网+"背景下大学生创新创业教育的开展与展望进行阐述。

一、创新创业教育的内涵

创新教育是指以培养人的创造精神和创造能力为基本价值取向的教育改革实践活动。创新教育提倡培养学生在学习过程中表现出来的探索精神,发现新事物、掌握新方法的强烈愿望以及运用已有知识创造性地解决问题的能力,以发现人的创造潜能、弘扬人的主体精神、促进人的个性和潜能的发展为宗旨,着重营建一个有利于学生创造能力发展的环境。其中,创新能力的培养是创新教育的核心。

"创业教育"是由英语中"enterprise education"翻译而来的。创业教育可以看作是通过教育培养创业意识,形成创业能力和技能,最终促成个体的创业行为。

创新教育与创业教育是相互融合、相辅相成的。创新教育是创业教育的思想基础,创业教育是创新教育的具体化、行为化。创新教育和创业教育是密切联系和相互推进的,其在整体培养目标上和时代精神上都有内在的一致性。当然,二者也有差别,创新教育注重的是对人的素质发展的总体把握,而创业教育是培养具有开创性的人,更看重的是如何实现人生的自我价值。

二、"互联网+"背景下大学生创新创业教育新模式

Salman Khan为了给外地的亲戚讲解教学内容,将讲课的内容制作成视频放到网上,让亲戚自己看视频学习,收到了出乎意料的效果。于是,Salman Khan录制了超过1 500个微型教育讲座,学科范围包含数学、物理学、金融、生物和当代经济学等。Salman Khan在You Tube视频网站中开设了可汗学院(Khan Academy)频道,引起了极大关注,拉开了"翻转课堂"的序幕。同年,美国科罗拉多州落基山林地公园高中的两位教师

Mike Tenneson 和 Bob McGlasson 使用录屏软件录制 PPT 的演示文稿和教师实时讲解的音频来讲解化学，并把教学视频上传到网络，供学生随时下载、播放。这种被翻转了的新型教学模式取得了前所未有的教学效果。斯坦福大学有两位教授创立 Coursera 平台，与普林斯顿大学、密歇根大学等 33 所一流大学合作共建在线免费课程，引发了慕课浪潮。麻省理工学院和哈佛大学联合发动网络在线教学计划 edX，随后我国的清华大学和北京大学也加入这一计划。

互联网时代的到来给传统的教育模式带来了翻天覆地的变化。在线教育使得优秀的教育资源突破时间、空间的限制，使知识得到前所未有的普及和传播。"互联网 + 教育"有着巨大的市场潜力，完全可以利用其作为大学生创新创业教育的工具。

结合当前国内外实际，总结近年来出现的互联网教育新形式，可以概括为内容模式、平台模式、社交模式、工具模式，开展大学生创新创业教育也可以对此进行借鉴。

（一）内容模式

教学资源信息化平台可以实现对传统教学内容的高效组合和整合创新。互联网可以作为内容传播的平台，通过将教学内容放在互联网上，实现共享。互联网上的教学资源除了具备传统资源具有的多人共享同一资源的特性知网，由于其信息的公开性，凡是能够使用互联网的用户均能够共享这一资源，不受副本数量的限制。以课程为核心，平台可以整合包括课程介绍、教学大纲、教学日历、教案或演示文稿、重点难点指导、作业、参考资料、教学录像、案例库、专题讲座库等资源，并在整合资源的同时，实现对教学资源创作和分享。互联网作为内容平台，其内容形式包括视频内容和文档内容。

视频内容又可分为两种类型，一种类型是传统远程教育或网络学校，主要教育形式是把传统教学的内容以视频的形式在网站上播放，让无法到学校学习的人也能接受教育，由此突破了地点的局限，但互动性差，缺乏针对性，主要用于课外辅导和成人从业资格培训。在实际教学过程中，教学资源能否被充分有效的利用。不仅取决于其本身的质量，也取决于资源的来源和资源被使用的方式。凭借教学资源信息化平台，可以实现以项目教学、案例教学、小组讨论、小组作业等合作性的教学方式开展的团队创新教学活动。通过真实的实践项目、开放的实践内容、充分的实践互动等，可以激励学生投入理论知识、实验实训课程的学习，引导学生主动参与，有效解决教学过程中的冲突、压力和倦怠等问题。另一种类型是最近几年流行起来的慕课。它是为了增强知识传播而由具有分享和协作精神的个人组织发布的、散布于互联网上的开放课程。传统的科学教学与慕课的区别就在于：前者是以教为主，后者是以学为主；前者是以知识传授为主，后者是以能力培养为主；前者是以课堂教学为主，后者是以课内外结合为主；前者是以终结性评价为主，

后者是以过程式评价为主。慕课的到来带来了一种全新的科学教学模式，一种以学生为主体，多角度获取知识的方式。它冲击着传统的教学模式，为优质教育资源在全世界范围内共享提供了机会，给学校的人才培养带来了新的变化。任何人都可以将教学视频通过网络进行全球范围内的分享，优质的慕课网站可以聚集全球顶尖学府的优质教育资源，可以使教育突破学校的限制，每个人都有机会上名校。目前，慕课时代下的课程平台为数众多，其中 Coursera（目前规模最大）、edX（哈佛大学和麻省理工学院共同出资组建）和 Udacity（以计算机类课程为主）是当代慕课课程平台的主要代表。国内的有网易公开课、超星学术视频、腾讯微课堂。目前慕课正在探索多元化的互动形式，以解决慕课教学模式中现有互动性不强的弱点。

文档内容以提供文档资源作为平台的主要功能，将散落的知识资源集中到一个平台上，使平台成为学习资料库，从而提高资源利用效率。国内最常见的提供文档内容的在线平台包括百度文库、豆丁网等。

网上有许多网友或出于个人爱好，或出于商业目的，把自己收藏的电子图书或网友提供的电子图书整理后免费提供给公众，供大家阅读和下载。

还有一种类似社交网站的文档资料平台用户可以在网站上随意提问，其他成员将会对问题进行回答，互动性较强。这类平台包括百度知道、知乎、百度百科、维基百科、博客、微博、各类论坛及专业网站、微信公众号等。凡是能提供某一领域某一门知识，都可以算作知识提供平台。

同时，互联网还提供了大量的免费检索工具、下载软件，并开发了大量免费的资源库供用户使用。

（二）平台模式

这种模式以提供平台作为运营的侧重点，网站本身不生产内容，仅仅是为资源和用户之间创建连接的平台。根据服务对象不同，目前这种模式的在线教育网站又分为 C2C 模式、B2C 模式、B2B2C 模式、B2C+O2O 模式等。

C2C 模式即个人对个人的交易平台。C2C 教育模式为个人间知识和经验的传授与交易活动提供了便利。个人可以作为资料提供方，通过网站发布自己想要发布的内容，同时，个人也可以作为资料索取方，通过网站得到自己想要得到的知识。国内主要的 C2C 模式教育独立平台有多贝、传课等，大平台下的子平台有 YY 教育、淘宝同学等，还有 Udemy.Google 的 Helpouts 等著名的国外在线教育网络平台。教师可以通过在平台上分享经验或传授知识的方式获得一定的收益。

B2C 模式即企业对个人的模式，内容提供商负责生产内容，通过网站平台直接提供给用户。网校作为网络教育资源和服务的提供者，将其教学内容放在网校网站上，学习者通过购买网校的学习卡，来获得这些资源的使用权。B2C 模式，把学习者作为服务的主体，体现了学习者的中心地位。这种模式的教育产品如国内的沪江网校、91 外教、51talk，国外比较知名的有 University Now、可汗学院 ACodecademy 等。

B2B2C 模式的主体包括三个环节：内容供应商、平台供应商、用户，内容供应商将内容提供给平台供应商，由平台供应商负责发布，然后用户才能对内容进行消费。目前一些在线教育品牌（如 YY 网）就是采用这种模式。

B2C+O2O 模式即机构到个人，线上到线下模式。依靠 B 端的品牌优势和师资优势，吸引用户先到网上进行注册，然后再进行线下体验，最终建立起机构和个人的连接。

（三）社交模式

这种模式注重网站社交功能的开发，提供类似在线社区的服务平台，使学员之间，学员与教师之间能够更为便捷地沟通交流，相互学习。代表产品有课程格子、三人行、微课网，以及国外的 Openstudy 等。作业帮是一款由百度知道打造的在线作业解答App。问作业与学生圈是其主打的两个功能。当遇到难以应对的题目时，用户可以通过拍照的方式发布问题，由看到问题的学霸给出答题思路和答案解析。与百度知道的模式相同，提问者可以选择最佳答案给予采纳与感谢。这样可以节省成本，使用户的需求更快解决，沟通更高效。同时，作业帮构建出的学生圈，可以让用户在圈子中与全国的同龄人沟通，讨论彼此感兴趣的话题，将视野开阔到课堂之外。作业帮是以社交的模式来做教育，其优势是互动性强，能够快速高效地解决用户提出的问题，但它能否真正提高学生的成绩，还需要时间的检验。

（四）工具模式

工具模式在线教育产品主要是提供各种有助于便利学习的工具，形态比较分散，功能较为单一。这种模式是当前用得比较普遍的模式。对教师而言，可以事前上网搜集与课程相关的教材、教案或资源，直接下载使用或重新编辑整理，作为上课之用；对学生学习而言，教师可以选定主题作为拓展学习的内容，要求学生课后利用网络搜寻相关资料，撰写报告，也可以利用信息技术手段将作业、报告以计算机邮件、文件档案或电子演示文稿方式呈现出来。代表产品有专门背单词的扇贝网、用来做笔记的印象笔记、提供各类考试训练题目的猿题库等。

三、"互联网+"背景下大学生创新创业教育的发展

党和国家高度重视教育信息化工作，提供一系列政策支持和引导。随着 Internet 及

移动互联网技术发展，为教育技术和教育行业的发展提供变革通道，慕课、教育App、电子书包云服务、翻转课堂纷纷出现。国家教育资源公共服务平台运行，提供统一用户注册、统一资源规范、统一交易结算、统一界面标识和就近服务。之后，中央电化教育馆网络部承担平台从V1.0到V2.0的运行维护工作，并建立了平台的门户网站，设立新闻、资源、活动、培训、导航、发现等网站频道，并开通了客服400服务呼叫中心，设立实时监控，加固及加速网络服务设施，努力更好地为广大网络用户提供优质的服务。网络教学环境的大力改善，降低学校信息化成本和建设难度，从而也就推动创新创业教育资源建设与使用良性互动。

四、"互联网＋"背景下大学生创新创业教育的展望

"互联网＋教育"已经深刻影响着人们的社会和生活。触网即活，已经成为一个时代特征。"互联网＋教育"模式下的人机互动、人机智能，不仅促使课堂教学模式、学习场所发生了明显变化，同时也倒逼教育观念、教学方式开始转变。可以预见建互联网＋"背景下，未来大学生创新创业教育的教育理念、课程体系、教学模式、评价方式、教学空间等都将具有更强的互联网特征。

（一）教育理念

当前，互联网正在以惊人的速度渗透到教育领域，不仅改变了传统的教育模式中的培养方式、课程管理、技术手段，还改变了教学思想、信念和价值观。以前以课本为中心、教师为中心、考试为中心的基础教育模式将进行重大转变，而要遵循"以人为本""学以致用""面向未来"的教育理念。

1. "以人为本"的理念

"以人为本"主要是指教师角色和教师观念的转变。教育的本质是育人，人的发展是教育的出发点和归宿。在教育教学的过程中，要把人的因素放在第一位来考虑，把人的发展作为首要目标来追求。教师必须树立以学生为本的理念，做到尊重学生、理解学生、关心学生。"以学生为本"的教育理念是指教育要从学生的发展出发，使学生获得全面、主动、有个性的可持续的发展。"以学生为本"就是要把学生特别是学生的发展作为教育活动的本体，一切教育活动都从学生的发展出发。这是"以学生为本"教育理念的逻辑起点。在网络教育的冲击下，教师已经不再是学生获取知识的唯一途径，教师的权威性及重要性受到了挑战和质疑。教师的角色正在由"中心"向"边缘"变化，而学生的角色则由被动变为主动，成为课堂活动的"主角"。这就需要教师转变自己的角色意识，树立课堂联网的开放观，梳理网络时代的学生观，树立平等、民主、合作交往的师生观，

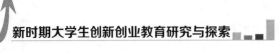

还有教育技术观。

（1）树立课堂联网的开放观

在互联网时代，教师必须要有创新意识、开放意识。比如，采取翻转课堂的形式，让学生通过网络查询到课堂要讲解的内容、概念、原理、案例等，而在课堂上引导学生讨论、分析，得出结论，改变过去课堂满堂灌的陋习。腾讯QQ群为用户提供了许多的交互工具，包括沟通工具、协作工具、追踪评价工具、个人主页空间等，能满足翻转课堂中学生之间相互交流的需要，是比较理想的翻转课堂学习交流平台。利用QQ群、微信群可以构建翻转课堂班级学习共同体。在"翻转课堂"QQ群、微信群里，助学者（主要由任课教师组成）解决学生在自学过程中遇到的疑难问题；开展课前学习时，教师把录制好的教学视频和课前练习上传到QQ群共享，并发布教学安排；学生按要求完成相应的课前学习任务，在学习过程中遇到问题时可以通过QQ交流解决，并把问题发布在论坛上，以便学生之间进行交流，同时帮助教师掌握学生的学习情况。这样，由学生、助学者、QQ群（微信群）三者构成了虚拟的翻转课堂班级学习共同体环境。

"互联网+"课程，既充实更新了课程内容、强调了多种教学方式的转变，也加深了学校与社会技术发展的进一步联系。

（2）梳理网络时代的学生观

网络时代的教育追求学生自主性、能动性的发挥，不以追求高分和升学率作为教育的目标，这就要求教师将每一个学生都当作具有自己感情的独特个体，培养学生思维的多向性和批判性。教师还应该注意开发、利用学生的信息资源。学生资源在传统教学中是被忽视的，没有引起足够的重视，导致学生课程资源的埋没与浪费。随着人们教育观念的变化，学生成为有待开发的宝贵的课程教学资源。学生的主体地位要得以充分发挥，就必须重视学生的课程资源地位。在现今的信息网络时代，学生拥有的信息是丰富而多样的，一个学生团体拥有的信息总量往往会超过教师拥有的信息量，教师利用这些学生的信息组织教学活动，学生利用同伴们的信息进行学习将会成为现代教学的重要特征。

（3）树立平等、民主、合作交往的师生观

网络时代的交往有虚拟化、符号化的特点，师生之间是平等的主体，主体之间更多的是基于网络的信息与思想的交流，以此来证实彼此存在的价值，因此，师生间是一种相互认可、相互理解、相互接纳的社会性关系。教师应该是学生的对话者和合作伙伴。

（4）教育技术观

网络时代为教育提供了很多的便利，引发了教育手段和教育理念的更新，大数据、云计算、慕课、翻转课堂等新生事物层出不穷，教师如果不了解这些技术手段在现代教

育中的重要作用，势必会被时代所淘汰。为此，教师需要以开放的态度积极学习新的技术手段，与时俱进，才能获得网络时代的高速度、高素质。

2. "学以致用"的理念

在网络时代，教育的最终目的不仅仅局限于知识的传承，而且是为了创新，创造出新的更有价值的东西。现代信息技术的发达，使得网络教育为知识的传承和创新之间搭建了更好的平台，大大缩短了"学"与"用"之间的距离。人们之所以要选择或通过网络进行教育，就在于要学到对自己有用的东西，学以致用是硬道理。网络教育是与现代信息技术结合最为密切的教育领域。比如，学校采用的录播系统，可实现对教学活动过程的多路视频、音频和计算机屏幕信号一体化的同步录制、存储和现场直播；可全面记录教学实况，即时生成多媒体教学课件，上传到流媒体服务器上。由于采用了大量先进的教育技术设备、手段，网络教育中的各种新颖教学方式不断出现、名称不一，有菜单式、订单式、双向视频教学、会议研讨式……所有这一切都是为了服务自主学习，而个性化教学成为配合自主学习的必然选择，使网络教育朝着符合每个人现实、具体需要的路径前进。

3. "面向未来"的教育理念

网络教育时代教育的核心和本质内容是"面向未来"。传统的教育无论是教育观念、教育内容、教育形式，包括课堂内容和教材都是对过去经验的总结，是面向过去的，与社会的实际发展状况之间存在一定的时间差。而网络时代，网络技术和信息的日新月异，使传统的教育方式不能跟上时代发展的步伐。因此，创新创业教育要立足当下，面向未来，具有一定的前瞻性，才能培养出不落伍的应用型人才。

此外，在教育理念上还要形成博大精深的教育品格，必须有开放的、包容的心胸和魄力，除了走出去留学，也要广泛吸引国际人才来华求学和工作，形成有利于我国国际化的人才发展环境。

（二）课程体系

"互联网＋"的快速发展使得现有的理论总结远远落后于实践。面对许多新问题、新业态，如何在课程设计上为学生提供较好的指导，如何更好地满足其学习需求，这是教育工作者需要关注的重要问题。在互联网时代，人才培养的课程体系和课程标准急需进行改革、创新与重构。

教育，终究是老师与学生之间的事情。传统的模块化课程内容需要系统化的学习，课程内容是按照每节课 45 分钟的时间设置的，学习者需要有整块的时间在特定的地点学习。而随着移动互联网的普及，碎片化阅读使碎片化时间得以充分利用，可以在这个背景下，重新对课程内容进行设置，突出"适"与"微"的特点。"适"指的是适应学习者学习心理和学习习惯，利用互联网为学习者提供足够的便利。"微"指的是课程内容的短小化。

（三）教学模式

互联网教育重新解构了传统的学习模式、创新了以互动、参与为特点的新的教学模式，尤其是以在线教育作为传统教育的有力补充得到空前发展。在新的教学模式当中，体验式学习、协作式学习、探究式学习等多种学习方式并存各有特色。

1. 教学方式的变革：翻转课堂

"翻转课堂"是指将课堂上老师和学生的角色进行互换，由传统的教师在课堂上讲课，学生回家做作业的模式，转变成学生在网络上通过视频自学知识点，然后带着疑问到课堂上与老师和同学交流。翻转课堂使教师的作用从主动地传授知识到被动地答疑解惑。由于优秀教学资源可以共享，学生可以通过网络自主选择名师或自己喜欢教师的课程。未来的大部分教师可能不再在课堂上讲授知识，而是充当导师或教练的角色。

2. 教学方式的变革：虚拟实践

网络触角的肆意蔓延，虚拟技术的快速发展，使得虚拟实践引入课堂教学成为可能。国内学者认为，虚拟实践是发生在虚拟空间的以"数字化符号"为中介的感性、对象化的活动。在教育方面，虚拟现实技术的应用模式大致分为两类，一类是虚拟课堂，即以学生为虚拟对象或教师为虚拟对象的虚拟学校；另一类是虚拟实验室。以虚拟课堂为例，其教育的宗旨是不仅让学生掌握理论知识，更要注重实践能力的培养。利用虚拟现实技术进行辅助课堂教学，可以使学生全身心地投入到虚拟环境中，与环境中的各种对象相互融合，能够更加深入地学习所学课程。学生还可以通过使用具有交互性的模拟设备实现对虚拟环境的操作，从而进行实践练习。

随着技术的演进，互联网还会以标准算法、系统模型、大数据挖掘、知识库等基础，为学生提供个性化、定制化学习服务。由于技术的增强，学习者的自主性大大增强，学习者的主动性空前调动，充分利用互联网提供的便利条件，进行自主学习和研究。

（四）评价方式

在传统教育中，学生与老师的成绩基本上都是由学生的成绩来体现，在互联网教育中，这种评价体系将会更加多元化，不仅仅是对学生的考核进行了多层次的完善，同时对老师的考评也更加具体。整体而言，在互联网教育中，教学评价将进一步全面和技术化。

1. 全面评价：学生考核方式的变革

在对学生的考核方式上，无论是开卷考试还是闭卷考试都不能全面地反映出学生对

知识的真实掌握水平。现有的测评体系需要进行全方位的变革，建立全新的测评体系。不仅要改革考核方式，更要改革考核内容，既有学习之中的测评，也有学习之后甚至学习之前的测评。在网络环境下，对学生的评价不但依据网络学习的目标，对学生整个学习过程、学习效果做出价值判断，而且以发展曼 I 出发点，其目的不仅仅限于鉴别，也包括发展，并力求促进学习。在学习过程中设置若干评价项目，尽可能地收集能够反映学生学习情况的所有信息，包括结果性的和过程性的；然后据此展开建设性的评估、判断和学习指导。由此，"互联网+"环境中，学生的学习评价不仅仅是收集多方面信息以准确客观地判断，而且更为重要的是利用评价结果对学习加以指导促进。

2. "网评"：教学评价变革

在高校里，网络评价已经成为考察现代教育教学管理工作的重要标准和手段。在"互联网+"时代，教育领域里的每个人都是评价的主体也是评价的对象，而社会各阶层也将更容易通过网络介入对教育的评价。在互联网条件下，对教学双方的评价是信息化的，是基于教学双方表现和过程的。在学生方面，主要评价学生应用知识的能力，关注的重点不再是学到了什么知识，而是在学习过程中获得了什么技能。评价通常是不正式的，建议性的。学者余胜泉在"基于互联网络的远程教学评价模型"中提出一系列对学习者进行评价的指标。具体来说，它包括以下几个。

（1）交互程度

对学习者交互程度的评价可以通过记录学习者利用网络教学支撑平台中的各种交流工具辅助学习进行，如根据讨论区发表的文章（发言）质量及数据总量、聊天室的发言次数及发言数据量等。

（2）答疑情况

答疑情况可以通过学习者请教的问题数、浏览问题解决的次数，以及提供解决方案的次数等来反映。

（3）资源利用情况

这里的资源包括课程本身（通常是教师提供）的资源和互联网资源。前者包括对网络教学平台及其中的资源（如问题资源、电子图书馆）的使用情况，后者包括利用浏览器或搜索引擎来浏览互联网资源的情况等。

（4）作业

根据作业完成情况与得分，评价系统据此生成反映学生知识点掌握程度的曲线和作业完成情况的提示信。

（5）考试

评价系统根据考试情况生成学习者知识点掌握程度及问题解决情况报表，并对学习者的下一步学习提供改进意见。

黄荣怀、刘黄玲子和李向荣认为，除了应用测试手段对学生进行评价以外，还可以通过对学生行为表现的记录和追踪获取相关信息实施评价。

总之，在互联网条件下，教学评价是由教师与学生根据实际问题及学生先前的知识、兴趣与经验共同制定的，体现为学生主体，教师主导。

（五）教学空间

"互联网 +"技术将给传统教育从形式到内容带来革命性的挑战。教育信息网络将教学的空间从教室拓展到虚拟的电子空间，各种便捷的宽带接入方式，使每一位需要受教育的人都可以通过远程教育的方式随时随地获取教育内容；日益丰富的在线教育课程提供了老师在课堂上不能讲授的丰富多彩的知识，各种各样的多媒体课件资源满足各种不同的学习需求，以网络资源远程传输为手段，以多媒体教学课件资源为内容，以自主学习和互动交流的教育数字革命将不仅提升教育的质量方式，同时将对政府资助的公立学校体系和以私人投资的私立学校的传统教学方式提出新的挑战。互联网教育的开放性能够让学生在开放、积极的学习环境中，以主动的姿态去探索和尝试，谋求个体创造潜能最大化发挥。

总之，在"互联网 +"背景下，大学生的创新创业教育都将发生革命性的变化，一步步走向更加人性化、开放化的未来。

第二章
新时期"互联网+"背景下
大学生创新意识思维

    21世纪最显著的特征和灵魂就是创新。李克强总理在《政府工作报告》中提出制定"互联网+"行动计划。"互联网+"行动计划将推动万众创新,将在互联网、智能制造等新兴产业及传统产业与新兴产业跨界融合的领域推动创新,催生出新的产业形态,培育新的经济增长点。万众创新是创新产业组织的新方式。随着互联网、开源技术平台等对个体创业者的开放普及,大量去中心化的自组织生产开始出现。生产逐渐向柔性化、智能化、专业化方向发展,按需生产、规模定制正在变为现实。在"互联网+"背景下的信息活动中,每个人都是信息活动的主体。作为独立的人,大学生创业者要保持高度的自主性、独立性和规范性,能清楚地了解自己的信息需求,要具有自主、独立学习的能力。对此,学校方面也要充分利用互联网技术,有计划性地培养大学生的创新和探索意识,激发、培养大学生的创新思维。

第一节　大学生创新意识的树立

    创新意识是指学习者主动发现问题、积极探求解决问题的思路、方法,从而充分发挥自己的潜能的一种心理取向。它是人们进行创造活动的出发点和内在动力,是创造性思维和创造力的前提。同样,创新意识也是大学生创业者进行创新活动的出发点和内在动力。创新意识的树立和培养是一种严肃、严密、严格的创造活动,要按客观规律办事;不能把创新意识培养简单化、表象化和庸俗化,不能降低创新精神的科学性和严肃性。

一、创新意识的构成要素

创新意识主要由批判精神、创新思维、风险意识、系统观念构成。

（一）批判精神

创新就要破旧立新。这就意味着要抛弃旧观念、旧思想与旧事物。有创新意识的人们善于吸取旧事物、旧观念中的合理因素，并在此基础上进行创新，提出自己的新想法、新观点。

（二）创新思维

创新思维的显著特征是追求新颖、独特，它需要运用正确的方法，通过艰苦努力和坚持实事求是的态度，对原有事物进行再创造。

（三）风险意识

创新是对旧事物的否定、对保守势力的挑战，因此很容易受到传统势力的压制和打击；同时，由于创新过程没有现成的经验可供借鉴，创新的结果往往具有不确定性。这就注定了任何创新都存在着较高的风险，因此，人们在创新时应增强风险意识，这是创新活动顺利开展的必要保证。

（四）系统观念

创新在整体上是密切联系的，因此，人们在增强创新意识时，应树立系统观念，避免以偏概全和只顾局部与眼前利益的行为，应最大限度地使创新在整体上达到最佳效果。

二、培养创新意识的途径

（一）提倡标新立异，养成首创精神

首创就是要做别人没有做过、没有想过的事情，标新立异实质上就是有强烈的进取精神和勇于开拓的思维意识，是一种敢为天下先、敢为人未为的创新精神。大学生应不满足于现成的思想、观点、方法及物体的质量、功用，要经常思考如何在原有基础上创新发明、推陈出新。

首创和标新立异的精神和物质成果对我们的贡献巨大，而且具有开创性的意义，给后人提供了新的思路和平台，有的成果则可推进社会的进步。有了这种精神，才能有创新的动力，才能发现创新点，也就有了培养创新习惯的基础。

（二）激发探索欲望，养成好奇心境

学而创、创而学是创新的根本途径。大学生要具备勤奋求知精神，不断地学习新知识，才能在自主创新中发挥生力军作用。古往今来，有很多的发明创造、真知灼见都是

通过不断探索而获得的。而人们的探索欲望,常常表现为强烈的好奇心。好奇可使人对事、对人充满兴趣。而有了兴趣便想去质疑,去探究,喜欢刨根问底。人一旦对某个问题产生好奇心,他对这方面的知识储备便会丰富,同时注意力便会集中,对这件事情便会更加关注,更加投入,思维也会特别活跃,潜能往往可以在这时释放出来,使人发挥出不可估量的作用。这时,人的创造性便会空前高涨。

将蒙昧时期的好奇心向求知时期的好奇心转化,这是坚持、发展好奇心的重要环节。大学生要对自己接触到的现象保持旺盛的好奇心,要敢于在新奇的现象面前提出问题,不要怕提出的问题简单,不要怕被人耻笑。

（三）增强顽强意识，养成耐挫能力

人不可能是一帆风顺,都会遇到困难,碰到挫折。如果没有超强的耐挫能力,没有百折不挠的顽强毅力,而是怕苦畏难,遇到风险便止步,这样就永远也不可能获得成功。其实,困难、挫折也是一笔财富。危急时刻,人们往往会斗志昂扬,思维活跃,意志也更加坚定。只有不畏艰难,去集中精力,解决矛盾,战胜困难,才更容易激发出创造性思维。

（四）注重培养质疑欲

古人云:"大疑则大进,小疑则小进,无疑则不进。"有疑问是学习新知识、产生新思想、发现新观点的起点。正确的质疑往往是成功的开始。纵观科学史,每一次重大发现几乎都是从质疑开始的。正如爱因斯坦所说:"提出一个问题往往比解决一个问题更重要。因为解决一个问题也许仅仅是一个数学或试验上的技能而已,而提出新的问题,却是需要创造性的想象力,而这标志着科学的真正进步。"提出问题是取得知识的先导,只有提出问题,才能解决问题,促使学生去思考、去探索、去创新。因此,要鼓励大学生大胆质疑、提出多种解决问题的方案及最佳方法。在教学过程中,教师注重培养学生的问题意识与质疑能力,这不仅是素质教育的重要内容,也是培养创造性人才的根本所在。从多角度培养大学生的思维能力,激励创新。

（五）培养科学想象力

创新意识作为一种复杂的心理活动,来源于想象力。可以说,想象力是创新的基础,没有想象力,就没有创造,善于创造就必须善于想象,特别是科学地想象。爱因斯坦认为,想象力比知识更重要。因为知识是有限的、相对固定的,而想象力是知识进化的源泉,是科学研究的动力。激发创新意识,可以从身边做起,从我们已知的一切入手,如街边的路牌、途中的风景、吃饭的餐具、工作的桌椅,等等。很多人都有上网购物的习惯,

这不仅是积累各方面知识及了解时下流行视觉趋势的好方法，无形中也丰富了我们的创意阅历，为借鉴创意打下了良好的基础。在工作中，当我们为找不出一个好的创意解决方案而挠头时，可以利用日常工作、生活中的所见所闻，从其中的一个点或者一个表现出发，借鉴其成功之处，拓宽创意思路，往往可以做出优质的创新设计。

第二节　大学生创新思维的激发与培养

创新思维是指以新颖独创的方法解决问题的思维过程，通过这种思维能突破常规思维的界限，以超常规甚至反常规的方法、视角去思考问题，提出与众不同的解决方案，从而产生新颖的、独到的、有社会意义的思维成果。创新思维是人类创造力的核心和思维的最高级形式，最能体现人的主观能动性。创新思维在于将创新意识的感性愿望提升到理性的探索上，实现创新活动由感性认识到理性思考的飞跃。创新思维能使人突破思维定式思考问题，从新的思路去寻找解决问题的方法。

一、创新思维的基本原理

创新思维的基本原理主要包括迁移原理、组合原理、分离原理、还原原理、相反原理、利用原理等。

（一）迁移原理

迁移原理分为原型启发、相似原理、移植原理三种类型。

1. 原型启发

原型启发是指根据自然界已存在的事物和现象的功能和结构，受到启发，产生新的思想、观念和技术。例如，要设计能自动驾驶的汽车，人们受神话故事中念咒语启动地毯故事的启发，把地毯类比为汽车，而用声电转换装置类比咒语，实现了新型自动驾驶汽车的设计。

2. 相似原理

相似就是根据两个相同或相近的事物，把其中一个事物的结构和原理应用到另一个事物上。例如，从人们的动作功能中可以得到启发，机械手就是模仿人的手臂弯曲和手的功能；挖掘机就是仿照人使用铁锨的动作而设计的；"协和"飞机的外形设计就是对鹰外形的仿生。又如，布鲁纳为解决水下施工问题，将在地下施工的情况同蛀木虫在木材中前进的情形做了直接类比，提出了沉箱施工法。再如，要设计一种开罐头的新工具，就可以选一个"开"字，先抛开罐头问题，从"开"这个词的概念出发，看看"开"有

几种方法，如打开、撬开、剥开、撕开、拧开、揭开、破开等，然后寻求这些开法对设计开罐头有什么启发。

3. 移植原理

移植是指将某个领域的原理、方法、结构、用途等移植到另一个领域中去，从而产生新的事物和观念。移植原理就是把一个研究对象的概念、原理和方法等运用于其他研究之中。可以说，原型的寻求是移植原理运用的第一步，没有原型的启发，就不可能有移植原理的运用。比如，小提琴最初是在人们受到龟壳的启示后发明出来的。龟壳就是运用移植原理发明小提琴的原型。大自然是第一造物主，存在于大自然中的每一个事物都可谓是非常精美的"艺术品"。这些"艺术品"都可能成为原型。常见的原型有动物原型、植物原型、机械零件原型。各种动物，它们自身的形状、结构等特点都可能成为发现另一事物的"原型"。比如，人们利用蜘蛛耳朵结构的特点，发明了音响探测器；利用蜘蛛脚板的特征，创造出了潜水用的潜水钟；又利用蜘蛛的丝腺，制造出了人造纤维的喷丝头。植物的根、茎、叶等器官同样也可以成为人们发明创造的"原型"。例如，鲁班依据茅草叶的两侧细齿发明了锯子。许多机械零件本身的造型设计，有时也会成为创造发明的"原型"，如人工角膜的设计问世。

（二）组合原理

组合很容易导致创造发明，甚至也能导致重大的创造发明。

例如，我们常见到的多用柜、两用笔、组合文具盒等，都体现出组合原理。组合有材料的组合、用品或机器的组合、功能组合、方法组合等。材料的组合可产生意想不到的效果，如机械结构中的耐磨的轴瓦和较高强度壳体组成的滑动摩擦轴承；合金材料和复合材料，广泛应用于日常生活、工农业生产，直到高级的航天技术等。用品或机器组合是生产活动中经常发生的现象。为了使用方便，常将两个或两个以上用品组合成一个用品，使之具有多种功能。例如，带电子表的圆珠笔是圆珠笔和电子表的组合、具有电子表报时和圆珠笔书写的功能。机器组合是为了提高生产效率和产品质量，常常把完成一项工作同时需要的两种或两种以上的机器，或工序前后相接操作的两台以上设备结合或组合在一起，而形成的机器加工系统。功能组合是将某一事物按照需要加以适当改变，使它能在不同的情况下起到不同的作用，即使之集多种功能于一身。例如，在市场上常见到的多用旅行刀，可以代替刀、叉、勺、剪、开瓶器等多种工具。在生产工艺和处理技术中，把两种以上独立的方法组合起来，可以产生创新的效果。

（三）分离原理

分离原理与组合原理是完全相反的另一个创造原理。分离创造原理是把某一创造对象进行科学的分解或离散，使主要问题从复杂现象中暴露出来，便于人们抓住主要矛盾或寻求某种设计特色。运用分离创造原理，人们获得了许多创新设计成果。在机械领域、组合夹具、组合机床、模块化机床等的成果也都可以说是分离创造原理的应用。

分离创造的基本途径有结构分离创造和市场细分创造。结构分离是对已有产品的结构进行创造性分解，并寻求创新的一种思路。在对结构进行分解之后，可以考虑能否减少或剔除某些零部件，以提高产品性能；或考虑能否进行结构重组，使重组后的产品在性能上发生新的变化。市场细分创造，就是按照消费者的需要、动机及购买行为的多元性和差异性，将整体市场分为若干个子市场或细分市场，即将消费者区分为若干类似性的消费者群。机械创新设计的最终目的常常是为市场提供某种机械类商品，因此也可以根据市场细分理论进行创造性思考。应用市场细分创造，通常以职业、年龄、性别、地域、环境、时差、经济条件等市场变量作为细分标准，然后按照形成差异的原则进行创新设计。

（四）还原原理

还原原理是指把创新对象的最主要功能抽出来，集中研究实现该功能的手段和方法，从中选取最佳方案。通俗地讲，还原原理就是回到根本，抓住关键。人们为了使食品在一定时间内保持良好的鲜度和品质，创造了各种冷冻保鲜方法及相应装置，如冰袋、电冰箱、真空冷却机、声波制冷装置等。为了创造新的食品保鲜装置，人们不断地进行探索，但常常都是在同一创造起点上思考着同样的问题：什么物质能制冷？什么现象有冷冻作用？还有什么制冷原理？如果运用还原创造原理求解这一问题，情况就有所不同。按照还原原理，首先思考食品保鲜问题的原点在哪里，无论冰袋还是电冰箱，它们能够保鲜食品的根本原因在于能够有效地灭杀和抑制微生物的生长。凡具有这种功能的装置都可用来保鲜食品。这就是创新设计食品保鲜装置的创造原点。从这一创造原点出发，可以进行还原思考，即用别的办法来取代传统的冷冻方案。有人结合逆反思维的应用，想到了微波灭菌的技术方案，开发出微波保鲜装置。经过微波加热灭菌的食品，不仅能保持原有形态、味道，而且鲜度比冷冻时更好。此外，从创造原点出发，人们还可以采用静电保鲜方法，并开发设计出电子保鲜装置。

（五）相反原理

相反原理是指在创造发明的过程中，当运用某种方法解决不了问题时，改用相反的方法。在发明创造中，有时遇到一个不能解决的难题往往需要迂回或从其反面或从其侧面途径，则能顺利地解决，这就是创造的相反原理。例如，已知电可以生成磁（电磁原理），那么磁可否生成电呢？经过科学家的研究证明是可以的，从而便有了电磁感应原理。从这两个相反原理出发，人们发明了电磁波的发射机、接收机。已知通电导体在磁

场中受力并产生运动，那么在磁场中运动的物体能否产生电流呢？事实证明是可以的。从这两个相反的原理出发，人们发明了电动机和发电机。再如，发明家爱迪生利用声音能够使物体振动的原理，使用原理逆向法，使得振动的物体发声，就发明了留声机，等等。采用原理逆向做出科学发现和技术发明的实例是举不胜举的。又如，吹风机是向外吹风，能否发明一种吸风机呢？事实证明是可以的，从而发明了吸尘器；热风机送出来的是热风，能否发明一种送出冷风的机器呢？科技的实践证明是可以的，从而发明了空调器。破冰船的发明也是如此，先期的破冰船是靠船体的重量（特别是船首的重量）将冰压破从而达到破冰的目的，所以船首设计得很高、很重，船体也很大，消耗的燃料很多。后来有人改压力破冰为浮力破冰，将船首制作成前底后高的形状，将船首潜入冰层下面，靠插到冰层下面的船首的浮力将冰顶破，由此制造了一种新式破冰船。

（六）利用原理

利用专利发明进行创新思维是指创新思维者借鉴已有成果和技术，依据他人的发明专利来启迪自己的智慧，从而实现创新的过程。一般来说，创造发明的最终目标都离不开满足人们的需要，也就是说，人们对于创造发明成果应尽量从中索取最多和最大的用处。例如床，床的功能主要是供人睡觉的，而人不可能一天24小时都睡觉，由此人们便发明了一种折叠沙发床，即让它在非睡眠的时间作为沙发用，既节约了空间又充分利用了床（沙发）。

二、大学生培养创新思维的途径

大学生应该自觉努力地培养自己的创新思维，具体来讲，可以从以下几个方面做起。

（一）强化创新意识的教育

创新意识就是根据客观需要而产生的强烈的不安于现状、执意于创新创造要求的动力。有了意识才能启动创新思维，才能抓住创新计划，才能获得创新成果。对于大学生而言，首先，必须强化创新动力观教育；其次，要强化创新主体观教育，冲破求稳循规蹈矩的思想羁绊，培养敢于创新的意识。

（二）增强创新思维的训练

大学生在课堂上要多想多说，在学习知识的基础上多思考、多反馈；课下多动多做，积极合理地参加学校活动、社团组织等，不做读死书的人。此外，学习的重要性仍然不可忽视。这里的学习不仅是指课堂上的学习，在实践中学习，也是培养大学生创新思维的根本所在。后文将对创新思维进行较为详尽的阐述。

（三）注重创新能力的培养

创新能力应该体现在吸取知识的能力上，不仅看他学习多少知识，还要看他在多大程度上将人类文化的精神内化为自身的素养，成为他自身不可分割的一部分。此外，这种能力还应体现在对周围事物的理解能力、应变能力和对未来知识的驾驭能力上。

（四）着力创新人格的塑造

创新人格就是创新人才的情感、意志、理想和信仰等综合内化而形成的全面发展现代人格。大学生在培养和塑造创新人格的过程中，既要在自学进取中培养自信，还要在战胜挫折中培养意志，在对待利益关系调整中树立正确的人生观。

三、创新思维的训练

（一）发散思维训练

发散思维是从一点出发，向四面八方拓展的一种思维方法，具有开放性的特征，能够开阔知识视野，提高分析问题和解决问题的能力。

1. 发散思维的训练原则

（1）考虑所有因素

尽可能周全地从各个方面考察和思考一个问题，这对问题的探索、解决特别有用。

（2）预测各种结果

思考一个问题时应考虑各种"后果"或最终可能出现的结局。这有利于对事物的发展有较明确的预测，并从中寻求最佳的结局模式。

（3）尝试思维跳跃

当解决某个问题遇到困难时，可以采用思维跳跃的方法，即不从正面直接入手，而是另辟蹊径，从侧面来突破。

（4）寻求多种方案

思考问题时，可快速"扫描"并指向事物或问题的各个点、线、面、立体空间，寻找多种方案，并对方案进行深入思考，从而找到全新的思路和方法。

2. 发散思维的训练方法

（1）材料发散法

这是指以某个物品尽可能多的"材料"，以其为发散点，设想它的多种用途。例如，回形针的用途有把纸或文件别在一起、做发夹等。

（2）功能发散法

这是指从某事物的功能出发，构想出获得该功能的各种可能性。

（3）结构发散法

这是指以某事物的结构为发散点，设想出利用该结构的各种可能性。

（4）形态发散法

这是指以事物的形态为发散点，设想出利用某种形态的各种可能性。

（5）组合发散法

这是指以某事物为发散点，尽可能多地把它与别的事物进行组合。

（6）方法发散法

这是指以人们解决问题或制造物品的某种方法为扩散点，设想出利用该种方法的各种可能性。例如，说出用"吹"的方法可能做的事或解决的问题：吹气球、吹蜡烛、吹口哨等。

（7）因果发散法

这是指以某个事物发展的结果为发散点，推测出造成该结果的各种原因，或者由原因推测出可能产生的各种结果。例如，推测"玻璃杯碎了"的原因：手没抓住；掉落地上碎了；被某物碰碎了；等等。

（8）假设推测法

这是指假设的问题不论是任意选取的，还是有所限定的，所涉及的都应当是与事实相反的情况，是暂时不可能的或是现实不存在的事物对象和状态。由假设推测法得出的观念可能大多是不切实际的、荒谬的、不可行的，这并不重要，重要的是有些观念在经过转换后，可以成为合理的有用的思想。

训练发散思维，可以通过学习发散思维方法，加大相互提问和讨论力度，开展多种活动等方式以养成自觉培养的习惯。通过专门资料或讲座学习发散思维的定义、特征以及在实践中的作用，掌握发散思维的基本知识和运用方法。在讨论会上，可以有意识地设置一些问题，要求参会者从不同的角度做出回答，给出不同的结论，不仅可以活跃讨论气氛，充分调动学习积极性，提高分析水平，有效地提高发散思维的能力，还可以采用举办比赛、开展辩论、开办论坛等方式，利用其开放性和思想性的特征，进行发散思维的培养。

需要特别说明的是，发散思维并不是漫无边际的胡乱发散，而是从一点向四面八方发散，这一点就是事物所反映的主题或主要问题。只有抓住了这一点，才能使发散思维产生真正的效应。

（二）平面思维训练

平面思维指的是各种思维线条在平面上聚散交错，也就是说，事物之间有着普遍联

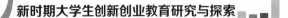

系，这种思维更具有跳跃性和广阔性，联系和想象是它的本质。作为平面思维的核心，联系和想象使得平面思维表现为事项之间的跳跃性连接。平面思维是线性思维向着纵横两个方向扩展的结果。当思维定向、中心确定以后，它就要从几个方面去分析说明问题。当这些点并不构成空间而是处于同一平面不同方位的时候，思维就进入了平面思维。点的思维是平面思维的开端或起点。一般来说，人们捕捉思维对象时，在确定研究方向、选择进攻点时，作为表现思维出发点或中心的思维过程，就是点的思维。线性思维是点的思维的延伸或扩展。它有长度但无宽度，具有单一性和定向性的特征。

平面思维的训练首先要从想象和联想的训练入手。

想象力的训练方法如图地反转思维法（正负形思维）。视觉对象与周围环境关系的视觉转换关系被称为图（视觉对象）地（周围环境）反转。最早研究图地转化关系的鲁宾，他的著名的"Rubin之杯"图形在视觉艺术作品中被广泛地应用，如染织美术中的"千鸟纹"，广告、装潢艺术中的各种画面等。图地反转变化的理论强调了人们的感觉不是孤立存在的，它要受到周围环境的影响。因此，利用这个方法加以训练，有助于丰富我们的艺术想象力。

联想是通过赋予若干对象之间一种微妙的关系，从中展开想象而获得新的形象的心理过程。例如，由"速度"这个概念，人们头脑中会出现呼啸而过的列车，自由下落的重物等，随之还会产生"爆炸""闪光""粉碎"等一系列联想，这些联想引导人们去体验它的力度、色彩和线条的组合。联想思维的训练方法，如依据具体形象进行直接的、相关的联想；概念相近的或多种元素组合起来进行联想；看以毫无相关的几个因素通过中间因素的转折达到联想的目的。

（三）立体思维训练

立体思维，指的是采用空间思维的方式，对认识对象作多方位、多角度、多手段的考察和探索，力图真实、全面、鲜明地反映这个事物的整体，以及这个整体与其周围事物的空间关系，它不是反映对象的个别方面，而是反映对象各方面的总和。这种思维方法强调占领整个立体思维空间，并有纵向垂直、水平横向以及交叉等全方位的思考。

立体思维的时空观点很强。空间和时间是事物之间的一种秩序。空间用于描述物体的位形，时间用于描述事件之间的先后顺序。空间和时间的物理性质主要通过它们与物体运动的各种联系而表现出来。立体思维的三个维度需要有一定的空间、时间，还有万物的网络。

1. 立体思维的具体形式

立体思维的具体形式包括整体性概念、整体的判断、整体性的推理。

（1）整体性概念

即以某个概念为中心，以反映、把握思维对象内在整体或外在整体的概念群。由于立体思维要立体地或整体地把握思维对象，因而它就不能是某个单一概念或单一的观念，而是按照立体思维要求，把许多概念围绕着某个中心组成概念群。例如，"生态系统"这个概念，就是一个立体概念，这个立体概念是以森林为中心而引申出来的"土壤""气候""植物群落""动物群落"等构成的。

（2）整体的判断

就是以某个判断为中心的，用于反映、把握思维对象全部内在和外在规定、关系、联系的判断。例如，人们关于"生物界是一个统一的生态系统"的整体性判断，就是由下列判断构成的："一切生物都以食物相关联而相互依存、相互制约的。"

"绿色植物是自养生物，是自然界的分解者。""它们从植物（或动物）得到食料，又把有机食料分解为无机物质，反过来又为植物提供生产原料。""动物亦是自养生物。它们是消费者，是地球最后出现的一类生物。"这些判断，勾画出了一切生物相互依存、相互制约的立体图画，而这一切又都在说明"生物界是一个统一的生态系统"的论断。

（3）整体性的推理

即以某一推理为中心而作纵向、横向连续推理，从而反映、把握思维对象立体性运动过程的推理群。例如，列宁在《帝国主义是资本主义的最高阶段》一书中，关于"帝国主义是垄断的资本主义"的论断，就是从生产资料的私有制与生产高度社会化的基本矛盾的分析出发，进行横向与纵向的连续推理而推出的推理群。

2．立体思维的三规律与三方法

立体思维有三规律与三方法之说。

（1）立体思维的三规律

即诸多因素综合律；纵横因素交织律；各层次、因素、方面贯通律。

诸多因素综合律是指思维在由低级向高级发展的过程中，要动用多种观察工具、多种思维形式，把思维对象的各个方面、各种因素综合为一个整体，方能形成整体的思维。在立体思维过程中，要把各种条件、要求、关系、特征综合起来考虑。如果你为解决什么问题或做出什么决策而思考，你要对与做出决策或解决问题有关的所有因素都进行仔细推敲，考虑无遗。例如，现代结构化学的研究，就是建立在各种衍射、光谱、波谱、其他能谱、质谱、色谱、电子显微技术、电化学、激光技术、动态测试技术和电子计算机技术等组成的庞大的高、精、尖综合探索系统的基础上的。这些因素、系统从物体的表面到内部，从静态到动态，从空间结构到电子结构进行广泛地分析综合工作，随后提

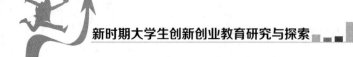

供大量有用的信息，完成立体的认识过程。

纵横因素交织律是指在纵的分析与横的分析的基础上，使两者交织成一个有机整体。纵的分析是对认识对象进行历史的分析。例如，要对铸铁管技术进行改进，就要了解铸铁管技术的发展历史，了解铸铁管生产技术由砂型法、连续铸管法、离心铸管法等的演变，从而研究现状，发现问题，提出改进意见。即使医生给人看病，也必须了解病史，而不能只注意眼前。横的分析是分析思维对象运动全过程中内在矛盾和外在矛盾的各个方面，分析各个矛盾方面在各个发展阶段上（层次上）的各种特征、关系、联系。在对思维对象进行了纵、横分析之后，必须把这两种分析综合起来，按照思维对象由低到高发展的层次，用内在矛盾和外在矛盾的各个矛盾方面及其诸种规定为线，使之织成认识的立体网络，确定这个网络上的网络结，再现事物的全貌。这样，就可以克服主观性、片面性，防止思想僵化。纵横因素交织律是对诸多因素综合律的一种补充，通过这种补充，综合便显得具体化了。

各层次、因素、方面贯通律是指在立体思维的过程中，从问题的提出到问题的展开，必须按照思维自身和事物自身的层次、环节、阶段或结构，使其内容有条不紊地安排或组织起来，充分体现出立体思维的有序性。通过思维层次、因素、方面的有序排列或贯通，可以清楚地看到思维对象发展深化的具体进程，它的总体轮廓和各个层次上的性质，从而使人们的思想组织更加严密，真正实现逻辑与历史的统一。同时，这一规律也表明，立体思维要综合思维的各个层次或各种规定，但又不是杂乱无章、随心所欲的拼凑。例如，自然、社会和思维内部的组织及其发展，都不是杂乱无章、无规可循的，它们的内部组织和发展变化，都是分层次的。物质世界按照质量的大小，分为星系、恒星、行星、物体、分子、原子、原子核、基本粒子的层次，而在这些层次中，又可分为若干的层次，层中有层，层层相依，前后相继。再如军队中有军、师、旅、团、营、连、排、班等层次。在现实中，复合材料的研究改进、机械零件的整体组装、分子工程的优化设计、核能技术的开发、遗传工程的基因重组、科学与技术的巧妙组合、艺术形象的精雕细刻、国民经济的统筹安排、上层建筑的变革，都应进行整体性的结构思考，并按最佳结构做出妥善安排。总之，层次渗透一切。一切包含层次，而且层次是有序的，不能随意颠倒。

（2）立体思维的三方法

即整体性思考方法、系统性的方法、结构分析方法。

整体性思考方法是指以诸多因素综合律为依据的整体性思维方法。在立体思维中，运用整体性的思考方法，就可以把点、线、面；性质、特征、关系；色彩、声音、线条、气味、硬度这些看来是零碎的、没有联系的东西，组成完整的互相联系的整体。

系统性的方法是指以各层次、因素、方面贯通律为依据的思维方法。在运用这种方法的过程中，要注意层次或顺序，不能越级，否则，就可能出现错误。例如，对河床中石子的研究，虽然各个石子都是立体的各自存在的，似乎没有什么联系。而运用系统性的方法，则是要在深入分析，了解了这些石子的内在关联后，把它们看成一个系统中既互相联系又互相区别的小系统。它们同属于该河流中物，均为上游冲刷下来的沉积物，并且化学成分大致相同，据此可确定它们存在的年龄。所以，通过整体性的系统的方法，就能把大至宇宙、小至粒子世界中的形形色色的物质，组成一个相互联系的整体，即一个最大的系统。

结构分析方法是指以纵横因素交织律为依据的思维方法。立体思维必须了解整体或系统中各组成部分各处于什么位置，各起着何种作用，应当如何组合、排列等。同一事物或系统都有自身的结构，不同的事物或系统其结构是不同的。例如，同是蛋白质组成的有机物质，由于结构不同，表现出来的性质也极不相同，有的对人体有益，有的对人体有害。这样，立体思维既可把握事物的整体，又可把握构成这个整体的内在机制，了解这个整体结构的性质。

（四）逻辑思维训练

逻辑思维又称为理论思维、抽象思维或闭上眼睛的思维，主要依靠概念、判断和推理进行思维。逻辑思维是一种确定的而不

是模棱两可的、前后一贯的而不是自相矛盾的有条理、有根据的思维。逻辑思维要遵循逻辑规律，如同一律、矛盾律、排中律、辩证逻辑的对立统一、质量互变、否定之否定等，违背这些规律，就会导致认识上的混乱和错误，继而在思维上发生偷换概念、偷换论题、自相矛盾、形而上学等逻辑错误。例如，在 8 个同样大小的杯中有 7 杯盛的是凉开水，1 杯盛的是白糖水。用逻辑思维可以只通过 3 步，就找出盛白糖水的杯子来。第一步：把 8 个杯子分为各 4 杯的二组，在二组中各选出 1 杯水，把这组中的其他水都倒一点到这个杯子里，品尝这 2 杯水，选出有糖水的那一组。第二步：在有糖水的这组中，把 3 杯没有掺水的杯子中取出 2 杯水，进行第一步，判断糖水是否在这 2 杯中。第三步：糖水在这 2 杯水中，品尝其中没有掺水的那杯，就可以知道糖水是哪杯。反之，也可以推出糖水是另外 2 杯中的哪一杯。

逻辑思维是人类最基本也是运用最广泛的思维方式。逻辑思维在创新中具有发现问题、直接创新、筛选设想、评价成果、推广应用、总结提高等方面的作用。但它在创新中也存在局限性，如常规性、严密性、稳定性等，容易形成思维定式，制约着思维的创新。有人把所有不按逻辑思维方式解决问题的思维活动，用非逻辑思维概括起来，如联想、

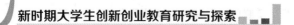

灵感、直觉、想象等。因此，形象思维、直观思维都属于非逻辑思维的范畴。

逻辑思维的方法主要有以下几种。

1. 演绎推理法

演绎推理就是由一般性前提到个别性结论的推理。按照一定的目标，运用演绎推理的思维方法，取得新颖性结论的过程，就是演绎推理法。演绎推理法的最显著的特点就是方向性，即从普遍到特殊。氟利昂制冷剂是广泛应用于电冰箱和空调机的制冷介质，它的发明就是由一般到个别的典型案例。氟利昂制冷剂是美国人米奇利发明的，他依据的理论是：凡是无毒的稳定挥发性的化合物，都可以当作制冷剂。于是，米奇利把元素周期表中可以生成稳定性、挥发性的化合物列成一张表，其中有氮、氢、硫等元素的化合物，但通过对照发现，在已用做制冷剂的化合物中，没有氟化物。米奇利疑惑：是不是因为氟元素有毒，或认为有机氟化物也有毒。米奇利首先合成了二氟二氯甲烷，它的沸点是零下 20℃。经过对老鼠的毒性试验，证明它是无毒的、稳定的、挥发性很强的制冷剂，于是大量生产氟利昂制冷剂。

运用演绎思考方法推理，是建立在前提和结论之间的因果关系上的。一种称作"铜草"的植物，就是地质学家运用演绎思考方法发现的。他们在勘探时发现，凡是含铜元素丰富的植物，均生长得郁郁葱葱；反之，若铜含量不足，植物则生长不良，叶子细萎，花朵憔悴。于是，地质学家把那些含铜丰富、生长得郁郁葱葱的植物叫"铜草"，它是铜矿的"指示剂"。

2. 归纳推理法

从一般性较小的知识推出一般性较大的知识的推理，就是归纳推理。归纳推理法有完全归纳推理、不完全归纳推理，而不完全归纳推理又具体分为简单枚举归纳推理、科学归纳推理。

（1）完全归纳推理

完全归纳推理是由一类事物中每个或每部分对象都具有（或不具有）某属性，推出该类事物全部对象都具有（或不具有）某属性的推理。

（2）简单枚举归纳推理

简单枚举归纳推理是列举某类事物中一部分对象的情况，根据没有遇到矛盾的情况，便做出关于这一类事物的一般性结论的推理。例如，人们知道，白菜、大豆、水稻、棉花、柳树、小草都是绿色的植物，又都能进行光合作用，没有遇到相反的情况，于是做出结论：所有绿色的植物都能进行光合作用。

尽管简单枚举归纳推理的结论不完全可靠，但是这并不妨碍这种推理在实际思维中

的广泛运用。简单枚举归纳推理是科学研究中形成假说的重要认识手段。在科学研究活动中，往往都是从个别现象猜想其一般情况，然后对猜想的结果加以验证，以激励、推动科研工作向纵深发展，著名的哥德巴赫猜想就是这样产生的。简单枚举归纳法是在日常生活中被广泛应用的认识方法。比如，农产品的试产估收及优良品种的选择，工业品的质量控制和检验。各种社会调查，对案件的分析及法庭辩论都广泛应用简单枚举归纳推理，不少民间谚语也都是简单枚举的结果。

（3）科学归纳推理

科学归纳推理是列举某类事物一部分的情况，并分析出制约此情况的原因，以此结果为根据，从而总结出这一类事物的一般性结论的推理方法。例如，人们观察了大量的向日葵，发现它们的花总是朝着太阳，经过研究发现，向日葵的茎部含有一种植物的生长素，它可以刺激生长，又具有背光的特性。生长素常常在背着太阳的一面，使得茎部背光的一面生长快于向阳的一面。于是，开在顶端的花总是朝着太阳。因此，所有向日葵的花都朝着太阳。这个事例，找到了向日葵茎部的生长素有背光性，是导致向日葵向太阳的原因，并由此得出"所有向日葵花都朝向太阳"的一般性结构。

3. 实验法

实验是为了某一目的，人为地安排现象发生的过程，据此研究自然规律的实践活动。实验的特点是必须能重复，能够在相同条件下重复地做同一个实验，并产生相同的结果，这是一个实验成功的标志。实验的设计，有单组设计、对比设计。在单组设计中，选取实验对象不设置控制组，其基本模式是先期测量—实验变量引入—实验后期测量，通过前后两次测量的差异检验实验处理的效果。目前单独使用这种类型的实验设计已不多见。为了研究颜色是否对人的脉搏和握力都有影响，国外有的学者做过实验，将被测试者的平时正常状态下脉搏值做一个测量，然后安排在黄颜色的房间里测得脉搏依然正常，在蓝色的房间里脉搏会比正常值减慢一些，在红色的房间里脉搏增长快很明显。这就是单组设计在实验中的应用。对比设计将实验对象分为两组，一组为实验组，施以实验处理；另一组为控制组，不加实验处理。为使两组被试尽量同质，便于比较，一般采用随机分派法分组，通过测量两组的差异检验实验处理的效果。

4. 比较研究法

比较就是根据一定的标准，把彼此相关的事物联系起来进行考察，确定其异同，找出内在联系和共同规律，以把握研究对象所特有的质的规定性。比较研究法简称比较法，是指通过两个或两个以上对象的相同点和差异来获得新知识的方法。在比较研究中，主要起作用的还是逻辑思维中的演绎推理、归纳推理和类比推理，所以，比较研究是运用逻辑思维进行创新的一种方法。比较研究不只是搜集资料，也不只是加工整理资料或事实。比较研究的实质是通过对事物的相互联系和差异的比较，来观察事物，认识事物，直至探索规律，即比较不只是一种手段，比较也是一种认识。比较可以是时空的纵横比较，也可以是直接、间接的比较。通过比较研究，可以鉴定真伪，区分优劣。

5. 证伪法

证伪法，即证明对方观点虚假的一种逻辑思维方法。证伪思维法可分为两大类型：实践证伪和理论证伪，其中前者最为有力。实践证伪根据具体的事实、行为、物证等来证明对方的理论或观点是虚假不真实的。例如，意大利科学家伽利略在比萨斜塔上所做的自由落体运动实验就证实了亚里士多德自由落体理论的谬误。理论证伪也十分重要，这是在思考问题、相互辩驳时普遍使用的一种方法。伽利略之所以在比萨斜塔上做实验，是因为他预先在理论上证明了亚里士多德自由落体理论的虚假。理论证伪有三种形式：第一，证明对方的理论或观点和人们公认的正确的理论或观点是相违背的。第二，证明对方的理论或观点有其自身不可克服的矛盾。第三，证明对方的理论或观点一旦成立，就必然会出现某种差错，造成损失或产生荒谬的结果。从理论上去驳斥对方或证明对方论点或观点的虚假，需要运用公认的、正确的理论。

（五）逆向思维训练

逆向思维也叫求异思维，它是对司空见惯的似乎已成定论的事物或观点反过来思考的一种思维方式。

1. 逆向思维的原则

正确进行逆向思维，应遵循以下几个原则。

（1）敢想敢说勇于创新的原则

学会逆向思维，敢于提出与众不同的见解，敢于破除习惯的思维方式和旧的传统观念的束缚，跳出因循守旧、墨守成规的老框框，大胆设想。

（2）严谨原则

逆向思维要经得起推敲，避免表面化、浅层次地思考问题。

（3）遵从规律避免极端原则

逆向求异应在一定的语言环境或特定的社会背景中进行，只有严格遵循客观规律，准确把握事物的本质，才能避免从一个极端走向另一个极端。

（4）尊重科学不伤感情的原则

"逆向"虽具有普遍性，但那些违反科学道理，有悖于人们共识和伤害人感情的"逆向"，都是不可取的。

2. 逆向思维的训练方法

（1）反转型逆向思维法

反转型逆向思维法是指从已知事物的相反方向进行思考，找到发明构思的途径。而从"事物的相反方向"思考常常指从事物的功能、结构和因果关系三个方面做反向思维。技术人员正是用反转型逆向思维解决了洗衣机脱水缸的问题。在洗衣机设计之初，为了解决脱水缸的颤抖和因此而产生的噪声问题，工程技术人员想了很多办法，如增加转轴的宽度，增加转轴的硬度等，但均未奏效。正当设计思路陷入死胡同时，设计人员决定"反其道而行之"，将转轴变软。结果，这一设计很好地解决了脱水缸颤抖和噪声问题。虽然脱水缸在静止时，被手一推就东倒西歪，但是在高速旋转时却非常平稳，而且脱水的效果也很好。

（2）转换型逆向思维法

转换型逆向思维法是指在研究问题时，由于解决某一问题的手段受阻，而转换成另一种手段，或转换角度思考，以使问题顺利解决的思维方法。历史上司马光砸缸救伙伴的故事，实际上就是一个运用转换型逆向思维法的例子。一般人的做法是直接爬进缸里救人，但行不通，司马光就转换为另一种做法，直接砸缸救人。

（3）缺点逆向思维法

缺点逆向思维法是指利用事物的缺点，将缺点变为可利用的东西，化被动为主动，化不利为有利的思维发明方法。这种方法并不以克服事物的缺点为目的，相反，它是将缺点化弊为利，找到解决方法。噪声对环境来说是一种污染，它干扰着人们的生活和工作，影响人体的健康，令人厌烦。但是，英国剑桥大学的教师通过研究发现，当声波遇到屏障时，声能会转化为动能，依据这一原理研制出一种鼓膜式声波接收器，该接收器与一个共鸣器连接在一起，可大幅度提高对声能的聚集能力。当接收器收到的噪声作用于声电转换器时，就能将噪声转换为电能。美国科学家在研究中发现，高能量的噪声可以促进尘粒相聚成一体，随着尘粒体积的增大而沉降下来。他们根据噪声能聚集尘粒的原理，研制出噪声除尘器。

第三章
大学创新教育与创业教育的耦合机制

第一节　创新教育和创业教育的异同点

一、整体培养目标一致

素质教育主要是以全面培养学生为目的，重点针对学生的综合素质和创新能力培养为主线。《中共中央国务院关于深化教育改革全面推进素质教育的决定》中明确："要全面贯彻党的教育方针，就必须实施素质教育，旨在提高国民素质，培养学生的创新精神和实践能力，造就有理想、有道德、有文化、有纪律、德智体美等全面发展的社会主义事业建设者和接班人。"培养创新精神和创业能力是实施素质教育的重点，创新与创业教育所培养的人才只有具备创新精神，才能符合新世纪知识经济时代发展所需要的人才规格。

创新教育旨在提升学生的综合素质，以培养学生的创新与创业能力为基本价值取向作为依托，全面发展学生的整体素质。在教学过程中，要将第一与第二课堂结合起来，即理论教学与实践活动相结合，帮助学生选择知识和牢固地掌握理论知识，最终形成系统性的知识网络，进行创新知识体验，逐渐形成素质教育理念。创业教育是培养学生适应社会发展、市场变化而进行的教育，重点培养学生创业的独立性、择业的自律性，帮助学生利用自身现有资源开创事业。因此，培养具有创新精神和创业能力的人才，是提高我国综合国力在世界竞争中占据地位的必要举措，是顺应新世纪发展要求与经济发展

趋势的必然选择。从创业意义上来看，创业能力的强弱直接突显出一个人的创新意识与实践能力的强弱，所以，创新创业教育的重心与目标在层面上是保持一致的，旨在培养学生的创新精神和实践能力，培育社会发展所需要的创新创业型人才。

二、核心内容本质相通

从内容上来讲，创新、创业是当代青年对于历史性问题的继承与发展。创新包括两个层面：一是社会价值层面，创新给人类文明带来了质的变化；二是个人层面，个人价值是体现自身创造价值的重要层面，包括个人创造的新事物、新知识、新理念、新方法等。大学生进行创新实践可以认为是大学生本身从事创新活动的基本心理形态，包括创新意识、创新思维、创新技能、创新理念四个方面。所谓创新意识，指的是在创新活动中体现出的主观意识和形态，表现为服从客观规律、侧重理性思考与问题质疑、追求个人自我超越等方面。而创新思维则侧重于创造力本身，以思维创新来带动实践创新，不断循环，思维创新包括发散式思维、想象力思维、逻辑性思维、直觉性思维等。而创新技能则体现了个人的动作行为、技巧艺术能力，如信息搜索、分析与处理能力、动手能力、操作控制能力等。创新理念是指个体在创新实践中非刻意表现出来的个性沉稳特征，如沉着稳定、勇敢坚定、好奇心强、独立自主、意志力强、乐于挑战自我、勇往直前和态度认真等。个体在品质上的差异在一定程度上会影响以后创新成就的大小。因此，创新理念的形成是创新精神培养的一个不可缺少的阶段。

把创新与创业教育四个方面的内涵中进行对比，我们可以看出，创新与创业教育内容与结构之间是相互融合、相互渗透、相辅相成的。创业是创新的载体，也是其表现形式，通过两者的内容结合，形成一个相辅相成，错综复杂的辩证统一体。通过对个性的自我追求与自我发挥来实现的，也是对创新教育个性需求的一个充分体现。两者都重视对学生基本素养的教育，也都注重发展学生的创新人格、创新意识、创新精神。激发学生创新欲望，激励学生发现问题并多角度思考问题、解决问题。目的都是培养学生的自我综合素质与终身学习能力，认为学生的学习不仅仅是为了毕业，更重要的是为自己后期发展奠定基础。通过发挥学生的主动性与潜能，形成自我内心的精神支柱与独立自主的品质，旨在促进学生终身学习与发展，促进主体性与个性相结合的自由式发展，探索教育的本质，寻求发展的本质。创新是创业的基础，通过对人才在未来创业实践中进行检测，才能够验证创新教育在实施过程中的成效。作为创新教育的载体和表现形式，创业教育的成败依托于创新教育是否扎实，创新教育更侧重于对学生的整体发展的把握，而创业教育却注重于学生自我价值的实现。两者相辅相成、相互促进，是不可分割的辩证整体。

三、功能作用效果相同

创新教育不仅是教育方法的改革、教育手段的优化和教育内容的变化，还是教育功能适应知识经济和市场经济提出来的，是对教育功能的重新定位，是带有全局性、结构性的教育革新和教育新发展，它揭示了人类的最高本质，即创造性的教育功能和价值追求。在传统大学教育的内核里，学生只是分数和书本的奴隶，而知识成为学生向社会索取的资本，学生高分低能，个性很难充分展示，思维不能健康发育。而创新教育追求人格发展的和谐性与特异性相统一，高度重视学生思维中的独创性，鼓励他们自主选择、奋发建构、努力塑造智商情商和谐共融的、完美健全的理想化人格，最终成为能够征服自然、改造世界的人才。

创业教育着手于使教育能够更好地适应社会、经济、文化的发展，从而改变以前教育脱离实际、社会、市场、经济发展的弊端。让教育更加有目的性、针对性，贴近现实、社会、市场、经济的发展，拓展学生的就业前景，让学生的个性得到充分展示，使得学生在以后的人生发展中更加的完美。创新教育的根基在于实践性，创业教育其根本内容决定了创业教育的接受者的创业心理素质和个人品行。加强工作技能和经营管理能力，成为社会的主宰和强者。

从某种意义上讲，创业教育的目的就是为了培养人的终身可持续发展能力，使其在将来的学习过程中学会做人做事、发展生存、自我价值体现等，这些功能与创业教育所突显的创新精神和实践能力的培养有着相同的效果。

在当今知识经济快速发展的环境下，科学综合与行业综合发展已成为时代的发展潮流和趋势。在教育方面表现为教育的学科交叉性、知识课程的融合性。不管是创新教育还是创业教育，其教育都是综合性、交叉性的。包括教学内容、教学方法以及学生的综合能力、教师的知识传授等。无论是创新教育还是创业教育，都是群体与个人创造能力的培养和创造活动的开展，其目的就是为国家牟利，为未来人类的发展而服务。两种教育都有各自的现实意义，反映出教育对社会和经济不断发展的抉择和适应，也就意味着将抛弃以前以升学为目的的教育行为，这也是当前高校教育要面向现代化、面向世界、面向未来发展的趋势。创新教育更加注重基础教育，在此基础上进一步深化和改革，明确教育的指向以及对时代的需求。而创业教育又进一步把创业融入教育需求中，注重对教育方向的总体把握，重点在于如何实现人的自我价值。

诸如在美国，创新教育强调学校在培养学生全面发展的同时，应更注重开发学生的个性、原创精神和创新能力。在英国，创新教育在采导师制的模式下，十分重视培养学生的自学能力、动手操作能力和创新能力，而这些能力恰恰也是创业所需要的。

四、差异性

创新教育与创业教育都是顺应时代要求而产生的，二者比较后，我们不难发现，它们在宏观价值追求上具有一致性，在内容与最终目标上具有相似或相同性，是相互融合、相辅相成的。但两者培养的方法和要求各有不同。因此，并不能取而代之。

按照国家关于人才培养的要求来看，创新教育更加侧重于对人潜能的挖掘和培养，而创业教育侧重于对个人价值的培养。创业教育将成为教育发展的"第三本教育护照"，其指向更加精确，内容更加丰富和具体，也是创新教育的进一步拓展。创新教育的培养目标可以概括为"创造性和创造力"。创造性指的是创新精神、创业意识和创造性人格。创造力指创造性思维、创造性知识和创造性能力。而创业教育主要是通过对人的创新精神和能力进行培养作为价值取向的教育方针路线。创业教育之本是"成物成己"。

"成物"是创造新事物、创建新企业；"成己"则是完善自己、丰富自我。

创业教育可以培育创新意识、训练创新思维。创新思维不是机械地按照过去的经验或规范准则思考问题，而是根据变化了的情况和面临的新问题，突破常规思维的局限，去寻找与众不同的、富有新意的解决问题的思维办法。创业教育是提升大学生创新意识、训练创新思维的有效途径。创业教育让学生了解什么是创业、怎样创业，指引他们进行创业意义理解、成果认可、实例分析，激发学生浓厚的创业爱好和兴趣，启迪学生的创新意识，训练学生的创新思维，培养学生的创新精神。

换言之，创业教育不是要求学生直接从事创业活动，而是要求学生在大学阶段通过接受创业教育，了解创业的基本规律和路径，为未来的职业选择或创业活动准备必要的知识、素质和能力，尤其是创新式思维能力。

如今，作为创新教育的载体及表现形式，创业教育依旧需要建立在学生的基本素质培养上。在知识经济快速发展与全球化的今天，我国的高等教育已经逐渐进入大众化普及阶段，高校仅仅注重对学生的创新教育显然是不够的，一旦脱离创业元素，创新精神和创新能力将失去其本身意义和价值。对此，高校应该顺应时代的发展需求，把创业教育当作创新教育的一个推广和取向转变，将创业元素融入创新教育当中，实现学生从"就业"到"创业"的良好转型，培养出真正能够适应时代发展、具有创新能力的高素质人才。

从功能体现上来看，创业教育不能替代创新教育，但从传统教育方式到素质教育模式的发展上看，我们可以发现，大学为社会服务的使命感在增强，文化传承到文化创新的转变力度在加大，高校更加重视开创性人才的培养。值得关注的是，创业教育不仅是一种理念，还是素质教育与创新教育走向实践的载体。

从实现途径上来看，创新教育是一种新的教育思想和教育观念，而不是一门具体的学科课程或具体方法，它贯穿于学校教育教学活动的全过程。大学的创新教育是通过学校的各种活动实现的，是与专业教育协同进行并寓于专业教育之中的，强调基础性的知识和技能训练，需要具体的人才培养模式和实践平台得以实现，有着更高的起点和追求。它融合了人文与科学，体现了大学的学术性特点，为学生提供科学素养、人文素养所需的丰富的文化底蕴。

创业教育则有其独特的课程内容体系，学科更多涉及的是应用学科，包括创业意识类、创业个性类、创业能力类、创业知识类。课程实现也有多种，如学科课程、活动课程、环境课程、创业实践课程等。

从具体的教育教学内容来看，主要有以下区别：

第一，创新与创业意识的培养。

创新意识作为在教育过程中的个体参与创新活动的主观意愿和态度取向，侧重于挖掘知识的发展前景，通过对学生的创新欲望进行培养，使其心理品质有所提升，乐于质疑、敢于追求、善于思考，尊重客观规律等。在创业意识中，通过创业实践活动来对人的个性化行为进行一定的心理取向。对于学生提出要求、动力、想法、信仰和世界观等进行逐一的、有针对性的考虑，最终制定出多样化的培养方案。

第二，创新与创业思维的培养。

对学生的形象思维能力和逻辑思维能力进行综合培养，拓展其思维空间，心理学上认为，创新是一种创新式形象思维，而创业是一种创新式逻辑思维，更侧重于逆向思维。每个人思维不同，主要看他的思维能力是如何培养的。

第三，创新和创业精神的培养。

创新是人们在已有的知识积累上对知识进行的进一步扩展和延伸，从而衍生出新的知识。创新更注重于对学生的好奇心和探索精神的培养。而创业则为勇于冒险、不怕困难、迎难而上、上下求索等进取精神。

第四，创新与创业能力的培养。

创新能力主要是对人的行为、动作等的反映，它属于一种创新的工作机制。如对信息的获取、加工、分析、存储、处理等能力。创业能力则偏重于除了就业以外的其他自寻出路的能力，这种能力通过与市场行为之间的融合，明确创业方向，努力实现创业目标的综合能力。创业能力不仅需要自身的智力，而且更加注重自身的综合素质和能力，包括专业技能、经验、管理技能、沟通技能、逻辑分析技能、解决问题的能力、信息处理能力、机遇获取和把握的能力等。

第五，创新与创业品质的培养。

创新品质指个体在参与创新活动时所表现出来的个性稳定的心理素质，培养学生的独立、勇敢、怀疑等良好的个人修养与品行。创业品质是创业者在创业过程中，对其心理和行为进行适当调节而表现出来的个性化心理

特征。它和每个人的性格、气质有着非常密切的关系，从而培养出学生的独立自主、勇于冒险、坚韧不拔、适应能力强、善于律己、善于合作的能力。它反映了创业者的组织能力和对问题处理的驾驭能力。

总而言之，创业是以创新为基础的，同时也是创新的载体和内在表现。不同之处在于，前者注重对自我价值的最终实现，而后者注重对人的综合发展，两者相互制约、相互促进，最终形成一个不可分割的辩证统一体。

第二节 创新教育和创业教育耦合的条件

耦合是借用物理学的名词指两个或两个以上的系统或两种运动方式之间，通过各种相互作用而彼此联系起来的产生一种一定功能或功用的现象，其实质是系统之间及其运动方式之间的共生互动，具有联结、配合的含义。结构决定功能和非加和性是系统科学的基本原理。两个系统耦合后，其特性、功能和过程并不是其组成要素的性质、功能和过程的简单相加，而是构成系统的任何组分都不具有的。耦合系统的整体功能远远超过每个组分的单独效应。创新创业教育这两种教育体系间也存在着特定的联系，因而可以通过建立"耦合"、构建创新创业教育体系，并以此来实现耦合的效应。具体地来说，虽然我国创新创业教育起步较晚，但却是我国高等教育由精英教育向大众教育转化过程中，同时面临教育和社会的双重压力下的理性选择，创新与创业教育二者的耦合收到其内在及外在两方面因素的影响。

一、创新教育与创业教育耦合的内在驱动因子分析

如果将各类观点加以总结的话，本书认为创业与创新的集成融合关系主要体现在：创新是创业的源泉，是创业的本质。创业者在创业过程中需要具有持续旺盛的创新精神创新意识，才可能产生富有创意的想法或方案，才可能不断寻求新的思路、新的方法、新的模式、新的出路，最终获得创业成功。创新的价值就在于将潜在的知识技术和市场机会转化为现实生产力，实现社会财富增长，造福人类社会。而实现这种转化的根本途径就是创业，创业者可能不是创新者或发明家，但必须具有能发现潜在商业机会并敢于

冒险的特质。创新者也并不一定是创业者或企业家，但科技创新成果则必须经由创业者推向市场，使其潜在价值市场化，创新成果才能转化为现实生产力。创业推动并深化创新，创业可以推动新发明新产品或新服务的不断涌现，创造出新的市场需求，从而进一步推动和深化科技创新，提高企业或是整个国家的创新能力，推动经济增长。

前面已经分析了创新教育与创业教育的异同点，二者之间的统一辩证关系为其耦合提供了内在的驱动力。

（一）创业教育必须以创新教育为基础

创新是人类社会发展的根本动力，没有教育领域内的创新，就难以有人类社会的发展。创新教育是知识经济时代的内在要求，在经济全球化背景下，"中国高等教育必须顺应国际市场的需求，面向世界、面向未来，培养与国际接轨的人才，培养具有创新精神的人才。具有强烈的创新意识，丰富卓越的创新能力"。创业教育的本质和核心是创新教育，是实施创新教育的一个关键突破口，是创新教育的进一步具体化和深化，目的是培养大学生的创新精神和创新能力，是素质教育顺应时代要求的更高层次的定位。

目前，我国比较缺乏促进创新人才成长的机制，大学制度僵化现象较为严重，目前流行的科技成果评价机制和评价体系，已经造成了严重的重数量轻质量的倾向，导致了相当普遍的学术浮躁心态；用人制度上的一系列限制也导致一些科技人才的作用得不到充分发挥，创造性受到压抑。创新教育是创业教育的基础与起点，创业教育在一定意义上是创新教育的逻辑延伸。创新教育的质量在很大程度上决定了创业教育的质量。总之，创新教育具有十分重要的地位和至关重要的价值，它是创业教育的基础，甚至可以说是创业教育的生命。

（二）创新教育必须以创业教育为最终的实现形式

创业教育的实施，十分的重要，尤其是在推动我国经济发展以及保持社会稳定方面。创业教育主要是通过创业的教学方式与实践的过程，以此来激发大学生的创业意识、创新意识、创业思维，从而养成创新人格，并在此基础上，不断锻炼大学生的创新能力、创业技能，以实际的创业为出发点，以达到创新教育的目标，它是一种更高层次的素质教育。而且，它直接反映的是经济社会发展的要求，它的成功实践对大学生群体转变就业观念比较有利，以创业的形式来提高社会就业率，减轻政府压力，从而为社会的稳定做出贡献。创新教育体现了一系列的观念、思想和制度，是一种崭新的教育模式。对创新教育而言，更具直接相关性的还是创业教育和社会的整体发展。可以说，创新教育的质量的衡量还是要依靠创业教育，创业教育的质量越高，创新教育的质量就

越好。

首先，对大学生来说，创业是一个"从无到有"或"从未接触过"的事物，是一个创新过程。其中，可以包含创新一个企业、创新一种产品、创新一个管理模式等，创业活动中充满了创新因素。其次，创业教育激发起大学生的创业热情。围绕创业活动，学生进行一系列设计与创造，从而培养大学生发现问题、解决问题的能力，培养了大学生的创新思维与开拓精神。再次，创业活动是一个品质培养过程。通过创办企业的实践，锻炼了大学生的勤奋、诚信的品质和坚毅、果敢的毅力，提升了大学生自主、自信的信念，增强了实践能力。因此，综合创业教育对学生的意识、能力、素质的培养，创业教育正是创新教育的一个全过程。

创业教育是紧密结合素质教育和创新教育对创业型人才培养的活动，从另一个角度反映了人的进一步全面发展。创业教育和创新与实践紧密相连，对其实践性和体验性来看，仅靠课堂创业理论的传授、企业家专题讲座中创业意识的激发还不够，主要是要学生在实践中获得比较真实的体验。因此，学校应主动为学生提供其创业过程中所需要的条件，积极引导。同时，加强校企之间的合作，与企事业单位共建创业教育实践基地、实习基地、课外创新创业基地，搭建学生创业平台，举办创业竞赛活动，积极组建创业团队，推广创新性试验计划，开展虚拟创业活动，并不断培养学生创新创业思维、学生创业能力，积极推动创业教育深入开展，并最终达到实现学生开创性人格形成的目的。

（三）对于当下中国社会而言，创业教育比创新教育更重要、更迫切

近年来，高校招生的规模不断扩张，再加上全球金融形势变化加快，大学生就业难的问题日益突出。正是在这一背景下，创业教育才提上议事日程。从世界范围看我国创业教育的发展状况，相对于欧美国家而言，我国创业教育发展起步晚，质量低，观念滞后。大学生创业走进低谷，在经过一段时间后，相当数量的大学生公司就倒闭或兼并了。与创业教育发达的美国相比，我国大学生的学籍管理体制有所不同，主要实行的是管理型与封闭型的管理。而且，在创业层次和领域上也有所不同。此外，在政府或国家对大学生创业者的关怀、扶持方式上也有很大区别。这些因素直接决定了我国大学生创业教育的现状。实践证明，我国大学生创业教育普及程度很低，这也说明了我们必须将创业教育优先发展。一个国家大学生创业教育的质量，会很大程度的影响和决定这个国家的未来。

通过以上的研究梳理，我们不难发现，尽管创新教育与创业教育有着各自明确的边界，互不等同，但二者并非相互独立甚至对立，而是有着不可分割的内在联系，两者的

交集表现为相互交叉，渗透与集成融合。在信息化经济全球化大环境中，这种融合更多地表现为一种动态融合，即伴随着研究型大学整个教育体系的过程和方方面面，在这一过程中，创新精神、创业能力和创新意识的培养始终是创新创业教育体系成功的内在动力。

二者内在的辩证关系为其耦合提供了有力的驱动力，从目前我国的教育体系现状来说，其本身存在的各种现实问题和发展需要也促使创新教育与创业教育体系二者的有效联合。

具体表述如下：

一是教育定位不当，创新教育与创业教育学科地位边缘化，人才培养目标、教学模式及对象不确定。

二是仍然存在着专业设置方面不够宽，课程体系化的程度不高，内容不鲜活，而且，教学方式过于呆板，实践性不强等问题。

三是缺乏具有自主创新能力的拔尖人才，而且，人才开发和选拔的机制不够健全，科技成果转化率比较低。

四是研究型大学内部缺乏创新氛围以及创新机制，在外部，更多地主要是依附于政治和经济，缺乏批判和启蒙功能。

五是基本教学单位的创新创业教学资源缺乏整合。创新创业教师队伍分散，师资之外的教学资源也缺少有效整合利用。

六是支撑教学的创新创业学术研究有待系统化和深化。创新教育目前主要侧重于研究创新的激励机制、复杂技术与产品创新、新兴技术管理、模仿与自主创新、创新联盟、创新战略等。但是，在企业创新体系、创新流程管理等方面还需要不断完善。

而创业教育，则主要侧重于研究创业活动的筹划、投资者与创业者的信任关系、新创企业的治理结构、投资者的项目与团队选择、连锁经营机制等。此外，还要加深在社会创业体系、新创企业成长管理、创业流程管理等方面的研究。

二、创新教育与创业教育耦合的外在促进因素分析

在这两者的耦合方面，政府的高度重视是一个促进方式。要帮助受教育者培养创新意识、创业意识和创业能力，要探索鼓励高校毕业生自主创业的有效途径和相应的政策措施。促进以创业带动就业。完善支持自主创业、自谋职业政策，加强就业观念教育，使更多劳动者成为创业者。在教育部的推动下，不少学校的创新创业教育也有了计划性，制定了相关制度和书面手册规范指引。当前由于我国的产业结构不断调整，经济发展方式也在发生转变，这些变化都使得创新精神的科技人才和创业人才的需求加大，更多的

创新机会和自主创业的舞台也应运而生。大学生从择业到创业，既是我国就业形势的必然趋势，也是我国经济增长的新亮点。我国深圳发展的实践、北京中关村、苏州工业园等地的创业实践和探索，都证实了创业对国家经济发展的推动作用，都为创新与创业教育的耦合提供了可靠的现实依据。目前，我国大学生自主创业的人数不到毕业生总数的1%，而发达国家却达到了 20% ~ 30%，这说明我国创新与创业教育的耦合还存在诸多问题。

首先，高校还没有形成全方位、多角度和社会性的创新与创业教育氛围。社会、高校、家庭及其个人对创新一与创业缺乏了解，而且意识比较淡薄，没办法认识到创新与创业教育的重要性与必要性。对于那些已经存在的创新与创业教育，他们的教学目标比较模糊，有的只是功利性色彩，主张创新与创业教育只是针对那些创新能力较强而且想创业学生所进行的一些创业技能培训。相反，缺乏创新能力的学生不需要进行创新与创业教育。甚至整个社会认为创新与创业就是"做生意""不务正业"，没什么出息。这些认识上的偏差严重打击了教师教学以及学生创新与创业的积极性，也严重阻碍了创新与创业教育的开展。到目前为止，创新与创业教育课程还没有在某些应用型本科院校里面开设，还仅停留在指导学生进行创业计划和就业方面，而且绝大多数教师在教授实践课时缺乏理论指导，主要依靠自学或者经验进行教学。

此外，有的院校虽然开设了相关课程，但也仅为一两门课，缺乏对创新与创业学意义的认识。更为严重的是，大部分教师缺乏创新与创业的实战经验，教学主要以书本为主，效果很差，很难提高学生的创新与创业素质，根本无法在社会上、校园内形成浓郁的创新与创业氛围。

从创新教育与创业教育的受众群体来说，其也需要建立二者的耦合教育体系。与通常的学习活动相比，创业教育对大学生来说，从理念的建立、计划的设计，到开展创业活动都是全新的。大学生在接受创业教育的过程中，经历了一个全新的创业观念建立与实践活动的过程。许多学生在创业上是一张白纸。所以说，通过创业教育的过程培养大学生的创新素质。

在大学开设创业教育，对于绝大多数的大学生来说，并不是直接指导他们开展创办企业活动，更重要的是激发他们的创业意识和兴趣，在创业教育的过程中逐步培养起大学生的创新意识、思维、方法和能力。创业教育的直接成果是大学生自主创业成功，大学毕业生直接进入自主创业行列，直接推动国家经济的发展。如果是高科技的创新则直接推动国家的技术创新。然而，参与创业活动需要有独立性、开拓性的素质。综上所述，创新和创业的核心都是创造，创业本身是就是创新，创业教育是实现创新教育的很好方法，在本质上是激发人的创造性。

21世纪是创新、创业的时代，中国要实现建设创新型国家的宏伟目标，彻底解决大学生就业难的现实问题，就需要依靠研究型大学培养具有创新精神和创业能力的新时代优秀大学生。此外，国家中长期教育改革和发展规划纲要也对此提出了明确的要求，提出要进一步加强创新办学体制、人才培养体制以及教育管理体制，加大力度培养创新型、实用型、复合型人才。据清华大学中国创业研究中心完成的中国创业观察报告显示，中国创业活动已经由"生存型"创业向"机会型"创业发展。大学生是"机会型"创业的主力军，能够推动科技创新及加速科技成果的生产力转化，并以大学生创业带动大学生就业。因此，我国的大学尤其是研究型大学要重视大学生创新创业教育的耦合，作为外部力量的政府应营造有利于创新创业的环境并加大对大学生创新创业的扶持力度，有效地催生一批科技含量较高的中小企业，更好地为经济和社会发展服务。

第三节　大学创新教育与创业教育耦合的实践路径

根据以上分析及总结，可知创业教育的兴起为创新教育的深入开展注入了强劲动力，在研究型大学的教育体系中，围绕创业实践通过多项途径使创新教育有机地融入创业素质的要求，形成独特的耦合功能和体系，构建创新创业教育体系是实施素质教育的有效模式。目前创新创业教育的耦合将主要侧重于体系化的构建，目标是培养创新型应用人才，通过转变传统教育观念，对原有培养目标、专业和课程设置、课程内容、培养渠道和方法等进行检讨和修正，加入创新创业的思想和理念，注重对学生创新创业能力的培养，通过对培养体系的重构，以形成以创新创业教育价值为基本指导思想的新的培养体系，让学生在学习知识的同时，掌握运用并创新知识的技能和激情。

我国现有的创新教育与创业教育耦合成果如下：

第一，开设的课程初成系列。

目前开设的课程主要还是围绕着创新创业理论、实务、实践这三方面，如清华大学为MBA开设有创新创业方向，设有创业与企业家精神、创业投资等八门课程。同时为全校本科生开设了创业及创新管理等课程。哈尔滨工程大学开设有创业理论、创业实务和创业实践课。此外，西南科技大学开设了创新教育与实践、创造性思维及训练选修课、创新设计选修课等。

第二，教学方法日渐完善。

不少学校采取了很多种创新性的教学方法，比如说教师讲授、师生互动、案例讨论、

角色模拟、组织大赛、基地见习等。

第三，教学项目日益成熟。

一些学校的教学项目日益成熟，设立了专门的创新创业教学项目，并建立了相关的实践教学机构及创业者协会。如安徽工业大学开办了"创新能力试点班"。

第四，教材建设初具水平和规模。

据相关资料表明，创业类教材有 102 种，而创新类教材也有 237 种，在稿源方面更是涉及了国外的研究，引进、翻译多，此后国内编写较多。

一般来说，系统耦合的放大效应与系统组合结构密切相关，通常是系统结构组合的质量越好，系统耦合的放大效应就越明显，对系统整体功能的发挥和表现也就越充分。否则，系统耦合不会产生放大效应。然而，目前我国的创新创业教育的整合还存在很多问题，对研究型大学而言，培养知识创新、技术创新的创业型人才是其构建的基本定位，而研究型大学创新创业教育耦合体系的构建将是一个任重而道远的研究课题。

创新教育与创业教育的耦合具有自发性、阶段性等特点。自发性是指二者的耦合发展是由两大教育体系之间及其内部之间的相互作用而实现的，是两种教育模式在发展中自发形成的。创新创业教育的耦合呈现出不同的特点和强度。

研究型大学的创新教育与创业教育耦合机制的实践路径就是充分实现两者有机结合，最终达到"一体两翼"的模式。具体来看，是一种兼顾创新教育和创业教育并以创业教育为重点，以创新能力的培养为关键，以创业的实践模式探索为途径，注重培养受教育者的创新能力、创新意识、创新思维，为受教育者创业奠定良好基础，提升其综合素质的新型教育思想、观念、模式。按照整体论、系统论将二者整合起来，再建构一个新形势下广义的创新创业教育体系，实现"1+1 > 2"的教育实效。

高校的创新人才培养程实际上是高校、大学生、社会三方需求的叠加过程。在当前高校人才培养模式中建立和完善创新与创业教育的良性循环模型。有效地调节这三方的主体需求，形成学校、学生、用人单位互助互利、资源共享的良性耦合，可以提升当前研究型大学创新创业教育体系的整体水平，优化教育体系中主体需求结构，从而提高人才培养的有效性、适应性。这是一个融合渗透、合作互惠的持续过程。通过对三方面的需求情况分析，我们不难发现，其中任何一方主体的需求均需要其他两方的配合与协调。高等教育主要起到一种纽带和缓冲的作用，这种作用体现在社会和受教育者之间。基于此，本书设计了一个以高校为核心，同时满足高校、学生、社会三方需求的研究型大学创新教育与创业教育耦合体系。

一、创新创业教育主体层面的耦合分析

（一）研究型大学、社会企业、学生的创新、创业耦合机制

研究型大学必须针对社会当前和长远的经济、政治和文化等发展战略目标，提出包括专业、类型、层次、规模等在内的创新创业型人才培养的具体要求。明确办学目标，以思想政治教育、素质教育、专业教育为依托，明确具体的服务面向和实际的社会功利目标。及时准确地向学生反映、传达社会的创新创业需求变化，完善人才市场供求信息发布制度，定期发布高等院校毕业生需求预测报告。高校还要不断提升学生管理水平，了解学生自身对创新创业教育的需求，不断满足学生自我身心发展的需要。

（二）学生、研究型大学、社会企业的创新、创业耦合机制

该耦合机制的核心部分主要是大学生，也是最主要的受教育者，它要求学生在完成学校教学目标的基础上，抓住机会，提升创新创业素质。同时，它也要求学生在校期间积极参加社会的创新实践，深入了解社会，并充分认识自己，从社会学习处世之道，做到有效地将自己所学的创新创业知识转化为社会财富。

（三）社会企业、研究型大学、学生的创新、创业耦合机制

实际上，在该耦合体系中有两个社会责任：第一个责任，及时地反馈各种创新创业型人才需求给高校，便于高校顺利的调整创新创业教育的计划。第二个责任，为学生提供各种社会实践职位，提高他们将理论知识与工作实践相结合的能力。一般来说，提高实践能力，是培养学生创新精神、创新能力的重要方式和途径，可以激发学习热情，巩固所学的专业知识，为大学毕业生创业增加奠定基础。

二、创新创业教育体系层面的耦合分析

（一）教育目标层面：注重融合，形成一体化

创新是研究的主要动力来源，因而研究型大学的职责应重在培养学生的创新创业能力，把创业思想纳入创新教育的培养体系，以培养学生的创新意识、创业技能等。把创新创业理念相融合，纳入学校课堂教学、教育管理中去，实现全过程教育、全方位教育，并逐步达到教育育人、管理育人、服务育人的目的。在此基础上，形成第一课堂与第二课堂、理论教育与实践体悟、显性课程与隐性课程、校园教育与社会教育、自我教育与榜样教育等紧密结合的教育机制，并建立健全的调研、检查、考核、监督、评估、反馈等工作机制，逐步形成一体化的创新创业教育机制。

（二）课程教学层面：注重渗透，形成层次化

作为创新创业教育的主渠道，课堂教学要把创新创业教育纳入其专业理论课教学计划中分步分层面来实施，并不断改革创新。首先，要从原先的专业理论课堂教学中分出一定课时来进行创新创业知识技能的专题讲授。其次，根据学生不同层次及专业的需求，开设大学生创新创业教育公共选修课。最后，条件相对成熟的研究型大学还可以设置一些创新创业教育的必修课程，并且组织相关专家学者和教师编写精品的创新创业书籍为教材，让每个在校学生都能有机会系统学习创新创业教育理论知识。从教学内容的角度来看，则要注意针对性、现实性、可学性和时代性，能够使学生通过系统学习后，树立起创新思维，创业意识增强，还能学到创新创业技能。除了传统的课堂教育，还需不断创新教学方式，积极拓展"第二课堂"，通过将学科专业教学、创新创业教育理论教学与实践活动等有机结合，让学生更多地接触、了解和掌握创新创业的相关知识和技能。

（三）社会实践层面：注重熏陶，形成长效化

社会在本质上是实践的。因此，创新创业教育的耦合要充分利用课外活动、参观学习、社会实践活动等载体，大力开展形式多样，寓教于乐的创业活动，帮助大学生建立创新思维，树立其创业认识，并将其转化为实际行动。新形势下，大学生成长过程既具有普遍性的发展问题又带有个体性的差异，因此，还要注重创新、创业教育耦合的层次性。对于一般的学生，可以通过开展普通的创新创业讲座、辅导与训练，如素质拓展性训练、创业案例分析、创业基地参观实习等来进行。对于某些创新思维很灵活的学生个体，则要根据其个性特点，加强创新创业锻炼，给予更多的创新机会，如创业大赛等，甚至制定专门的创新创业教育方案。进行二者的耦合，不能忽视大学自身的丰富资源和有效载体，要充分发挥各级组织、院校及学生团体组织的优势资源，同时有针对性地挖掘"围墙"外的创新创业教育基地等活动载体，让大学生身临其境，注重在真实实践中体悟，在具体典型的创业案例中得到提升。

（四）校园文化层面：注重引领，形成统一性

大学生在一个特定的文化氛围中活动时，会受到这种特定群体在意识上的一些熏陶以及影响，并且在社会化过程中形成一种文化意识和文化品格。因此，研究型大学应该把创新创业教育耦合后的文化建设纳入校园文化建设之中，并将创新创业教育作为主要内容，根据大学生的身心发展以及成长成才的规律，组织多种有关创新创业教育活动，营造一个良好的创新创业校园文化氛围。利用和发挥好各种宣传媒体资源（学校广播台、

电视、校刊、校报、宣传橱窗、黑板报）的优势，大力传播创新创业文化。开展创新创业教育与服务，并强化具有创业意愿的大学生的参与意识。校园文化建设方面，更加注重提炼、升华大学精神，提倡创新，用大学精神凝聚人心，形成统一。

因此，必须与时俱进，不断开拓创新，构建创新与创业教育的耦合机制，将整个时代、社会、生活以及大学生的实际情况紧密结合起来，注重建设实效以及机制的长效，并不断推动新时期研究型大学创新创业教育的科学化水平。同时，研究型大学的创新与创业教育的耦合机制的建设，有一个特殊的时代背景，即多元化的知识经济时代，并在这个时代下加以解读与建构，找到问题的根本。同时，在整个大学生的发展过程中加以研究，找到有效的方法、途径，通过加强对全体教育工作者的激励，使其达到预期的目标。

第四章
我国大学创业教育模式和理念体系的构建

第一节　我国大学创业教育观念的形成

　　观念与理念都属于理论的范畴，但分属不同的层次。相对于认识发展的不同阶段来说，观念是在感性认识中产生，并在知性认识中成熟的。而理念则是在知性认识中产生，并在理性认识中成熟的。这种逻辑上的关联性，使得大学的观念与理念有其深沉的内在关联。同样，这种逻辑上的继起性，也要求我们研究创业教育的理论，必须从研究大学的教育观念开始。

　　我国传统的以知识为本位的教育观，在计划经济时期由于受到苏联时期教育思想与模式的影响，蜕变成了强调大学生与工作岗位之间"匹配性"的单科性知识教育。这种消极的、培养个体被动适应性的教育观，在我国向市场经济转型的过程中受到了挑战，引发了对素质教育的呼唤。可是由于日趋严重的就业压力和大学逐渐成为高等教育市场竞争的主体，没有"公益道义"标准的功利性的就业教育成为大学不得已的现实选择。由于教育的本性是育人，而不是将人异化为满足岗位需求的"工具"，更由于大学毕业生与用人单位之间双向选择的"洗礼"，就业教育正慢慢让位于突出个体的"自主选择性"的择业教育。自主创新作为我国 21 世纪的发展理念，也成为大学教育必须转向于创新教育的时代要求和民族责任。这种时代要求、民族责任与就业压力的共同作用，使得基于创新为核心的创业教育成为高等教育研究与践行的课题。这便是由社会原因与大学本性所驱动的创业教育观念所形成的逻辑主线。

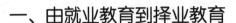

一、由就业教育到择业教育

尽管高等教育的价值观作为一种深沉、恒久的内在规定性，"左右"着高等教育发展的路径。但是，高等教育的发展往往是由于社会的即时性需求，而呈现出短期功利的行为特征，使高等教育在围绕价值观的逻辑主线上下"涨落"，形成了"正弦波"一样的波浪式运动。这在我国进入 20 世纪 90 年代以后，表现得尤为鲜明。最为突出的例证就是连续性的大规模扩招所产生的就业挑战，使大学的就业教育风起云涌。但是，时隔不久，学界便把目光转向了择业教育，这与就业教育本身所具有的被动性和局限性有关。

（一）就业教育

就业教育的产生与发展有其我国高等教育管理体制转型的制度性原因，也有社会劳动力供需矛盾日渐尖锐的社会性原因。它近十年成效不佳的艰难推进，不仅昭示出我国高等教育大众化的道路的艰巨性，还要求我们认真地反思就业教育的局限性。

1. 就业教育升温之原因

首先，它渊源于我国 20 世纪 50 年代开始，90 年代消亡的"统包统分"的大学毕业生就业政策。这种几十年不变的就业政策，使大学在人才培养的数量与规格上，采取了与国家计划对接的"匹配性"模式。这种模式历经 40 余年的"积淀"，已经成为我国大学的"文化"，当政府抽回"看得见的手"，让学生在职业与岗位的市场中"自由选择"的时候，学子及其家长、老师及其校方，都有一种历史传承的惯性和文化上的认同，这就是大学应该对学生的就业承担责任。

其次，政府基于经济性和社会性问题的战略选择与评价导向。在 20 世纪 90 年代中期，我国出现了用"看得见的手"难以奏效的消费疲软，居民存款居高不下，整个经济处于"通货紧缩"的低迷状态。政府使出浑身解数，在 3 年当中 7 次降低银行利率并开征利息税，也没有遏制住继续增长的居民存款。加之由于国企改制和经济转型所导致的，越发成为社会问题的结构性"待业"；再加之 70 年代的生育高峰所产生的新增劳动力潮流般地涌向就业市场，使我国面临"就业"的巨大压力。大学扩招就成为政府的应急选择，它一方面可以启动巨额的、属于"内需"范畴的教育消费，另一方面可以缓解和推迟已经到来的就业压力。这种鲜明功利性和目的性的战略选择，也就成为政府对大学评价的重要根据之一。即政府不愿看到大学培养的毕业生继续成为就业的压力。以就业率为标准，决定一个大学的招生规模和专业设置的政府行为，就成为大学迅速开展就业教育有力的助推剂。

2. 就业教育之规定性的缺憾

就业教育是直接面向就业岗位的教育，具有明确的指向性，其成立的逻辑前提是"有业可就"。因此，实施就业教育必须以宽松的就业环境为背景。

就业教育要求整个教育过程都围绕胜任"等待着的"就业岗位所需要的知识、能力、素质来组织和实施，其终极目标是实现毕业生与就业岗位一一对应的"填充性"与匹配。这种类似于"订单式"培养的教育追求，不可避免地将学校的培养目标、课程设置、教学内容以及学生所要形成的知识技能结构都局限在"订单"的范围之内。这种涵盖整个教育流程的培养方案，往往使学生形成了针对某一具体职业岗位的单一技能。这在某些单科性大学和众多的职业技术学院中表现得十分鲜明，有些学校甚至在大一就开展"预就业式"教育，大学成为岗位技能适应性训练的培训基地，学生学习的自主性无法发挥，创造、创新性培养无从谈起。

3. 就业教育在实践中的陷阱

理论的缺憾必然导致实践中的困难。虽然就业教育增加了人才培养的针对性，较好地解决了"学用分离"的问题，但是它作为在计划经济年代，"统包统分"的就业环境中"成长"起来的教育观，是无法有效地应对当今"自由"的市场环境所产生的就业挑战的。

在离校前后的就业率为70%左右，即有30%的当期大学生在毕业离校时还没有找到工作。指令性的就业计划不复存在，宽松的就业环境已经让位于竞争激烈的"岗位争夺"，加之多变市场所形成的多变需求，注定使大学生一生将面临多次的职业选择与被选择。

面向现实的具体岗位，满足暂时的社会劳动需求的就业教育，是一种浓于生存、淡于发展的教育选择，不能适应学生个体和社会高度发展的需要。有的大学已经步入到"培养现在的就业者、未来的失业者"的陷阱之中。中国教育学会的会长顾明远教授面对这种倾向，不无担心。他指出："如果一所高职院校纯粹以就业为导向设置专业和课程，而忽略了对学生作为'全面的人'的教学，当学生走向社会工作岗位，他们可能很容易上手某项技能，成为熟练工，但由于他们在人文素质培养上的缺失，使他们失去了可持续发展的能力，从而在激烈竞争中同样处于弱势，最后面临的依然是'解聘'。"

在政府所倡导的，学子和家长认可的"就业率"已成为学校办学质量重要标志的情况下，一些高校不惜突破道德的底线，引导学生与用人单位签订虚假就业合同的做法在蔓延。这不仅影响了国家对大学生就业政策的宏观调控，又败坏了社会风气。这种恶劣的、无道义标准、短期功利的办学思想，势必扼杀大学的可持续生存与富有空间的生长，由就业教育转向择业教育已经是当前我国大学不容选择的行为取向。

（二）择业教育

事实上，当前在我国高校中大力开展的各种所谓的就业教育活动，例如：就业形势讲座、社会职业介绍、职业兴趣，能力素质测试、应聘要点与技巧训练等，从内在的本质特征上来说是"就业教育"概念的"误用"。这些活动实际上是培养学生在就业岗位稀缺的条件下，如何根据自身的优势与特点，进行多岗位的选择与竞争，是突出个体"自主选择性"的"择业教育"的一个方面。

职业的选择、流动与迁移是在多变的市场环境中职业生涯的显著特点。大学生的职业选择往往沿以下路径来进行：首先，选择与自己设定的事业相关的领域；其次，选择体现职业方向的就职单位；第三，选择就职单位中的具体岗位。在他们的职业生涯中，多次的职业流动与迁移是无法回避的挑战，其类型可以概括为：异质性突变、水平型流转和垂直型变换。异质性突变，即突破行业、职业或专业范围的岗位转换，属于跨行业的"跃迁"；水平型流转，即在同一层次、同一职业的横向迁移，是同行同业同岗位在不同单位间的流转；垂直型变换，即在同行同业同单位间不同阶层间的上下升降。

"经济人"的假设为这种职业的选择、流动与迁移提供了伦理学的支持。在完全用"看不见的手"来进行生产要素配置的环境中，用人单位和求职者作为市场主体，都在合乎市场伦理的基础上，进行追求自身利益最大化的"博弈"，他们之间的选择与被选择，最终取决于在非均衡利益冲突中形成的妥协与共识。这种妥协与共识是动态化的，内部与外部的干扰，都可以使这种"共识"转变为"歧见"，于是就出现了新的选择与被选择。特别是在信息技术催化下的知识经济时代中，以知识为依托的财富增长和社会发展的脚步越来越快，大学生职业生涯变迁的速率超过了以往任何年代。

这种时代的特征，就要求大学的教育必须对学生这种多次选择与适应能力的培养。美国约翰·霍普金斯大学心理学教授，著名的职业指导专家约翰·霍兰德（Holland），提出了具有广泛社会影响的"人业互择"理论。这一理论首先根据劳动者的心理素质和择业倾向，将劳动者划分为6种基本类型，分别是：现实型（R）、研究型（I）、艺术型（A）、社会型（S）、企业型（E）、常规型（C）。霍兰德认为，每个人都是这六种类型的不同组合，只是占主导地位的类型不同。继而，霍兰德认为，每一种职业的工作环境也同样是由这种六种类型所组成的，其中有一种占主导地位。一个人的职业是否稳定、如意和成功，在很大程度上取决于其个性类型与所选择的工作类型之间的适应情况。霍兰德理论的精髓在于，他认为职业选择是求职者人格的反映和延伸，是一种基于心理和能力的"自主选择性"，只有保证求职者与所从事的职业的有效适应，其个性、才能才会得以发挥。

以霍兰德理论为指导，择业教育则应重视对学生对自身个性的认识与培养，需要给学生提供一个有较大选择空间的知识体系，在多学科的知识哺育下，使学生能够选择和适应一种类型为主，其他五种类型为辅的工作环境，从而提升其在竞争激烈的就业市场中的自主择业能力。

但是，职业生涯的选择过程也是一个"试错"的过程，这不仅起因于学生对自身和岗位的认识的渐进性，还起因于自身与岗位随时间推移、空间拓展的演变性。这就要求大学注重学生"柔性"的培育，提供一个具有多学科综合的"柔性知识"的教育殿堂，这正是与注重单科知识结构塑造的就业教育的分野所在。

二、由创新教育到创业教育

从阶段性的时间观念上来看，我国所倡导的创新教育与创业教育几乎是在同一时期提出来的。但是，这并不意味着两者不存在逻辑上的继起性。没有创新，就不可能有创业。因此，创新教育具有天然的在先性。

（一）创新教育

创新教育在我国作为一种教育改革的思潮与行动是《中共中央、国务院关于深化教育改革全面推进素质教育的决定》公布以后迅速形成的。

目前，国内学界关于创新教育定义大致可以分为两类：

一类认为，创新教育是以培养创新意识、创新精神、创新思维、创造力或创新人格等创新素质以及创新人才为目的的教育活动。这是一种内在规定性的定义。

另一类认为，创新教育是相对于接受教育、守成教育或传统教育而言的一种新型教育，这是一种区别性的定义。

显然，这两类定义具有互补性。创新教育无论是作为一种反映时代需要的新的教育观，还是作为"为创新而教"的一系列教育教学活动，都需要从"创新"这个核心概念来深刻认识。

1. 创新：由实然世界走向应然世界

创新应属于人之行为的范畴。在精神领域中，创新是指向追求新观点、发现新规律、提出概念、创立新学说的思维取向与成果。在物质领域中，创新是在思维创新引领下，人之行为化的过程与结果，通常表现为新方法、新技术、新工艺、新产品等。创新作为人特有的活动，是人在已有的信息背景（实然世界）中，根据人的特有的理性和所产生的力量向合乎人之目的性领域（应然世界）的迸发，其本质是批判与变革，其价值是发现或者创造事物的新关系。

2. 创新教育：引导学生自我超越的教育

创新教育是在对创新概念内涵的理解与外延的界定基础上的，按照创新的本质规定和价值要求，来实施教育活动的过程。它作为一种教育思想和教育活动，是以继承知识教育为起点、批判短期功利主义的单科教育观，变革陈腐的"教师—学生"传输式教法，培养能够发现或创造事物新的关系的创新性人才，实现人的主体性张扬与全面发展的教育过程。

在创新教育内在规定性上所产生的外在其特征，可概括为六大方面：

教学内容的全面性。创新教育批判以学科为中心的教育观，要求学生掌握百科全书式的基础知识，开发学生各方面的潜能，使学生在德、智、体、美方面全面协调发展。

教育过程的终身性。创新教育摒弃时段性的教育观念，将创新视为人一生的理性追求，要求开展贯穿于人生全过程的教育。

学生自我的超越性。创新教育拒斥"守成"式的教育价值观，把学生看作是不断发展的活动主体，要求教育重在引导和激励学生不断完善与超越自我，使他们心智不断构建与升华，不断生成新质。

教育方式的多样性。创新教育变革模式化的教育方式，尊重和培养学生的个性差异，倡导"因材施教"，鼓励实践性教学，以培养学生的创新能力。

教育系统的开放性。创新教育反对将教育视为一个独立、封闭的"自足"体系，认为教育是一个动态、开放的"耗散结构"，它可广泛与环境进行能量、信息与物质的交换，有效地整合体系外的教育资源，远离平衡态的"活"系统。

3. 创新教育与创造教育、素质教育

"创造教育"与"创新教育"都内含学生创新精神和创新能力的培养，但两者的差异性也十分明显：创造教育以创造方法、技巧的传递为重，是让学生掌握创造技法的教育，以提高效用和效率为标的；创新教育以引导学生自我超越为重，是让学生成为创新人才的教育，以提高全民族的创造力为最终目的。素质教育是努力实现个体潜能调动、培育和全面发展的教育，与创新教育有多个共同的关键特征，如：全面性、主体性、开放性与创新性等。但是，两者之间仍有诸多的差异，国内的学术界对此看法不一，主要观点有：创新教育是素质教育的核心，是实施素质教育的关键；创新教育是对素质教育的进一步发展，是素质教育的延伸，是实施素质教育的有效实施途径和最高形式；创新教育隶属于素质教育，是素质教育的下位概念，两者之间是"种"与"属"的关系；创新教育是素质教育的重要组成部分，两者之间是"部分"与"整体"的关系。

（二）创业教育与创新教育的关系

创业是在社会经济、文化、政治领域内的行为创新，它与创新在逻辑关系上是种与属的关系。即，用创业来指称创新是合逻辑的，用创新来指称创业是反逻辑的。通俗的解释就是：创业是创新，但创新不完全是创业。例如，新观念在脑际中的产生属于创新，但仅仅停留在思维的层面，不外化为行为，就难以称之为创业。

创业教育与创新教育都属于育人的活动，都具有行为化的特征，这就使两者更加接近。但是，这种接近不能改变由创业与创新的逻辑关系所决定的逻辑特征，创业教育隶属于创新教育，是创新教育的下位概念。由于逻辑具有抽象的线性特征，实践具有非线性的模糊个性，因此，在实践中不必苛求严格的逻辑关系，可以更多地基于"语用"。

所以，本文将创业教育与创新教育的关系释说为：创业教育是在择业教育重视学生竞争能力、自我选择能力的基础上，更加注重学生的创新性和创造工作岗位能力的培养。创新教育在素质教育的基础上，凸现学生的创新意识、创新思维与创新能力的培养。创新教育是创业教育的思想基础，创业教育是创新教育的具体化、行为化，是创新教育的价值诉求，更强调对受教育者个性、独立精神和综合素质的培养。

（三）知识教育、素质教育、就业教育、择业教育、创新教育、创业教育的关系

知识教育是其他教育的背景与平台；素质教育是在扬弃狭隘的、单科性的知识教育基础上推行的关于人的全面发展的教育，为就业、择业、创新教育提供支撑；创新教育是大学教育的内核与关键，其外化为创业教育，并为就业与择业教育提供价值观与方法论的启示；创业教育传承创新教育的理念，以扬弃就业与择业教育为中介，最终实现创新教育的价值诉求。

教育本身就是一个处于不断"涨落"的、远离平衡态的、非线性的、开放性的、具有复杂性特征的巨系统，它不断地将教育环境中的资源内化，并以教育的行为与结果作用于教育环境，形成了系统与环境之间永不停息的信息、能量、物质的交换，从而赋予了教育系统"生命"的活力。作为教育系统构成"要素"的知识教育、素质教育、就业教育、择业教育、创新教育、创业教育，各自也都是以系统的方式存在，有其不同侧重、不同效用的"元功能"，它们之间也在交互作用中此起彼伏地"涨落"，建构出教育系统鲜明的、耗散性的结构特征。在这种现代系统论的解释框架中理解创业教育观念的形成与实践的推进，将对大学的改造与转型大有裨益。

上述所展示的由知识教育到素质教育，由就业教育到择业教育，由创新教育到创业教育的历史发展与逻辑演进，客观地反映出我国大学教育观的转变与创业观念的形成与

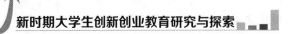

发展，它为后期创业教育理念的研究与探索奠定了坚实的基础。

必须指出：创业教育的观念是在感性与知性层面上对创业教育的感悟与认知，具有一定功利性的追求，难以提供持久的动力。而大学创业教育的理念则是在理性层面上对创业教育的"心领神会"，它反映着创业教育的理想、追求和信念，是创业教育中最稳定、最核心、最能发挥久远效应的要素。因此，对创业教育理念及其体系的研究，已成为必然。

第二节　我国大学创业教育模式的构建

一、构建大学创业教育模式的原则

（一）主体教育原则

90 年代以来，我国教育界不少学者提出，应当弘扬学生的主体性，实行"主体教育"，这是教育思想和观念变革日益深化的体现。主体教育充分尊重教育者的能动性、自主性和自觉性，使教育过程成为学生自我认识、自我选择、自我发展、自我完善的过程。

在这一过程中，大学和教育者必须始终把握好三点：

一是承认个性的存在及其差异的合理性，并在此基础上"因材施教"，充分挖掘每个学生的特殊潜能和专长。

二是通过自我教育促使学生自我发现。苏霍姆林斯基认为："在学生心灵深处无不存在着使自己成为一个发现者、研究者和探索者的愿望"，他甚至强调说："没有自我教育就没有真正的教育。"大学和教育者的任务就在于为学生提供学习的方法和方向，并激发他们提高和完善自己的内在动力。

三是给予学生充足的"自由空间大学实行主体教育的重要体现是受教育主体能够决定和支配自己的学习重点和学习时间。除了最基础的公共必修课之外，应当允许学生自主决定选修哪些课程，同时给予他们足够的自学和研究时间，在这一过程中，学生的自主独立能力就会逐渐养成，为将来走向社会奠定坚实的素质基础。

（二）创造性原则

创造的意义和价值从来没有像今天这样为各国的政治家、企业家和教育家所重视，创造教育将作为 21 世纪世界高等教育的根本特征而充分显示对人类社会及其文明进程的深远影响。

《创造性想象》一书的作者奥斯本指出："人类文明史正是由人们依靠创造力实现

的辉煌成就构成的。"哈佛大学前校长普西教授也认为："大学应该使具有十分重要意义的创造性火花恢复生机，因为创造性火花是各级教育之间的纽带。这是历史给予我们的，也是应该毫不拖延地完成的一项使命。"

在实施创造教育的过程中，我们必须记住：人人都具有创造力，只是强度高低、意识强弱有所不同；创造潜力的发挥在于激发和调动学生的创造意识和创造热情；创造成果的形成有赖于使学生掌握创造的方法和技巧。由此可知，实施创造教育的真正关键，不在于学生有无创造潜力，而在于大学教育是否具有创造性，在于大学的教师、科研人员和管理人员是否具有创造性的思维和思想，能否为学生的创造活动提供必要的时空条件和精神土壤。

（三）开放性原则

要想真正培养具有独立创业精神的人，不可能在与世隔绝的封闭状态下完成。高校应当也必须面向社会开放办学，并把握社会经济发展、人才需求等方面的变化，及时调整学校的专业设置、人才培养目标和教学方式。特别是培养具有独立创业精神的人才，尤其需要社会经济界的合作。当然，大学的开放教育，并不局限于对经济界的开放，按照"教育要面向现代化、面向世界、面向未来"的要求，高等学校应当以全方位、多层次的姿态开放办学。也只有这样，才能充分发挥高校在知识经济时代的社会中心作用，引导社会发展和文化创新。

（四）挫折教育原则

以上教育原则，目的在于培养和提高受教育者的自主创新能力，但仅此还不够，还必须借助挫折教育塑造受教育者的健全人格和高尚品德，挫折教育就是要重视学生独立性、果敢性、坚韧性、适应性和合作性等个性心理品质的塑造和培养。所谓挫折，就是人们在从事有目的的活动过程中，遇到干扰和障碍而不能克服时所产生的紧张心理状态和情绪反应。开展创业挫折教育主要进行乐观向上的人生态度、坚韧不拔的意志、奋力拼搏的勇气、失败后再来的坚韧性和化弊为利的智慧等教育，培养应变能力、容忍能力与自省能力等。

二、模式构建方法

（一）构建专兼职结合的创业教育师资队伍

创业教育者是创业教育的实施者和承担责任人。创业教育者的素质关系到创业教育的效果。由于创业教育涉及范围广、实践性强，和社会的联系紧密，创业教育的实施者中不仅包括专职教师，还可以外聘一些兼职教师。教育者的来源也可不拘泥于某一领域，可以来自教育学界、商界、政府部门、民营企业等。

1. 专职教师

专职教师是那些在教育活动中专门从事创业教育教学活动的教育者。

他们在创业教育的教学活动中主要承担两方面的任务：

一为"定向"的任务，即专职教师在创业教育实施的过程中，首先就要通过研究，明确自己教育教学活动的发展方向，规定出教育活动的目的，并围绕这一目的开展教育活动。

二为"选择"的任务，即根据教育目的和受教育者的身心发展情况、知识水平，确定教育内容，选择适当的教育方法对受教育者进行创业学方面的教学。对于这些专职教师而言，不仅要掌握创业所需的经济管理、市场销售、企业管理等方面的相关理论知识，有为学生开设创业学相关课程的教学，而且还要了解企业运作、行业发展的实际情况。

专职教师除了要具备良好的理论功底，还必须具有丰富的实践经验，因此创业教育的专职教师除了要不断丰富自身知识，提高自己的教学能力以外，还要经常深入到公司、企业当中和创业者进行交流，进行见习和实习活动，甚至还要有创业的经验。

2. 外聘的兼职教师

由于创业需要多方面的知识和能力，专职教师一人很难具备那么完备的知识结构，因此创业教育的成功实施，必须从学校和培训机构外聘请一些教师，而这些教师通常是某个领域的成功人士或专家，他对受教育者的影响不仅仅是知识的传授，更为重要的在于对企业持续性发展的咨询和帮助。

比如说经济管理类专家。他们比较熟悉现代理论和市场运作规律，能够较为准确、全面地把握和预测我国目前的经济政策走向。

比如说政府经济部门的专家。在我国经济发展的过程中，政府部门对企业的发展起着十分重要的引导作用。政府部门每一项政策法规的颁布都会引起经济领域的相应变化，进而给企业发展带来新的机遇或是厄运。

再比如说成功企业家。成功的企业家都或多或少的经历过创业的艰辛，并在企业发展的过程中积累了丰富的经验教训，建构起了自己的知识体系。他们通过自身实践积累的这些经验教训和方法知识对于其他创业学习者来说具有十分重要的借鉴和激励作用。

（二）构建高校创业教育校园文化氛围

创业文化是作为一种文化力，不是一般的文化知识水平或个人学术修养，而是与创业有关的社会意识形态、思想观念和文化氛围，其核心是引导和鼓励人们追求财富、崇

尚创造、激励奋斗。

当前我们的校园文化以学习成绩和课外活动为导向。由于成绩和未来找工作息息相关，英语四、六级和计算机等级证书等更是重要，于是学校掀起阵阵考证的热潮。而课外活动，尤其是担当学生干部能够为学生的综合测评成绩加分，于是很多学生热衷于主席、部长、班长等头衔。由于学生最终是要就业，这当然无可厚非，可是这种校园文化对创业教育有百害而无一利。

中国传统文化是几千年文明发展史积累和流传下来的文化遗产。它深深融入中华民族的政治、经济、意识形态等各个领域，遍布于社会的各个角落。高校作为知识、文化的传承机构，其校园文化更是深受传统文化的影响。

"君子言义不言利""无商不奸"等对经济利益的不屑和对经商的不齿表现得淋漓尽致。虽然经受了20世纪80年代末经商热潮的冲击，但在大部分学生、教师和家长眼里找一份体面的工作要比创业、经商好得多。

我国传统文化中重群体、轻个体的思想，强调个人的社会义务和责任，重视个体对群体的服从，却不欣赏个人独特的个性，这种价值取向对于形成中华民族强大的向心力、凝聚力具有一定的积极意义，但也在某种程度上约束了人的个性和创造力的发展。

另外，由于长期受封建社会的影响，保守、求稳的思想在人们身上表现得还相当明显，这些都在高校校园文化中得到了充分的反映。而创业所需的敢于冒险、富于创新的精神文化在高校校园中却鲜有感觉。

校园文化的制度层面是其精神氛围的具体化和规范化。因而与保守、求稳等为特征的就业型文化相配套的高校制度规范中，与创业型文化相关的内容就少之又少。譬如，几乎所有高校都设有大学生就业指导中心，有关就业指导信息随处可见，而关于创业方面的组织与指导信息几乎没有或很少看到：学校组织的文体、实践活动基本上是为就业服务的，大学生开展的丰富多彩的文化活动中，与创业有关的文化活动所占比例很少等。虽然近几年来受在校大学生创业的影响，许多高校开始关注这方面的事情，如全国有很多高校开展大学生创业计划竞赛，有些学校也设置了创业指导中心，为学生提供创业方面的咨询、服务等等，但是其完善程度与就业制度规范相距甚远。

创业文化作为观念形态的文化，是社会存在的能动反映，是社会经济和政治及社会全面发展的巨大推动力。对美国经济社会发展具有重要促进作用的"硅谷创业文化"，就是我们学习的榜样。虽然在创业中成功与失败并存，创业与风险同在，但人的智慧与创造力在此过程中发挥得淋漓尽致。如此的文化氛围，对人才的引力以及所蕴涵的创造力是非常巨大的。面对知识经济的挑战，我国的高等学校同样需要这种浓郁的创业文化氛围。

（三）构建高校创业教育外部环境支持体系

创业教育不仅仅是高等院校的工作，而是社会、政府、高校共同的责任和义务。创业教育实践性极强，需要得到广泛的支持。因此首先就要进行与创业教育相适应的社会配套体系的建立和完善，唯有社会对创业的鼓励，对创业教育的支持，对大学生创业者的宽容并营造有利于新生企业产生和成长的环境，才能真正推进我国高校创业教育的发展。

1. 国家政策的支持

政府在高校创业教育的实施过程中应当担负起倡导者和扶植者的重要角色。没有政府相关政策体系的扶持与推动，高校创业教育将流于形式，无法取得实效。政府有关部门在制定政策时应从我国市场经济发展、文化发展、社会制度建设等方面出发，针对高校创业的实际需求，不单单从就业这一个层面来理解大学生创业教育，而是要为大学生提供更为良好的创业环境，提升学生的创业兴趣和积极性。

国家市场监督管理总局出台了《关于普通高等学校毕业生从事个体经营有关收费优惠政策的通知》，该《通知》进行政策导向，减免了相关费用，有力地推动了大学生创业，也从而有力地推动了创业教育的发展。《通知》要求，凡高校毕业生（含大学专科、大学本科、研究生）从事个体经营的，除国家限制的行业包括建筑业、娱乐业以及广告业等行业以外，自工商行政管理机关批准其经营之日起，1年内免交个体工商户登记注册费，其中包括开业登记、变更登记、补换营业执照及营业执照副本，以及个体工商户管理费、集贸市场管理费、经济合同鉴证费、经济合同示范文本工本费；高校毕业生申请个体工商户设立登记时，应当向登记机关出具普通高等学校颁发的《毕业证书》、个人身份证，以及省级高校毕业生就业工作主管部门签发的《全国普通高等学校本专科毕业生就业报到证》或者《全国毕业研究生就业报到证》，登记机关核实无误后，依法办理登记注册手续，并在《报到证》上登记注册时间、加盖登记机关印章后退回本人，在《个体工商户营业执照》经营者姓名后注明高校毕业生；高校毕业生凭《个体工商户营业执照》免交上述有关收费。

这些政策能够减免一定的费用，但是大学生创业还需要一定的专业指导，如果能够放宽经营范围，注册条件等，可以鼓励更多的大学生参与到创业中来。

2. 健全相应的法律法规政策

一直以来，我国政府对于创业、创业教育这两方面的法令法规不规范。颁布的《中华人民共和国科学技术进步法》和《中华人民共和国促进科技成果转化法》两条法令，

为高科技创业提供优惠政策，但政策实施仍处于初期阶段。针对创业教育的法令至今未能成形。

此外，在银行信贷方面，我国信贷政策明显存在很多漏洞。例如，非国有企业的信贷待遇明显不及国有企业，进出口银行没有个人和私有企业贷款的服务，虽然《商业银行法》和《贷款通则》未设有对民营企业的限制，但民营企业的贷款量比国企小很多等问题都是尚待解决的。而且，还存在着信用、融资等方面的问题。因此，唯有健全法律法规制度建设，进一步搭建信用平台和融资平台，才能切实保障大学生创业环境、创业教育环境不断优化。

3. 加大地方支持力度

国家政策为创业教育的发展提供了坚实的基石，各地方政府就应结合本地特色出台地方政策，助推创业发展。这样会进一步调动大学生创业的热情，促进地方高校进行创业教育的决心和动力，为进一步完善和推广创业教育做好铺垫。

上海作为我国经济文化中心，把科教兴市作为主要战略，积极提倡大学生创业，鼓励高校发展创业教育，一直走在全国前列。

上海大学毕业生创业可享受四项优惠政策：

一是风险评估，全部免费。

专门设立创业教育培训中心，免费提供项目风险评估和指导，帮助大学生确认市场机会大小。

二是创业培训，政府付费。

由政府设立专门针对应届毕业生创业需求设立的免费创业培训试点单位，即上海创业教育培训中心，只需带上学生证和身份证复印件即可报名。

三是贷款筹资，政府担保。

市政府成立了"促进就业基金"，愿意为大学生创业提供政府担保的贷款筹资，这类贷款的最高上限为5万元，各大贷款银行对项目的盈利前景有严格的评审。

四是个体创业，可免税费。

市工商局对大学毕业生个体创业可免税费，及成立非正规企业，只需到所在区县街道进行登记，同时可享受3年免税。

各地都应该加强对大学生创业教育的支持，不仅仅是口号上的支持，更应该结合本省实际开展创业大课堂，创业咨询顾问，并采取相应的政策，真正解决大学生创业路途上的困难。

（三）构建高校创业教育管理机制

我国高校相继采用了学分制的教学管理制度。学分制是指以选课制为基础，以学分及成绩来计算学生学习的量和质，并以此作为学生对课程的学习、毕业和取得学位的标准，同时可辅之以导师制的一种综合性的教学管理制度。

通常意义上的学分制也即完全学分制与学年制相比，有以下优点：

第一，学习时限的灵活性。

第二，学习内容的选择性。

第三，课程考查的变通性。

第四，培养过程的指导性。

但是，我国大多实行的是学分学年制，很少实行学分制，部分实行的是半学分制，这样把学生限制在校园内，无法走出社会寻求锻炼机会。而我们对教学质量的管理主要集中在教学结果上，管理者利用知识性、学术性考试等方式来评判教师的教学质量以及学生的学习质量，知识在教学及其管理中都起着举足轻重的作用，而创业者所需要的技能方面的教学及其管理和评价却很少。

在我国推行学分制，完善选修课制度，一方面要各高校呼吁教育部改变干预方式从规定具体课程的直接干预改变为规定原则的间接干预转变另一方面，各高等院校应在现代教育理念的指导下，对课程体系进行重新规划，确定学生知识面，并积极培训和引进师资力量，不断开出新的选修课同时，教务部门还应该根据情况的变化，及时改变排课方法，保证选修课能够顺利开出，如果因此去修改培养方案，则有削足适履之嫌。我们可以尝试推行宿舍为基础的社区学生管理制度，学分制会带来一定的管理问题，一个学生一个学期选修几门课就属于几个学习班级，这些课程往往是不同的院系老师所开设，一个学生可能隶属几个系，很难由某个系来管理。学分制下每个学习班级学生互动很少，群体内部所确立的共同的观念、价值标准等相互联系的行为准则即群体规范非常模糊，群体规范相对成熟，对个体形成的压力大，群体有较强的凝聚力。从群体动力学可以看出，寝室对学生行为的影响较班级大得多。所以，只有以寝室为中心，加强对学生的管理，才一是科学的学生管理制度同时，为了增加学生的合作精神和丰富学生的业余生活更重要的是综合起来，高等院校在学分制推行的情况下，可以试行以宿舍为基础的社区管理以替代当前的以院系为基础的班级管理，所谓"社区式宿舍管理"，即学校对沉重的管理以宿舍为依托，将学生归属于某个或几个宿舍所形成的社区，在社区内开展活动，并以社区的荣誉对外交流和参加各项体育、文娱竞赛活动。

另一方面，对教学质量应该有个严格的监管体系，以保证培养的学生的质量。为了

全面评价教师的教学质量，在专家评价和同行评价的基础上，每学期在期末考试前组织学生进行课堂教学质量问卷评估。使课堂教学信息的反馈更加直接。调查问卷从教师的教学态度、教学方法、教学水平和教学效果四个方面进行评估，由所有班级的全部学生对任课教师进行打分，利用计算机进行数据处理，得出每位教师每门课程的分数，作为教师岗位聘任、评优评奖和职称评定的参考实践证明，这一做法是一项促进课堂教学质量的重要措施。通过课程教学质量问卷评估全校教师充分认识到课堂教学的重要性并不断地改进教学，提高教学质量。教师重视教学、热心教学改革，提高教学质量的教风已经基本形成。

第三节　我国大学创业教育理念体系的构建

一、理念及理念体系

"理念"是客观唯心主义哲学的重要范畴。尽管每位客观唯心主义哲学家的理论体系各有所异，所持"理念"的内涵不尽相同，但他们还是有着一致的前提：都把"理念"视作一种先验的客观精神实体和逻辑的共相范式，先于、高于客观事物而存在。辩证唯物主义则认为，作为共相的理念来自具体的经验世界，是思维对经验事实的抽象、概括与总结，来源于并高于客观事物，不能脱离客观事物而自存。本文对理念与大学理念的探讨，以后者为指导。

知识总是时代的知识，行为总是时代的行为，理念也总是时代的理念。知与行的价值，是理念的外化。因此，探讨理念的发展必须与时代相连。下面按照时代的继起性，以苏格拉底的理念论"美德即知识"为起点，通过柏拉图的理念论"取向于善的心灵转向"、亚里士多德的"在追求万物之真中得到的精神本体"，终结于黑格尔的"至真、至善、至美的顶点"。这是一段漫长而曲折的历史。前三人生活在等级崇拜的奴隶制时代，他们的理念是神圣的科层模型，表达了先验主义的理想追求；黑格尔成长于激发创造财富原动力的资本主义时代，他一方面立足前三位先哲的积淀，另一方面汲取资本主义开拓市场和近代科学迅猛发展的精神活力，其理念成为富有活力的自为主体，体现了历史演进的逻辑。这是一个理念与时代是相互创生的过程，相互创生则必能相互诠释。在对这四位哲人理念论的诠释过程中，再现理念论的发展轨迹，在比较分析中，揭示理念体系的内在结构。从而为创业教育的理念体系搭起理论的平台，便是本章的价值所在。

（一）嬗变的理念论

理念（Idea），素以深邃、稳健而著称，在思想体系中是坚硬的内核。

在历史的横断面中，它是稳固的，而在历史的纵切面中，它作为思想的主线，又是嬗变的。

苏格拉底的理念：美德即知识。

在几经曲折蜿蜒向前的哲学长河中，有不少历史和取向的转折点。古希腊的智者之星苏格拉底便是由思考"非我的世界"向思考"自我的世界"转向的奠基人，也由此开启了哲学中最为深邃的一页：理念论。在他之前，古希腊哲学家们的旨趣在于"意心向外"，视域集中在对自然本原的探求上。可是，苏格拉底认为，哲学首先在于"认识你自己"。在这个认识过程中，苏格拉底不仅形成了他独特的"知识助产术"，而且也成就了他"美德即知识"的理念论，使哲学的探求从自然转向了道德。

苏格拉底是擅长"论辩"的智者。他对其辩手，往往采取"归谬"的方法：先肯定对方的前提，然后不断地引出问题，到最后使对方陷入难以自圆其说的"二难境地"，从而使对方放弃原来的观点。在这个过程当中产生的是理智与知识。但是，理智、知识的功能与价值不在于认识具体的事物，而在于得到一种蕴含在各种"具相"中永恒的"实在"，这就是理念。苏格拉底认为，对你自己的认识，就是关于美德的知识。人只有认识了什么是美，才会去维护美，一切丑恶都是因为不知道什么是美才引发的。因此，"美德即知识"，这也使得他成为在人类思想史上对美的本质、美的实在性、审美快感作深入系统的哲学思考的第一个美学家。

柏拉图的理念：取向于善的心灵转向。

苏格拉底对知识的追寻开启了美之理念的存在之门，为柏拉图的心灵转向铺开了道路，使柏拉图善的理念成为本体论意义上的独立存在。柏拉图认为："一方面，我们说有多个的东西存在，并且说这些东西是美的，是善的。另一方面，我们又说有一个美本身，善本身，相应于每一组这些多个的东西，我们都假定一个单一的理念，假定它是一个统一体而称它为真正的实在。"这些多个东西的存在，在柏拉图的世界中，是感官所能感知到的事物，并不是真正的，他们属于变动不居，像赫拉克里特的"万物皆流，无物常住"一样的"幻影世界"。而在由流动所泛起的、五光十色的"泡沫"的背后，存在着一个客观的、永恒常驻的"真实世界"，这就是统一多个个体的共有的理念。

在柏拉图看来，作为共相的理念，这个"真实世界"是人的理智与知识，在"认识你自己"的驱动下，所能企及的世界"原型"，属于先验的存在和本体。而作为多样化的"幻影世界"，则是仅凭人的感官就可感受的"摹本"，属于后天的经验积累。"原型"

是"摹本"的根源，"摹本"是对"原型"的"分有柏拉图认为，仅仅认识了"摹本"，不足以认识事物的本质、价值和意义。因为"摹本"都是一种近似，近似是不完善的，不能完全反映真实的存在。人的心灵不仅要探求在意义论域中的理念——"美德即知识"，而且要转向到价值论域中的理念——"求善即知识"中去。

"善"是柏拉图的最高目的，也是两个世界的共同本质，更是两个世界在相生相克的矛盾运动中，有望保持和谐秩序的根本所在。可是，无论柏拉图构建摹仿说还是构建分有说，他都无法把"原型"与"摹本"合乎逻辑地统一起来。这种苦恼也造就了他的成就。柏拉图的苦恼与成就来自他所处的时代。

亚里士多德的理念：在追求万物之真中得到的精神本体。

作为柏拉图学生的亚里士多德，并没有按照"意心向内"的逻辑去认识自身，他广泛地考查"非我"的世界，成为一个罕见的"百科全书"式的人物。令人感到哲学魅力的是，亚里士多德是以批判柏拉图的理念论为启端开始了对"非我"世界的思考，但最后又以新的理念论回到了"自我"的世界。

柏拉图认为，存在的本质，是存在于可感知世界之先之外的普遍理念，而现实物质世界中一切可感知的具体、个别之物只是没有形体、无法感知的普遍理念的摹本。因而，具体事物的真实性不可能完全。亚里士多德则标新立异，他首先建构了由第一性实体和第二实体性所构成的范畴体系。第一性实体是现实物质世界中一切可感知的事物，在判断中处于主词的位置。第二性实体是对第一性实体的反应和描述，在判断中只能充当谓词来描述主词。两者之间是一种个体（种）与类（属）的关系，没有个体这第一性实体，就没有第二性实体，因此，第一性实体具有存在的最高规定性。

第一性实体属于"非我"的世界，是独立存在于人的意识之外的客观实物。他们是如何形成的呢？亚里士多德认为：一切实物都是由质料因、形式因、动力因、目的因这四种元素共同作用形成的。相同的"质料"在由不同的"目的"所形成的取向不同的"动力"作用下，最终形成了不同的"形式"。这些不同的"形式"就构成了"万花筒"般的世界。

显然，亚里士多德的理念是在追求万物之知、万物之真中得到精神本体。理念作为统一的存在，是决定形式的根源。这是他和柏拉图的相同之处，其不同在于亚里士多德比他的老师柏拉图更注重万物存在的独立性和它们自身的价值。这也是亚里士多德能够在生物学、物理学、数学、逻辑学等方面做出伟大建树，成为百科全书式的人物的重要原因。

黑格尔的理念：至真、至善、至美的顶点。

相对于苏格拉底、柏拉图关于理念是一种先验的、灵魂的"规定"来说，黑格尔的理念论是一个概念体系自然生长的过程。在黑格尔的《精神现象学》中产生的是"绝对观念"，在"逻辑学"中论证的是"绝对理念"，通过绝对理念的外化，又回归到"精神哲学"，形成了"绝对精神"。因此，对黑格尔哲学这个庞大体系，可理解为《精神现象学》为导言，"逻辑学"为核心，"自然哲学""精神哲学"是"逻辑学"的应用和发挥。

《精神现象学》中体现的由现象求本质，由用求体、格物穷理的过程，是全体系的缩影，"逻辑学""自然哲学""精神哲学"的关联性已以胚胎的形式存在其中，是"胚胎"在自然生长过程中的发挥。其中，"逻辑学"展示了纯理念的有机系统和矛盾自生自灭的过程，描述了理念由自在走向自为，再达到自在自为的进展，论证了绝对理念的真理性，是以理推理的过程。"自然哲学"描述了绝对理念突破"纯粹"的领域外化为自然界，是以理观物，是在物质外衣后面的理性发展。"精神哲学"是绝对理念由于其内在的冲力战胜了被动的自然，抛掉了物质的外衣又恢复到了自身，并通过艺术、哲学的精神形式完全认识了自身。至此，异化彻底复归，矛盾完全消融，知识彻底圆满，理念获得大全。这是理复归于理的过程。

黑格尔认为，"理念"就是"理性的概念""在意识中、思想中的真理"，"绝对理念"即宇宙间最高之合理性，在逻辑上为一切判断的主词，最高的范畴。黑格尔首先从哲学的童年开始，让思维从浑然一体的"太极"、从感性直观的万物中抽象出最简单、最直接、最普遍的"有"。虽然从"有"直接过渡到"无"再过渡到"变"是一个最简单的辩证基元螺圈，但在人类认识史上，黑格尔把它视为一个经历了从巴门尼德的"存在"到赫拉克利特的"流动"的漫长阶段。

黑格尔认为，历史上相继出现的每个重要的思想体系都不过是"绝对理念"自我认识的不同历史阶段。留基波和德谟克利特的"原子论"相当于"自为的存在"，康德、费希特和谢林乃至牛顿的思维相当于非此即彼的"消极的理性"，各种哲学体系的相继更替最后在他的哲学里达到了"绝对理念"这个至真、至善、至美的顶点。

（二）理念不仅仅是概念，更是体系

从"美德即知识"的苏格拉底理念，到"取向于善的心灵转向"的柏拉图，再到"在追求万物之真中得到的精神本体"的亚里士多德，这三位巨匠分别将理念定位在"美""善""真"上，这反映出他们在一个层面上对"理念"不同角度的领悟与展开。理念最终成为"宇宙间最高的合理性"，是"至真、至善、至美的顶点"。

沿着这种在历史长河中的展开与融合的足迹，可以发现，在任何一位思想家那里，理念都是恒稳的"内核"。这个"内核"不是一种单一的思想，不是单独的范畴，而是

一个体系。黑格尔认为："关于理念或绝对的科学，本质上应是一个体系，因为真理作为具体的东西，它必定是在自身中展开其身躯，而且必定是联系在一起和保持在一起的统一体。"

亚里士多德更是将他的理念论建构在一个拥有几十个范畴的范畴体系上。在他的《范畴篇》中列举了十个范畴，在《形而上学》中又集中探讨了三十多个范畴。亚里士多德将这些范畴分为"第一性实体"和"第二性实体在对两种实体的描述中，展示出他的理念体系由"四因说"的初级理念追问到最高的精神本源。

黑格尔的理念体系更是由自在的"绝对观念"到自为的"纯理念"，再到自在自为的"绝对理念"这样一个自由进展的过程。其中"绝对观念"中包含着各种自发的意识，如"苦恼意识""主仆意识"等，然后到"观念"、再到"绝对观念"的进展；"纯理念"中演绎着"知性""理性""消极的理性"和"积极的理性"的过渡，最终发展到了"绝对理念"，完成了"逻辑学"这个拥有一百多个的范畴体系。这犹如一颗活生生的范畴树在发育成长，乃至结了丰硕的果实，"绝对理念"也未停息，它突破了逻辑学的框架、披上了物质的外衣、外化为"自然哲学"的"春秋繁露"。

在对这些哲学大师理念论的诠释中，著名的科学哲学家波普尔揭示了"观察渗透着理论"这个客观的认知论。但是，理论也不是纯粹的主观性创造，苏格拉底、柏拉图、亚里士多德、黑格尔的理论原型昭示出这样一个研究的"视窗"：对理念的探讨，不要诉求于用一个定义来进行完美的界定。理念是一个靠内在逻辑发展的体系，其中包含着逻辑的起点和诸多的逻辑中介，最后形成的逻辑终点是将起点与中介纳为自身有机组成部分的一个协调体系。

二、创业教育理念形成的历史逻辑

分别以康德和黑格尔为主观和客观唯心主义代表的德国古典哲学，都是以批判传统的形而上学为基础，以思辨为力量，以反思与重构认识论为己任，形成了精深、恢宏、厚重的"批判哲学"和"思辨哲学"。他们关于认识发展过程三阶段的划分：感性、知性与理性，以及对其特征的刻画，使得后人至今都没能超越。这就为在对创业教育理念形成的历史逻辑的分析中，提供了一个"坚硬"的、具有"绝对权威"的理论框架。

（一）感性的大学创业教育

康德认为，"感性"是一种借助于经验而形成感性直观知识的先天认识能力，是认识发展的第一个环节。其中，"经验"是所形成"直观知识"的"质料"，它需通过先天的直观"形式"来整理。这种先天直观形式是存在于主体之内的，具有先验性的"时间"

和"空间运用这些先验的形式来接受和整理由后天所获得的经验（感觉和印象），使其具有时间上的同时性或继起性，以及空间上的连续性或间断性。这种对偶然性堆积（杂多的经验）的主观性梳理，并不能形成普遍性的必然知识，但却为其成为可能作了准备。人们天生具有形成这种直观知识能力，应用与发挥这种能力是一种"自在"的状态与阶段。

对创业教育的认知也是发端于这种对感性直观的经验材料的接受与梳理。创业，作为人类社会的发展方式，同人类历史一样久远。这种历史储存了丰硕无比的感性经验，将它作为教育的资源，进行时间与空间上的分类与排布，可以使创业教育得以较早的开展。颇为遗憾的是，这种教育活动作为一种概念和普遍性的工作，在 20 世纪 20 年代才从美国的中学生中大规模的展开。

始创青年商业社（Junior Achievement）的美国商界人士霍勒斯·摩西（Horace Moses）在中学推行的"商业实践教育"拉开了创业教育的帷幕。他将自己的商业经验整理出来，志愿在课余时间向学生讲授商业实践的做法，指导有好奇心的学生进行市场调查、选择商品、创建公司、采购、制造、销售、计算盈亏。这一举动，引发了商界人士的纷纷效仿，也造就了美国 20 年代商业的辉煌。在以后的 80 多年间，无论是美国还是其他国家，所开展的旨在调动大学生创业热情的创业宣传、创业讲座、创业动员、创业计划大赛和创业项目运营等活动，都属于是对前人创业经验的整理、创业本能与激情的调动或自我创业行动的体验。属于是"自在"的、感性的创业教育活动。正像感性不足以形成具有普遍性的和必然性的知识一样，感性的创业教育也只能闪现出偶然性的"教育火花"，不能必然地形成系统化的创业教育。

（二）知性的大学创业教育

按照康德观点，在认识的感性阶段，通过时间和空间，这种先天直观的经验整理的形式，所获得的是"物自体"这种自在之物的"现象"，所建立起来的只是知性知识的"对象"，康德的价值在于，它不仅在这里说明了以往形而上学哲学家要求认识超越感觉经验的绝对存在是不可能的，而且也指出了获得"对象"的知性知识的途径。

康德认为，知性是把感性经验材料经过抽象与具体、分析与综合的统一，纳入概念体系的思维形式之中，使它们具有普遍性和必然性的知识。这种知性知识与感性知识的分野，就在于纯概念范畴体系是否建立。在感性与知性划分与属性的界说中，康德与黑格尔是一致的，两人都把感性视为对事物直接存在的知识，构成了"普通常识"。而把知性视为反映事物的间接存在和内部关系的概念性知识，形成了"科学知识"，这是理性在发展过程中的"自为"阶段。

创业教育亦如此。在先天本能的创业激情发动之后，这种基于经验积累的整理而就

的"普通常识"不足以构建创业教育的知识体系，必须从概念、判断、推理的层面上予以进行。以美国为代表的创业教育，从上一世纪的40年代就已开始传授以体系化为特征的"创业学"课程，到了80年代，也已形成了涵盖本科生、研究生的系列课程，这些课程都已与其他经济类与管理类课程有了稳定的"区别性规定"，其知识的传授，基本上都是围绕企业的生命周期与运动过程来展开的，其逻辑主线十分分明，已经形成创业教育的"概念体系"。这说明创业教育已经由"自在"达到了"自为"，进入了知性的"科学知识"之阶段。从严格意义上来说，我国大学的创业教育，尽管有国外的"输入"与国内就业压力所就的"内求"两方面所导致的快速启动，但是，总体上还处于感性的发动阶段，只有为数极少的高校开展了选修课、辅修专业、专业课的教育。按照库恩《科学革命的结构》所指出的科学划界标准，我国的创业教育研究、创业教育推行的"科学共同体"还未形成，创业教育的"范式"尚未出现。这说明，创业教育还处在"前科学时期"，知性的创业教育还未达到，与国外的差距甚远。

（三）理性的大学创业教育

康德认为，要获得无限绝对的知识，必须运用"理性"，这种最高的综合能力，去超越知性，获得具有"心灵""世界"二者完整融合与统一的"理念"。康德对他们的批判在于将这种分离认为是理性的弱智，理性所追求的是二者最完整的统一。可是，康德在这里陷入了悲哀。他认为理性之本性的要求是走到经验之外去把握自在之物，但理性的能力不能认识自在之物，只能在理性的辩证法中思维它。这就是其不可知论的根源与结果。

黑格尔将康德的这种理性视为"消极的理性"，在他的"小逻辑"中，将思维形式分解为三个环节：知性；消极的理性（又称之否定的理性）；积极的理性（又称肯定的理性）。并作为最重要的哲学思辨以不同形式无数次地出现在他的体系中。他认为，知性的思维形式，坚持区别性的规定，以有限的抽象共性作为认知方式，相当于研究思想直接性的"存在论"。消极的理性思维形式是对知性思维形式的单纯否定和超出，相当于研究思想间接性的"本质论"。积极的理性思维形式克服了有限性与单纯否定性，达到了对立面的统一，相当于研究思想间接性与直接性统一的"概念论"。这是一个巨大的肯定、否定、否定之否定的辩证螺圈，它客观地刻画出了认识上升的途径。在这里，黑格尔将康德的"消极的理性"视为达到可以把握"物自体"的"绝对理念"的中介，从而完成了他的客观的、唯心的、辩证的哲学体系。

让我们跳出康德和黑格尔在对认识发展上本体论上的，或认识论上的差异来把握其共同点，那就是他们都认为：感性的认知形式，只能得到"普通的常识"，知性的思维方式可以把握"科学的知识",只有运用理性,才能得到信仰、价值、理念等这种"哲学的知识"。这是一个由"自在"走向"自为",再走向和到达"自在自为"的过程。依此来洞察和评判国内外大学的创业教育,可以发现,现代大学已经能够把非道义性的功利性目的和社会责任感区分开来,对大学的社会适应性已经不再是一味地排斥,认识到大学承担解决社会难题的责任,推动社会的发展,创造社会的活力是自身的理想和追求。这是一种"哲学的认识",体现出大学的成熟和发展的趋势。

从 20 世纪 40 年代开始至今的,美国大学轰轰烈烈的,寓于在校园文化和在课程中对大学生进行全方位渗透式的创业影响之中的创业教育,不仅是他们对社会责任所作出的积极回应,更是一种"推动社会的发展,创造社会的活力"的使命和信仰、理想与追求。正如上文所给出的结论:我国大学的创业教育,总体上还处于"感性的发动阶段",没有进入到知性的层次。因此,理性的创业教育还在"可能的空间"中等待。本文的研究,正是指向于这种"可能的空间",力图开辟一条路经,使这种"可能的空间"早日转化为"现实的世界",以解决我国在现代化的进程中所不可回避的就业难题,创造社会的活力。

二、创业教育理念体系的建构

(一)创业教育的精神学范式

1. 创业伦理与哲理的"摇篮",是创业精神的感性形式

心理学的研究表明,任何一种创造性的活动,都是多种心理因素"合力"之结果。根据心理机能在创造性活动中的不同作用,按逻辑学中有关"划分"的规定,采用最简单的"二分法",将其分为"认知性"与"非认知性"的两大系统。

认知性的心理系统在创造性活动中具有直接参与对认知对象的认识、处理各种内外信息的操作机能,它体现了认知主体的智力水平。其心理因素主要包括:感知、记忆、想象、思维等;非认知性的心理系统在创造性活动中具有动力和调节机能,它对认知主体不直接参与,而是对认知活动起始动、维持、强化、引导、定向、调节等作用,它体现不出认知主体的智力水平,其心理因素主要包括:动机、兴趣、意志、性格等。这两个系统以"非认知性"的为始发,相互交织,共同演绎出创造性活动认知的"感性形式"。

创业是一种创造性的活动,以上述的心理学解释,创业心理是创业"灵魂"中的最初萌动与"张力"的源泉。反思当今中国的创业者,他们的创造性思维与活动,造就了中国经济空前的繁荣。但是,在许许多多的创业者之中,能守住已有的成功或再次走向辉煌的却少之甚少。究其原因,多是不能正确对待自我或善待他人乃至心态失衡造成的。

因此，在精神领域中的创业教育，首先要培育的是大学生健康的创业心理，使他们具有坚定的创业信念、积极的创业心态、顽强的创业意志和鲜明的创业个性，增强"心理弹性"，实现创业的"心理自由"。

基于此，对大学生创业心理的教育，应以对学生进行独立性、敢为性、坚韧性、克制性、适应性、合作性等创业心理品质的培养为重点，以克服创业过程中过于依赖、自卑、畏缩等的人格障碍和急于求成、目标多变等的行为障碍为目的。主要内容是：大学生的个性特征与心理发展；创业者的心理素质与创业过程的心理分析；成功期与挫折期的心理学应对等。课程的表现形式是：创业心理学。

2. 界定创业行为"善与恶"的边界，是创业精神的知性形式

与心理学类似，伦理学在体系结构上也可以分为"规范性"的伦理学和"非规范性"的伦理学两大类。规范伦理学包括一般的规范伦理学原理和应用伦理学，非规范伦理学包括描述伦理学和元伦理学。

规范伦理学是要通过对善恶的研究，向人们指出应当遵循的行为规范和应当履行的义务。若是从一般的意义上研究普遍的规范和义务，属于规范伦理学原理；若是深入到某一具体领域，研究伦理原则和道德规范在特殊领域的实际应用，则属于应用伦理学。规范伦理学构成伦理学的主体。非规范伦理学是相对于规范伦理学而言的，它一般不涉及具体的行为规范，偏重于研究伦理学的基本概念及相关辞义和在理论上对伦理学的基本问题，即善恶问题进行哲学思辨的，是元伦理学。对历史和现实的社会伦理现象或者人们的伦理观念、道德心理进行客观描述、分析的，是描述伦理学。"非规范性"的伦理学形成了"规范性"的伦理学的"基石"与"精髓"，"规范性"的伦理学是"非规范性"的外化，形成了人之行为善与恶的边界，回答了"可以做"与"不可做"的问题。由于它界定出了"德行"的领域，按照感性、知性、理性的划分，可将"规范性"的伦理视为精神学体系中的"知形形式"。

"创业伦理"是在创业行为领域内的伦理原则和道德规范，它属于应用伦理学所研究的范畴。我国当前正处在市场经济的发育期，不可避免地要"浓缩式"的再现西方资本原始积累时期的"恶行"，其最突出的例证就是，那些靠"原罪"起家的，在"中国富豪排行榜"的创业者们，曾风光无限、富可敌国，可转眼间便有为数不少的人锒铛入狱。对此，社会公众和创业者本人，在总结其教训的时候，更加注重他们创业操作技法方面的失误。他们欠缺的真是操作技术吗？创业者的腐败与失败源于道德沦丧和诚信缺失，对大学生进行创业者的伦理教育成为保障创业精神向"善"的方面发展的关键。

创业伦理的教育是以培养学生在特定的社会经济条件下，自觉按照社会公德和职业

道德的原则与规范，不断提升创业所需要的人格和品质为目的。主要内容是：社会发展与道德演变；创业中的道德规范与判断；创业者的德性修养及个人主义伦理文化与道德理想。课程的表现形式是：创业伦理学。

3. 创业者的自我超越与完善，是创业精神的理性实现

在创业精神的发生过程中，创业心理带来了创业的冲动，使创业者有了创业的激情。创业伦理，界定了创业行为的善与恶，使创业者有了"心中的道德规律"。但是创业精神并不止步于此，它更注重的是人的灵魂与境界的养成与修炼。在创业的"现实世界"中，创业者处在"主客二分"的境地，在主体客体化与客体主体化的双向建构过程中，创业者的"精神世界"实质上是一个"主客合一"的进程。在这个进程中，所得到的"快乐"的精神家园与"美"的意义判断，是创业者的自我超越与完善，创业精神在这里将"创业心理""创业伦理"之间的冲突消解，将两者的统一升华，把创业的感性形式与知性形式作为不可或缺的环节与要素纳入自身的体系当中，成为创业精神的理性实现。

基于此，创业哲理的教育应以培养学生的认知人生、把握社会发展规律与辩证思维的能力，使学生具有远大的抱负和理想、具有探索真理的勇气和独立的人格与精神，产生不竭的创业动力为目的。主要内容是：创业与人的本质及其本质力量、创业与人的主体性的实现；创业主体的意识、精神以及行为模式；创业思维及其方法、规律；创业过程的周期性、波浪式特征；创业与人生价值、人的本能、人的超越、人的完善等。课程的表现形式是：创业哲学。

可将三个层次的逻辑关系简述为：创业心理是创业伦理与创业哲理的"胚胎与发生地"；创业伦理是创业者由创业心理而"发动"的创业行为的"内在尺度"；创业哲理是对创业心理、创业伦理的整合与升华，它从创业者的对人性的认知、超越与完善，对社会的价值与贡献的高度，阐述了创业者"美"的理念，它蕴含了创业心理与创业伦理的精髓，使两者在理念层面上进行有机的统一。

（二）创业教育的知识论结构

1. 创业教育的知识论

在实用主义语域中，我们可将"知识论"通俗地理解为"论知识这样，就有必要从三个方面来进行论述：第一，知识的确认；第二，知识的结构；第三，知识的边界。与此相对应，对创业教育的知识论来说，首先，要确认开展创业教育所选择的知识，以保证其可靠性；其次，确认所选取知识的匹配性，以保证其科学性；最后，确认所选取各类知识的内容，以保证各类知识边界之间的对接性和观点的协调性。显然，各种不同的"确认"，成为其能否成立的关键。在下文所要展开的"创业知识"的论述（创业经济学、

创业管理学、创业环境学、创业人才学与创业法学）中，主要是围绕确认其学科属性、主要内容与相互关系来进行的。特别需要指明的是：上面论述过的"创业教育的精神学范式"，和在之后将要展开的"创业教育的行为学要求"，都理当属于创业教育所选择的知识，本文将它们分开论述，主要是出于创业教育理念体系建构的需要，同时也为我国大学创业教育的开展构建出较为完备与可行的课程体系。

2. 创业经济学

对于古老而又常新的经济学，我们可以概略地总结为：它是对人类各种经济活动和各种经济关系进行理论的、应用的、历史的以及有关方法研究的各类学科的总称，是研究人类社会在各个发展阶段上的各种经济活动和各种相应经济关系及其运行、发展的规律的科学。经济活动是人们在一定的经济关系的前提下，进行生产、交换、分配、消费以及与之有密切关联的活动。其中，自始至终都存在以较少耗费取得较大效益的问题。对该问题的求解形成了纷繁复杂的人与物、人与人、物与物的关系，反映人与人的生产关系在这些关系中居于主导地位。

"创业经济学"是特指经济行为的主体在开创某种经济关系或经济活动重大转型的特定时期，运用经济学的理论和规律，实现小投入、快积累、高增长的一门学科。它与经济学是种与属的关系。主要内容有：微观经济运行与创业要素、制度背景、经济运行机制分析；中观经济运行与企业所属行业、地方政府、市场等运行机制分析；宏观经济运行与企业国内、国际市场的开拓与收缩；知识经济、高新技术与创业方向。

3. 创业管理学

从泰勒的《科学管理》问世算起，近百年的管理学还未摆脱"艺术"的境地，世界各权威学术机构普遍把它列入"软"科学之列的原因，不能简单地归为学科研究方法与内容尚未定型，更主要的是它的综合性、动态性、复杂性与实践性以及由此所决定的所涉及内容、方法、手段的多样性。

尽管如此，我们还是可以给出管理学最为一般的定义：它是系统地研究管理活动的普遍规律和一般方法的科学，其实质是管理的行为主体通过一定的计划、组织、领导和控制等职能来达到外部环境、内部条件与管理目标三者之间的动态平衡，实现组织的目标。

"创业管理学"隶属于"管理学"。它根据管理学最一般的原理与方法，为创业者提供管理方面的实用理论和开拓市场的知识，使创业者通过有效的管理，把企业造就成一个富有活力的创业型组织，使有限资源发挥最大效力的一门学科。主要内容是：创业战略管理；创业计划与控制；创业组织管理；创业人本管理；创业市场营销；创业财务管理等。

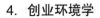

4. 创业环境学

在通常意义上，"环境学"是指"环境科学"。它是从社会、经济和环境协调发展的基本规律的宏观层面和人类活动产生的污染物及其在环境中的迁移、转变、积累、归宿等环境行为与生态效应的微观层面这两个层次，探讨环境科学的理论体系、环境演化规律、环境质量的调控、环境污染问题与控制技术、污染修复与生态恢复、环境社会学以及全球可持续发展战略与环境政策等问题的。它极具基础性、前沿性、复杂性和多学科性的特点。

这里所说的"创业环境学"是有关"创业环境"的学说。在语意上解构，环境可理解为，它是以人类为主体的外部世界，是人类赖以生存和发展的条件体系。创业环境是创业主体的行为所可能指向的自然环境和社会环境。"创业环境学"是探讨创业主体与创业环境两者之间的适应、互动的一般规律和有效方法的一门学科。其目的是培养创业者具有对创业所需要的社会环境的认知、适应与改变的能力，善于进行人际交往、合作共事、社情民意调查分析和得到政策、资金等的支持。主要内容是：创业的政治环境；创业的经济环境；创业的市场环境；创业的文化环境；创业的地理环境等。

5. 创业人才学

创业人才学当属微观人才学的子学科。它是研究创业人才的素质养成规律、创业人才成长的环境要求及人尽其才的环境建设的规律性的科学。主要内容包括：创业人才学产生的社会经济背景和理论基础；创业人才学与普通人才学的区别；创业人才的人文素质的养成、心理素质的历练、知识结构的构建、能力组合的配置以及成才过程中的目标选择、时间管理与科学用脑的艺术与技巧；家庭、教育、工作及社会等环境对创业人才成长的影响；中外创业人才成长的环境差异与效应等。主要目的是培养学生掌握创业人才成长的基本规律、基本途径，树立以能够不断创新为人才主要标志的评价观和以不断创业为人才追求的价值观，培养学生的创新精神与创业能力。

6. 创业法学

"创业法学"以创业法研究为主要对象。创业法是指调整创业主体、创业运行、创业规制以及创业救济关系的法律规范的总称。由于创业者本身不是一类独立的法律关系主体，而是民事主体中的一个特殊群体，因而我国没有独立的专门用来调整这一特殊群体的法律。很显然，这里所说的创业法实质上是由一系列法律组成的法律群。

创业法学就是以规范创业主体、创业运行、创业规制、创业救济的法律群为主要研究对象的法律学科。但是，它作为一门学科，还要研究与创业相关的各种法律法规，如，对私有财产保护的各种法律制度，物权制度，对自然资源的利用保护制度，对创业者自

身的保护制度等；还要研究这些不同的法律制度在不同的国家和不同的历史时期的产生、发展的脉络；还要研究创业法的功能、价值等。开展创业法学的教育，主要目的是使学生了解在经济社会中与创业相关的现行法律制度；掌握企业在运行过程中的法律与政策问题；熟悉各种创业法律规范，培养大学生投资创业企业，尤其是科技创业的能力，以及大学生解决企业创业实践问题、处理企业纠纷的能力。

显然，"创业知识"以使创业者通过创业经济学、创业管理学、创业环境学、创业人才学与创业法学的学习，掌握创立企业、合法经营、培育企业的创业文化和企业如何应对社会环境与市场需求变化的各种基本知识为目的。其中，以创业管理学为核心，创业经济学、创业环境学、创业人才学与创业法学分别围绕创业管理的流程与需要从各个方面来对创业管理提供必要的知识准备、应对思路与对策建议，从而形成了在创业精神驱动下的创业者所必需的相对完整的创业知识体系。

（三）创业教育的行为学要求

1. 创业教育的管理行为

创业教育的管理行为可分为行政管理行为与学术管理行为两大类。其行政管理行为是指管理方式和机制产生效用的方式。

它主要来自两大方面：

一是政府对创业教育事业发展的规划。

二是大学内部的管理主体运用有效的管理方法对创业教育工作的计划、组织、指挥、协调和控制。

通常靠以校长为首的学校管理系统来支撑，它以等级和一套法规组成管理结构，以下级服从上级和按章行事的组织规范的方式发生作用。

而学术管理行为则是以管理的内容来命名。它是管理者根据创业学知识的特点、学术的内容和发展的规律，对学术性事务进行的管理。主要包括：创业教育的教学活动、科研活动、学术讨论与交流活动、教师工作、课程与教学计划的制定与修订、学科建设、招生与考试等。

创业教育的功能发挥是通过学术事务与活动的管理行为实现的，它是创业教育管理的核心内容。在学术管理行为中，有关专家、学术组织对"创业学"学科、专业、课程设置所施加的影响往往起到决定性的作用。

由于学术管理体系是一个非线性化的复杂系统，因此，学术管理的主体呈现出多元化的特征，可以是行政管理人员，也可以是教学科研人员，还可以由行政人员与教学科研人员共同充任；学术管理也可因管理的主体与客体的不同来采用包括行政管理方式和各种非行政管理方式在内的多种管理方式和机制。

特别指出的是，创业教育的功能发挥是通过学术事务与活动实现的。创业教育的学术管理，是创业教育管理的核心，行政管理必须服务于、服从于学术管理。

2. 创业教育的教学行为

教学行为是教学的行为主体通过各种教学形式、手段、方法和技能的有机组合，来达到教学目的的教育活动。它一方面是教学的行为主体直接指向教学目的的显性行为，诸如教学的有声语言、书面语言、肢体语言等；内容的组织、演示等；实验的示范、操作等。另一方面是蕴含在显性行为中的人格、意志、情感、道德、价值观、科学精神、求知能力和个性张扬等综合而成的隐性行为。这两个方面相互构生，共同绘制出既有常规、又无定法，各具教学行为的画卷。

创业教育的教学行为有其一般的教学行为之共性，即：目的性、自觉性、角色性、规范性、实践性、创新性、互动性和社会性等。但因为它突出的是"开创基业"与"事业创新"，所以上述属性中的"角色性""实践性""创造性""互动性"和"社会性"就有了特指性与重要性。

因此，可将创业教育的教学行为解释为：它是一种以社会职业选择与创造为背景、创新性教学为手段、互动性教学为方法，通过系统的创业知识学习和实践性训练来培养创业者的教育活动。

3. 创业教育的学习行为

建构主义的学习行为观主要是基于学习过程中问题的解决。它认为学习的问题主要来自过多地突出其是一个知识的"传输和接受"的过程。学习实际上是一个靠意志力驱动、目的性引导，在与社会互动中进行学习主体的"意义建构"的实践过程。它强调知识和能力是学习者在社会文化环境中，借助必要的学习工具，通过主客体双方价值与意义互动建构的方式而获得。它围绕以学习为中心的学习环境设计，探讨情境学习、活动理论、分布认知、社会共享、案例推理的教学环节的一般规律与方法。

显然，由行为主义到认知主义，再到建构主义的学习行为观是一个渐次完善的过程，这是由"常规性"的学习行为，经过"认知"的中介，到"创造性"学习行为的进展，是简单性学习向复杂性学习的转型。创业是一个与创业者的意志、目的、社会环境密切相关的"复杂性"过程，创业教育的学习行为应以建构主义的学习观为指导。

基于此，我国大学对学生开展创业者的角色教育除前面已经阐述"精神学范式""知识论结构"中所列出的课程外，还要开展充分张扬创业者的主体性和意义建构的"创业设计学"与"创业实践"的教育。

4. 创业教育的管理行为、教学行为与学习行为的关系与要求

这三种行为是三位一体的。创业教育的管理行为是创业教育总体资源的配置者、整体行为的组织者，通过行政管理和学术管理两种渠道对教学行为和学习行为进行计划、组织、指导、反馈与调适，保障整体的教育行为与宏观目标的一致性。创业教育的教学行为与学习行为均在管理行为的统筹中，各自都按照目的导向性原则发挥着微观的能动主体的作用，并与另外两种行为交互，形成了具有复合因果关系的有机链条。

这是一个在"涨落"中远离平衡态的、具有生命力的"活"系统，其中三维的相互建构使它成为不断交换物质、信息和能量的耗散结构，从而使创业教育的管理行为、教学行为和学习行为在负反馈的机制中协调地、稳定地统一在一起。

总之，创业教育以激发主体性的"精神学范式"为内核，以主体性培养的"知识论结构"为中介，以主体性实现的"行为学要求"为目标，构成了理念体系的主线；高等教育中的个人本位与社会本位的价值观、实用主义和行为学中的建构主义形成了理念体系的"辩护带"；两者共同建构出创业教育理念体系的"研究纲领"，这不仅使创业教育的理念及理念体系的研究得以完成，还可以为我国大学创业型人才的培养提供长远的指导。

第五章
大学生创业机会

从根本上来说，创业的过程就是创业者选择创业领域、寻求创业机会、开拓事业发展新路的过程。生活中充满着创业机会，关键是要耐心地寻找，多关注社会人群的需求，就可能发现商机，大多数创业者都是把握了商业机会而成功创业。随着人们对创业机会价值潜力的探索，会逐渐衍生出一系列的商业机会，从而滋生出更多的创业活动。本章在了解创业机会的相关知识的基础上，对大学生创业机会的识别、把握、创业环境进行剖析。

第一节　大学生创业机会的基本认知

只要认真观察，人在各种经济和社会活动中总会遇到对自己有利的情况，这就是机会。机会能促进人们开拓事业的发展，实现理想。这当中也不乏创业机会。每个人对创业机会的认定不同，这与其本身的特质、知识、经历有关。因此，大学生创业者应该认真了解创业机会的相关知识。

一、创业机会内涵

（一）创业机会的概念

目前，人们对创业机会的定义还没有取得共识。卡森认为，创业机会是指"在新生产方式、新产出或生产方式与产出之间新的关系形成过程中，引进新的产品、服务、原材料和组织方式等，得到比创业成本具有更高价值的状态"。此外，关于创业机会的定

义还有以下几种不同的说法。

第一，创业机会可以适时、持久地为购买者或使用者创造或增加有价值的产品、服务。

第二，创业机会可以为市场带来新的产品、新的服务、新的原材料、新的技术、新的组织方式、新的管理模式，其出售价格通常要比成本价格高出很多。

第三，创业机会是一种新的"目的—手段"关系，它可以为市场带来新的产品、新的服务、新的原材料、新的技术、新的组织方式、新的管理模式。

第四，创业机会具有较强吸引力、较为持久，有利于创业，创业者据此可以为客户提供有价值的产品或服务，同时获得巨大利润。

综合以上几种定义方式，这里认为，创业机会是指"在市场经济条件下，社会的经济活动过程中形成和产生的一种有利于企业经营成功的因素，是一种带有偶然性并能被经营者认识和利用的契机"。

创业机会以创造性的思维、方式对资源进行全新的整合，迎合市场需求，传递价值的可能性。实际上，创业机会的概念是动态发展的。创业者定义了市场需求，从而也定义那些未得到利用或未得到充分利用的资源为潜在用途。于是，创业机会从最基本的形式发展成为一个商业概念，其核心就是如何满足市场需求，如何整合资源。随着商业概念的不断成熟，创业机会也就逐渐发展成为商业模型。这个模型通常要确认满足市场需求所需资源的类型和数量。至此，创业机会的形势变得更加复杂，开始正式涉及现金流、活动日程安排、资源需求，并且都添加到模型里，并逐渐演变为一个完整的商业计划。从理论的角度来看，创业机会从最初形式发展到商业机会，形成商业计划，再到创办新企业，这一过程应该是有序的，是系统化的过程，但在实践中则通常是无序的，也不成系统。创业机会在创业者的不断开发下，其概念发展得越来越复杂。

（二）创意与创业机会

创意就是对传统的叛逆，它打破常规，拓展智能，是具有新颖性和创造性的想法，并通常能够创造出更大的效益。创意与创业机会既有区别，又有联系。在理论上，创意只是一种思想、点子，创业机会则是点子实现价值的可能性。"一个好的商业想法未必是一个好的商业机会"。人们可能会有很多想法，其中也不乏很好的创意，但是值得去实体创业的，仅是那些被称为"机会"的创意。创业机会首先应包括一个好的创意。当然，创意相当于一个工具，它还需要经过进一步的转化，即其所带来的收益超过成本，使得创业者获得利润，才能成为有价值的创业机会。因此，创业者相信自己的创意能够迎合市场需求，能够给人们带来新产品和新服务，并能够通过一定的经济行为达成创业目标。

创业机会也可以理解为一种商业机会或是市场机会。一个好的创业机会通常包含几个要素：实现目标（创业者对新企业的期望）；市场的真实需求（具有购买能力或购买欲望的消费者未被满足的需求）；有效的资源和技术才能；一定的市场竞争力和可行性；能够收回创业成本。

二、创业机会的来源

随着商品经济的日渐发达，中国的创业环境也越来越宽松。特别是近年来，国家大力提倡大学毕业生创业，出台了一系列支持、扶持大学生创业的优惠政策。创业环境改善了，大学毕业生还要学会寻找创业机会，了解创业机会的来源。有的大学生从别人的成功经验中寻找创业灵感，有的从细节中发现创业机会，有的从事物的变化中挖掘机会，有的干脆自己创造机会。归结起来，创业机会的来源有三种，即技术机会、市场机会和环境机会。

（一）技术机会

创业的技术机会是指由社会技术的进步、变化而带来的创业机会，这种机会是现存技术的规范或性能有改进的可能性，或者出现新技术并成功应用于生产，由此催生新的行业，并引起其他行业的连锁反应，从而触发创业机会的可能性。具体而言，创业的技术机会有技术突破机会、技术扩散机会、技术引进和后续开发机会、工艺创新机会。

1. 技术突破机会

某一领域沿着技术发展的既定方向或内涵得到迅速推进，从而产生技术上的突破。技术突破通常产生新的技术，从而创造全新的市场需求，或是激发市场潜在的需求。也就是说，技术突破往往意味着新产品的出现，从而间接地满足市场上存在的某种需求或在市场上创造新的需求。在经济发展过程中，许多重大技术突破的成果，如尼龙、人造纤维、核电站、半导体、3D电影、云计算、社交网络、高速闪存、物联网、3A平台等都是属于这一模式。

2. 技术扩散机会

国家之间、地区之间和企业之间如果存在技术势差，存在模仿学习者潜在利益的刺激，就通常要发生技术扩散，即以技术为标的的贸易、转让等。其中，技术贸易属于技术的商业转让，是有偿的转让。在现实生活中，绝大部分的技术转让都是有偿的。技术贸易的内容（或标的）多为专利使用权、商标使用权和专有技术使用权。创业者如果采用了扩散技术，他就通常能够获得技术上的优势，从而获得创业机会。

3. 技术引进和后续开发机会

创业者从外部获得先进适用的技术的行为，即技术引进。技术引进，或者是引进工艺、制造技术，如产品设计、材料配方、工艺检测方法等；或者是引进成套的设备、关键的设备、某种检测手段等；或者引进先进的经营管理方法、新学术思想、新的科学技术知识，甚至是引进人才。创业者通过对引进技术的消化、吸收、模仿、改进，减少对技术提供方的依赖，甚至在新旧技术结构的相互适应下形成新的技术结构，实现更大的经济效益，从而形成创业机会。

对引进的技术进行后续的开发，促进创业者对技术的消化，形成并提高自我发展的能力，这也是建立技术机会的重要方式，最终触发创业机会。

4. 工艺创新机会

创业者通过研究和运用新的生产技术、操作程序等，提高生产技术水平、产品质量和生产效率，这就是工艺创新。工艺创新是相对技术突破而言的，它是技术融合，是沿外延机会将不同领域的现有技术进行融合集成，从而转化成新的生产能力。工艺创新一般是围绕着提高产品质量等级品率、工业产品销售率、新产品价值率，减少质量损失率，节约资源，降低成本等方面进行。

需要指出的是，在技术发展的不同阶段，技术机会是不一样的。在技术的萌芽阶段或成长初期，其创新多数是重大的技术突破。进入成熟期以后，技术突破转向工艺创新，技术机会从内涵更多地转向外延，技术融合逐渐占主导地位。

简言之，技术机会也就是技术变革所带来的创业机会。如今数码摄影、摄像、数字手机的普及，是新技术替代旧技术的具体表现；互联网络的应用是实现新功能、创造新产品的新技术成果；而互联网络不良信息传播，网络信息过滤软件、防辐射衣服等则是新技术带来新问题所催生的新技术成果。这些新的产品、新的市场需求，都是技术变革诱发的。

（二）市场机会

创业的市场机会，主要表现为以下几方面。

第一，市场上出现了与经济发展阶段有关的新需求。经济得到很大的发展，人们的生活水平得到提高，个人消费意识和企业经营意识也发生了变化，必然要产生一些新的需求，或者是物质的需求，或者是精神的需求；或者是全新的消费需求，或者是中间性的消费需求。相应地，就需要有企业去满足这些新的需求，从而也就触发了新的创业机会。例如，农村经济的发展，收入的提高，其消费家电、农用机械的能力也就相应的提高，由此扩大了相应的消费市场；城镇居民收入的增加，工作时间缩短，休闲时间增加，可催生少儿特长教育、留学服务机构、旅游等热门消费市场。

第二，由于市场供给本身固有的缺陷，从而产生新的商业机会。市场供求平衡过程中，总有那么一些供给是不能实现其价值的，但却只能以"伪均衡价格"低价出售；也总有一些需求不能真正得到满足，需求者只能寻求一些替代品。这实际上也就是供给结构的缺陷问题，创业者可据此寻求创业机会。供不应求的小众市场机会便是市场供给缺陷的典型表现，如 VIP 型小众市场的海外旅行、高尔夫运动等，自我满足型小众市场的冲动购物，时尚型小众市场的炫耀性消费，实利型小众市场的打折团购，狂热型小众市场的爆发性消费。

第三，先进区域的产业转移，由此带来的市场机会。先进区域与落后区域之间，总有一个发展的"势差"，出于二者之间存在的"成本差异"，为制造同一产品，先进区域的成本（特别是人力成本）无疑会大于落后区域的成本。这时，落后区域就会将某些产业转移到落后区域，这就增加了落后区域创业者发现创业机会的均衡价格是指一种商品需求量与供给量相等时的价格。当实现了市场供求均衡时，该商品的需求价格与供给价格相等称为均衡价格。这里的"伪均衡价格"显然不是真正的均衡价格，因为供给量不会和需求量一直相等，从而影响其价值的实现，其价格与价值不对等。

第四，从国外比较中寻找差距，差距里通常隐含着某种商机。改革开放以来，由于地理的缘故，出现了沿海学国外、内地学沿海的学习模式，其原因就是沿海与国外、内地与沿海之间存在差距，这些差距或者是产品上的，或者是技术上的，或者是产业上的，或者是市场经济制度完善程度上的。考察这些差距，从中可能发现某种商业机会。例如，人寿保险、汽车人均拥有（驾校、汽车美容）、税务代理、管理咨询、个人理财顾问等就是由国内外差距激发的市场需求。

（三）环境机会

由于环境的可变性、不确定性，因此其可能包含创业发展的机遇，也可能包含挑战。对此，创业者应该要善于从宏观环境、地区环境、行业环境发现和把握对自身有利的环境因素，积极利用环境机会，挖掘出创业机会。环境机会可分为宏观环境机会、地区环境机会、行业环境机会。

1. 宏观环境机会

对于宏观环境方面的创业机会，创业者可从政策法规调整、经济发展、技术进步、社会因素的变化这几个方面入手。

（1）政策法规调整

劳动就业问题一直是各个国家重点关注的社会问题，为促进创业，各级政府及相关

部门都会出台相关的创业政策，放宽某些行业的进入限制条件，放松监管，为发展非正规就业而提供扶持，这就为创业者带来了更多的创业机会。国家政策导向的一些变化，如价格双轨制、国有企业改制、节能减排、"二孩"政策（育儿培训）、住房制度改革等，创业者也可从中找到创业机会。

（2）经济发展

创业的成败通常很大程度上取决于整个经济运行环境，创业者要善于对经济因素进行分析，发现机会。随着经济的发展，资本体制日趋完善，各种融资相关的业务不断推陈出新，如银行贷款、风险投资、产权交易等，创业者都应该善于从中寻找创业机会。

（3）技术进步

正如前文所说，技术突破、技术创新也可以催生创业机会。由于技术的进步，新的市场得以形成，产生大量新型的和改进的产品，淘汰掉现有产品及服务。技术的变革还可以减少或消除竞争者间的成本壁垒，缩短产品的生产周期。对于创业者来说，正确识别和评价关键的技术机会与威胁，从中也可以发掘到新的创业机会。

（4）社会因素的变化

社会因素的变化，如社会习俗的变迁，社会道德观念、价值观念、工作态度的转变，或者产生新的社会文化，人口统计特征的不同等，这些都会影响社会对企业产品或劳务的需求，从而改变企业的战略选择和发展方向。在此过程中，很多新的需求被催生，进而为创业者诱导出更多的创业机会。例如，妇女解放观念的普及，家政、洗衣、美容、健身的市场也得以扩展；人们寿命的延长，则催生了养老中心、老年人用品市场；饮食文化的发展催生了素食产品产业、有机动植物培育产业、健康养生产品等；由于社会发展的新要求，也出现了各种留学热、高端产品、私人定制等市场需求。

2. 地区环境机会

国家大力提倡创业，为大学生创业提供政策、资金、场地等方面的扶持，因此各地的创业载体、创业服务机构纷纷被建立，其数量不断增加，如各种企业孵化器、园区建设、经济开发区建设、创业服务中心、创业指导机构等，这些都可归为地区环境机会。创业者应该善于从中找寻创业机会。

3. 行业环境机会

创业者除了要学会寻找机会之外，还要懂得创造机会。有一个故事说一个人想把一个普通人变成某知名富翁的女婿的故事。这个人先找到一个农夫的儿子，声称可以把他变得很富有。这个人先把农夫的儿子介绍到某银行当副总，银行不愿意。但当这个人说

农夫的儿子是某知名富翁的女婿后，银行答应了。然后这个人又去富翁那里说媒，声称准女婿是某银行的副总，结果富翁也就同意了。这就是一个创造机会的典型案例。这说明，创业者必须主动，只有主动创造机会，才能离成功更近。

三、创业机会的基本特征

总的来说，创业机会的基本特征主要表现为以下几方面。

（一）时效性和不确定性

时效性是创业机会的一个主要特征。如果创业者不能及时捕捉和真正把握创业机会，就很容易失去成功的机会。机会是一个非常态的、不确定的时间表现形式。虽然每天都可能会有创业机会出现，但同样的创业机会通常不会重新再出现。此外，由于创业机会往往是社会所共有的，如果别人先下手为强，自己只要稍一迟疑，与创业机会就失之交臂。

创业机会也具有很大的不确定性，机会一旦被利用，就通常会带来出人意料的结果，或因承受不了各种风险而归于失败，或因遇上大好形势和环境宽松而成功。

（二）客观性和偶然性

创业机会普遍地客观地存在于市场环境中，存在于人们身边的事物中，等待着人们的发现、挖掘。当然，创业机会也并不是时刻显露出来的，这就是创业机会的偶然性。正因为前面说的，创业机会的发现和捕捉带有很大的不确定性，所以任何创业机会的产生都有"意外"因素。人们越是刻意地寻找创业机会，就越是难见其踪影；而在毫无准备的时候，它却又突然出现。由于创业机会的客观性和偶然性，创业者只有通过不懈努力和不断探索，从变化莫测的市场环境的必然规律中才能寻找到创业机会。

（三）均等性和差异性

面对同一个市场环境，创业机会对每一个人是极为公平的，体现出均等性。但由于创业者的知识储备不同、经历不同、能力素质不同，其对同一创业机会认定也就有所不同，从而使得创业机会体现出一定的差异性。因此创业者们在利用同一创业机会时，还通常会获得不同的效益。

（四）隐蔽性和时代性

由于创业机会的不确定性、偶然性，因此其也具有隐蔽性。生活中到处是机会，一般都意识不到它的存在，这同样适用于创业机会。如果没有隐蔽性，人们随处就能抓到创业机会，那么，这所谓的创业机会也就不能称其为创业机会了。创业机会在人们的心

目中是神秘的、可贵的。

每一种创业机会都带有一定时代的烙印，赋予特定社会的、时期的色彩，这就是创业机会的时代性。社会色彩是指不同社会制度对创业机会产生的影响。如果政治制度比较宽松，那么个人就可以在广阔的领域里大展身手，发现挖掘各种创业机会；与此相反，如果政治结构比较严密，个人无法涉足诸多领域，因此也就失去了很多创业机会。例如，改革开放时期，中国开始引入社会主义市场经济体制，社会各个行业都在寻求各种各样的人才，时代提供了前所未有的创业机会和条件，英雄也就有了用武之地。

四、创业机会的类型

根据不同的标准，创业机会可分为不同的类型。

（一）根据创业机会的来源划分

根据创业机会的来源，其可分为问题型创业机会、组合型创业机会、趋势型创业机会。

1. 问题型创业机会

现实社会生活中，总存在那么一些尚未被解决的问题，由此也可产生创业机会，这就是问题型创业机会。这种类型的创业机会大量存在于人们的日常生活中和企业实践中。很多人总有自己"苦恼的事"和"困扰的事"，迫切地需要解决这些问题，而如果能为其提供解决方案，实际上就是找到了创业机会。例如，双职工家庭没有时间给孩子辅导功课，没有时间专门为孩子培养某些兴趣爱好，于是催生了各种业余辅导机构、兴趣辅导机构；很多城镇职工家庭、上班族没有时间到市场购物、买菜，于是产生了快递公司、买菜公司。此外，在解决顾客抱怨、服务质量差、大量退货等问题时，只要用心发掘，也可以从中发现不少创业机会。联邦快递的创业者史密斯之所以创办联邦快递公司，就是因为他发觉自己购买的物品经常无法按时到达。近年来，随着国内各大城市雾霾天气越来越严重，空气、水质污染问题成为人们关注的焦点，各种空气净化器、家用净水器开始大量出现。

2. 组合型创业机会

组合型创业机会指"将现有的两项以上的技术、产品、服务等因素组合起来，以实现新的用途和价值而获得的创业机会"。将一些已经存在的因素和手头上的资源进行新的组合，通常会产生更大的功能，效果倍增。例如，一些上班族虽然脱离了儿童期，但对那些富有童趣的装饰品、文学文本仍有很深的感情，对此，有人就将婴幼儿喜欢的布娃娃与成人形象结合起来，形成一个新的组合——芭比娃娃；还有人创作了各种充满小

情小调的"成人童书",满足新的市场需求,获得创业的成功。

3. 趋势型创业机会

通过预测未来,看到将来的发展方向,也可发现其中的潜力和机会,这就是趋势型创业机会。这种类型的创业机会多萌芽于重要领域改革或时代变迁的时期,因此也常不被多数人所认可和接受。如果能够及早地发现并把握这种创业机会,就有可能成为未来市场发展趋势的先行者和领导者。例如,中国互联网普及的速度越来越快,范围也越来越广,创业者们瞅准了这个大的发展趋势,创造了各种购物平台和各种网络支付平台,逐渐被网民认可,其产生的强大影响力持续到今天,并将影响人们将来的生产生活。

另外,根据创业机会的来源,还可以将创业机会分为行业创业机会和边缘创业机会。行业创业机会主要出现于新企业经营领域内,边缘创业机会主要出现于不同行业的交叉点、结合部。

(二)根据创业机会的导向划分

根据创业机会导向,其可分为市场导向型创业机会、技术导向型创业机会、政策导向型创业机会、竞争导向型创业机会。

1. 市场导向型创业机会

市场导向型创业机会通常出现于市场环境及结构的变化,如市场供给结构发生变化、市场垄断被打破、经济发展进入另一个阶段后产生的不同的市场需求,发达国家或地区产业的转移等,这些都可以带来巨大的市场机会。

2. 技术导向型创业机会

技术导向型创业机会通常出现于技术进步或技术革新的时期。现代技术的飞速发展,任何技术上的变化都可能给创业者带来机会。例如,蒸汽机的发明,人们借此研制成了蒸汽车、蒸汽火车,使得人类的运输工具发生了革命性的变化,甚至引起了人类从手工劳动向动力机器生产转变。又如,由于网络技术的发达和普及,催生了电子商务交易模式,同时又促使物流行业迅速发展。

3. 政策导向型创业机会

政策导向型创业机会通常出现于政府制定新法律、新法规、新政策时期。当前,我国正处于社会主义初级阶段,社会、经济及技术等方面发生着剧烈的变革,政府为适应社会新的变化而必然要不断调整政策,这也就给创业者带来更多或显现的或潜在的创业机会。例如,21世纪网络逐渐普及全球,世界各国开始重点关注计算机信息系统及其网络安全,对此,我国政府则出台了一系列支持和促进国家信息安全技术及产品发展的政

策，于是很多创业者纷纷从事信息安全技术及其产品开发。

4. 竞争导向型创业机会

创业者为了打败竞争者，在产品服务、价格、功能、特色等方面都进行深度挖掘，从而诱发了创业机会，这就属于竞争导向型创业机会。这类创业机会多是创业者自身驱动的结果。例如，网络购物平台运营商，为在融资、支付方面比银行要做得更好，就开发了网络支付应用平台，投资回报比银行高，并且免去支付、转账手续费等。这是典型的竞争导向型创业机会。

（三）根据创业机会的影响时间划分

根据创业机会的影响时间，其可分为现实创业机会和未来创业机会。

1. 现实创业机会

现实创业机会是指目前市场存在的尚未满足的某种市场需求。例如，现今社会经济的飞速发展，人们的生活水平已经获得显著的提高，对旅游的需求也越来越旺盛，不少商家抓住这个机会，通过互联网为消费者定制个人的出行计划、旅游攻略，并承担预订票、旅馆、景区门票等业务，促进了旅游市场的繁荣，这就属于现实创业机会。

2. 未来创业机会

未来创业机会是指目前市场上还没有或是表现为极少数人的消费需求，但其预期扩大需求的可能性非常大。如果能紧握时代脉搏，未来创业机会通常能够更快地获得市场主动权。例如，人们使用互联网的频率越来越高，其使用目的也越来越广泛，而通过网络购物的需求还很少，但是不久，以马云为代表的创业团队看到了商机，创办了个人拍卖网站——淘宝网，成功地运用电子商务满足了新兴的市场需求，不但获得了巨大的利润，还带动了电子商务行业的兴起和发展。

（四）根据"目的—手段"关系的明确程度划分

根据"目的—手段"关系的明确程度，创业机会可分为识别型（目的—手段关系均明确）创业机会、发现型（目的—手段关系有一方不明确）创业机会和创造型（目的—手段关系均不明确）创业机会。

1. 识别型创业机会

识别型创业机会是指当市场上存在着非常明显的目的—手段关系时，创业者可通过该关系的连接来辨识的机会。前面提到的问题型创业机会大都属于这一类型。例如，市场供给无法满足需求时，即可辨别出创业机会。

2. 发现型创业机会

发现型创业机会是指尚未明确知道目的或手段任意一方的有关情况，需要创业者去发掘的机会。有时候，一项技术被开发出来，但并没有被应用于实际的生产生活，或者说没有因其产生出具体的商业化产品，因此需要通过不断尝试来挖掘出潜在的市场机会。例如，中国唐朝时就发明了火药，但直到宋朝仍然只用于烟花制造，后来传到西方，才被广泛应用于军事领域，出现了各种大炮、枪支。又如，激光技术被开发后并没有马上产生相关的商业化产品，过了十年才在真正意义上为人们所应用，出现了激光打印机、激光打标、激光鼠标、激光治疗、激光手术刀、医用激光器，从此走向市场。

3. 创造型创业机会

创造型创业机会是指在目的和手段都不清楚明白的情况下，创业者需要有先见之明和卓越的才能智慧，方能创造出有价值、有影响力的市场机会。抓住这种机会创造出新的目的一手段关系，其难度系数是非常高的，其创业成率也就不高，但一旦成功就可以带来可观的收益。例如，电灯发明者爱迪生在实验灯丝材料时就曾失败了1 000多次，但是这个实验成功后，也给爱迪生带来了巨大的商业利润。

上述三种类型创业机会，识别型创业机会一般不需要太繁杂的辨别过程，多半处于供需尚未均衡的市场中，其创新程度不太高，所需成本也较低，因而较快地进入市场。发现型创业机会的把握难度为中等，是当今市场上最为常见的。创造型创业机会的把握难度最大，它依赖于新的目的一手段关系，而创业者的专业技术、信息、资源往往是有限的，因此更需要创业者具有敏锐的洞察力，能有效整合创造性资源，同时还必须承担巨大的风险。

（五）根据创业机会的可识别性划分

根据创业机会的可识别性，其可分为显现型创业机会和潜在型创业机会。

1. 显现型创业机会

显现型创业机会是指在市场上存在的明显的未被满足的市场需求。例如，在20世纪80年代兴起的"西服热"，20世纪90年代流行的"喇叭裤""烫头"，近几年掀起的网购热潮催生了五花八门的网购平台，这些都是属于显现型创业机会。

2. 潜在型创业机会

潜在型创业机会是指隐藏在现在某种需求背后的某种未被满足的市场需求，需要创业者去挖掘、捕捉，多来自新科技应用和人们需求的多样化等。例如，移动互联网时代，使人们在家里办公成为可能；"互联网＋手机＋App"使人们的衣食住行移动化成为可能。

此外，创业者还可通过市场调查分析，针对智能手机后劲十足、平板优先、第三种付费订阅、移动支付等，发现许多潜在的创业机会。

第二节　大学生创业机会的识别与把握

作为创业者，其可贵的地方就在于他能发现一般人所看不到的机会，并迅速抓住创业机会，实现其价值。在很长一段时间里，人们认为创业者的个体本身具有特殊禀赋，一般人群难以模仿，更不可学习。但是，随着学术研究的深入，人们逐渐总结出了一些识别创业机会的规律和技巧，给人们的行动提供思路和指导。能否准确识别正确的创业机会，是关系到创业者能否取得成功的一个重要前提，因此这也就是每一个大学生创业者的必修课之一。

一、识别创业机会的影响因素

识别创业机会的过程其实也是一个不断调整反复权衡的过程。不同的创业者，其关注创业机会关涉的行业也会有所不同，即使是同一个创业机会，不同的人，对其评价也往往不同。而对于什么因素使得一些人更善于识别出有价值的创业机会的这个问题，学者们通常认为，个人的已有经验、认知能力、社会关系网络、机会的属性是识别创业机会的主要影响因素。

（一）已有经验

拥有某特定行业的经验，对识别商业机会也是非常有利的。也就是说，创业者一旦投身于某产业创业，他将比外行人更容易看到产业内一些新机会，一些潜在的不容易看到的机会。这实际上也和创业者个人的知识有关，他们会更关注与自己所拥有的知识、信息相关的机会。

（二）认知能力

对于机会识别来说，更重要的因素应当来自创业者的认知能力。机会识别可能是一项异于常人的先天技能或认知过程，如"第六感"，也就是一种警觉。在这种警觉的影响下，创业者更容易觉察到一般人看不到的机会。而拥有某个领域更多、更专业知识的人，倾向于比其他人对该领域内的机会更警觉。创业者比一般人更渴望获得信息，通常能快速觉察到与创业相关的信息，这也是一种对信息的警觉，因此他们也更愿意将时间花在信息搜索上，而且所使用的搜索方式也更加有效。

当然，创业者对风险的感知能力也异于常人。一般而言，个体对风险的预期高，他就会减少风险行为。但也有例外的情况，如在负面问题框架下，创业者在感知高风险的情况下也会采取冒险行为，以追求高收益。也就是说，风险有时也是一种机会，其规模和不确定性都是潜在的收益，这潜在的收益就是创业的动力。因此创业者的风险感知能力也会影响其对创业机会的识别。

（三）社会关系网络

创业者个人社会关系网络的深度和广度影响创业机会的识别，因为社会关系网络本身承载着对创业机会的有价值信息。拥有大量社会网络的创业者更容易发现创业机会，相反，单独行动的创业者在机会识别上就比较被动。根据一项针对65家初创企业的调查，人们发现半数创业者都是通过社会联系得到了商业创意，而对独立创业者（独自识别出商业创意的创业者）与网络型创业者（通过社会联系识别创意的创业者）之间的差别研究表明，后者比前者识别出的创业机会要更多。

（四）机会的属性

机会的属性也即机会的特征。如前文所述，创业机会具有时效性、不确定性、客观性、偶然性、隐蔽性、时代性、均等性、差异性等特征，这些都是影响人们是否对创业机会进行识别的基本因素。创业机会的属性很大程度上决定了创业者对其未来价值的预期，创业者相信创业机会能够产生足够的价值来弥补投入的成本，因此机会的属性对创业机会的识别产生很大的影响。

二、识别创业机会需要考虑的问题

在识别创业机会时，要考虑对市场信息和变化规律的掌握是否充足，选择的创业机会是否实际可行，创业时机是否成熟。

（一）对市场信息和变化规律的掌握是否充足

市场环境通常决定了创业构想的可行性，特别是在当今风云变幻的市场里，创业者必须随时掌握市场的动态信息，才能使创业活动更加顺畅。对大学生创业者而言，在学校所学到的只是理论上的基础知识，而市场大多考验的是随机应变的能力、敏锐的嗅觉与超前的反应能力。如果与市场脱节，跟不上市场节奏，就很可能被市场淘汰。因此，掌握市场动态信息及其变化规律，可以为识别创业机会提供必要的参考。

（二）选择的创业机会是否实际可行

在对创业机会进行识别时，一定要考虑其操作性、可行性。例如，要考虑所选择行

业的进入条件，由创业机会确定的创业项目要获得成功需要哪些条件，创业项目从技术变革中所获得的收益如何，如何规避竞争对手等。创业者所识别的创业机会如果超出自己的承受范围，就不应该急于行动，而要量力而行。

（三）创业时机是否成熟

每个创业者识别创业机会时都带有很大的主观性，为对创业机会进行全面的认识，降低风险，创业者不妨先问自己以下几个问题。

第一，是否了解将要进入的行业。

第二，是否具有不同于竞争对手的特点或优势。

第三，协调的各种资源、各项条件是否能够满足创业项目的需求。

第四，是否充分做好了吃苦耐劳、勤奋钻研的心理准备。

第五，是否能够接受创业过程所带来的各种挫折、失败的打击。

假如以上问题的答案都是肯定的，那么自己就具备了把握创业时机的主观条件。当然，衡量创业时机是否成熟，还必须考虑客观因素。只有综合考量创业能力和创业条件，才能确定这是否可以算得上是一个最佳的创业时机。

三、识别创业机会的一般过程

综合以上相关内容，可以看出，创业机会的识别就是创业者与外部环境互动（机会来源）的过程。在此当中，创业者通过各种渠道与方式了解、掌握相关信息，从而发现现实世界中的产品、服务、原材料和组织方式等方面的一些缺陷，进而找出改进或创造目的一手段关系的可能性，最终识别出创业机会。

四、识别创业机会的主要方法

在当代社会中，人们识别创业机会的方法主要包括新眼光调查（也叫二级调查）、系统分析、分析问题，此外，创业者也可以自己创造创业机会。

（一）新眼光调查

新眼光调查其实就是用新的角度、新的眼光对所获取的信息进行调查分析。新眼光调查又可分为初级调查和二级调查这两种形式。二级调查形式主要是阅读他人作品或发现，浏览报纸文章，利用互联网搜索数据。初级调查形式主要是采访顾客、供应商、销售商，与他们交谈，与现实世界互动，并把自己的想法记录下来，整理出自己需要的信息。创业者以新的角度、新的眼光对二级调查、初级调查所得的信息进行整理、分析，结合自己的想法，从中发现创业机会。

（二）系统分析

实际上，通过系统分析，绝大多数的机会都可以被识别出来。人们可以从宏观环境（政治制度的改革，新法律的颁布，技术的突破和创新，人口数量、结构的变化等）的变化、微观环境（顾客的消费特点，竞争对手的优势和不足，供应商的影响和作用等）的变化中发现机会。通过市场调研，系统分析环境变化的来龙去脉，发现机会，这是识别创业机会的一般规律。

（三）分析问题

个人或组织的一些模糊不定的、含蓄的需求，特定群体所面临的棘手问题，创业者对这些领域进行认真的分析，也可发现创业机会。一个有效并有回报的解决方案对创业者来说是识别创业机会的基础。在分析问题的过程中，创业者应该要全面了解顾客的需求，了解可能用来满足这些需求的手段，思考新的点子。同时，应该善于从顾客那里获取相关的需求信息，了解他们的想法和难题，从而识别出一个新的创业机会，毕竟是顾客的需要决定市场的供应。顾客的需要各异，建议也就多种多样，最简单的如他们会说"如果有这样的产品、服务就更好了"之类的非正式建议，这些往往意味着某些潜在的创业机会。

（四）通过创造获得机会

从外部世界寻求创业机会，也可以自己创造机会，这多见于新技术行业。这可能始于明确拟满足的市场需求，据此探索、开发出新的技术；也可能始于一项新技术发明，发现其商业价值，开发出相应的产品、服务。通过创造获得机会的难度是最大的，风险很高，但如果成功就可以带来巨大的收益，这种机会也是前面说的创造型创业机会。这种情况下所产生的创新在人类所具有重大影响的创新中，居于压倒性的主导地位。英国人亚历山大·贝尔发明电话就是一个很好的例子。由于职业上的原因，贝尔研究过听和说的生理功能，1873 年辞去教授职务专心研制电话。贝尔考察了电报机中能够把电信号和机械运动互相转换的电磁铁，开始设计电磁式电话。经过反复的实验，他终于制成了实用的电话装置，由此也成立了世界上第一家电话公司，电话的使用得到了普及。

五、评估创业机会，把握创业机会

所有的创业行为都来自绝佳的创业机会，因此，创业者要对创业机会进行评估，选择适合自己的创业机会。对此，大学生创业者要了解创业机会的评估标准、评估方法以及评估准则，以更好地把握创业机会。

（一）创业机会的评估标准

一般而言，创业机会的评估标准主要包括盈利时间、市场规模、资金需要量、投资收益、成本控制力、进入障碍、退出机制、市场控制力、致命缺陷。

1. 盈利时间

一般而言，有价值的创业机会，其获得盈利的时间比较短，即不超过 3 年。

2. 市场规模

进入的市场规模和价值要足够大，并且处在不断发展的时期，否则就难以支撑创业企业的长期发展，甚至无法生存。

3. 资金需要量

大多数有较大潜力的创业机会需要相当大数量的资金来启动。但是，如果需要过多的资金，这样的创业机会就缺乏吸引力，难以保证其获得的回报能够弥补所投入的成本。因此，创业者要量力而行，根据自身的条件包括资金和资源来评估创业机会。

4. 投资收益

创业就是要讲求回报、讲求高收益的，因此一个有价值的创业机会必须要有合理的盈利能力，毛利率和市场增长率都要高。

5. 成本控制

力创业要获得高回报，降低成本是重要的手段之一，并形成自己的竞争优势。一个具有吸引力的创业机会，应该具有较高的成本控制力，控制物料成本、制造成本、营销成本等。低成本大多来自技术和工艺的改进、管理的优化。

6. 进入障碍

如果创业机会面临着各种进入市场的障碍，如资源限制、政策限制等，那么它就不是一个有价值的创业机会。在一个充满限制的市场中，其创业机会少之又少。但是走到另一个极端，其创业机会也很少。也就是，如果一个市场本身缺乏进入障碍，那么它就会吸引大量的竞争者，而使毛利快速下降，这显然不存在什么有价值的创业机会了—另外，如果创业者进入以后，不能够阻止其他企业进入市场，无法制造进入障碍，那么这个创业机会的价值就比较低，吸引力不大。

7. 退出机制

比起进入市场，退出要困难得多，所以一个有价值的创业机会，应该要为所有投资者考虑退出机制，以实现资本增值或避免和降低财产损失。

8. 市场控制力

如果有较强的能力控制产品价格、客户、渠道、零件价格等，那么，这样的创业机

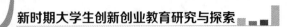

会是比较有价值的，其投资吸引力也会比较高。如果竞争对手不多，且其实力也不大，那么创业机会、创业企业控制的程度就比较大。一个缺乏市场控制力的创业机会，其面临的经营风险一定很高，要想持续获利也很困难。

9. 致命缺陷

创业机会不应该有致命的缺陷，否则它就失去了价值。

（二）创业机会评估的方法

1. 定性分析法

在对创业机会进行评估时，可以采用定性分析法，从以下几方面入手。

（1）分析市场上与该创业机会类型相同或相似的公司所拥有的竞争优势。（2）确定该创业机会所应具备的成功条件。（3）分析该创业机会的发展方向和目标是否一致。

2. 定量分析法

定量分析法分析的是创业机会的经济效益，通过财务来判断创业机会是否符合创业目标。采用定量分析法来评估创业机会要注意以下几方面。

（1）预测市场需求量

创业者首先要预测市场需求量，这是了解创业机会面临的市场状况及市场潜量的主要措施，可以为之后分析创业机会的经济效益打下基础。具体来说，可以采用判断分析法、趋势预测法、市场调查分析法、因果预测分析法等来预测市场需求量。

（2）分析成本

分析成本就是从投资成本、生产成本、营销成本三个方面来分析研究利用创业机会需要付出的代价。具体来说，可以采用直线回归法、趋势预测法等专门的成本预测方法来分析成本。

（3）分析利润

对利润的分析也是定量分析法中需要注意的要点。通常，应以市场需求量、成本的预测为基础，采用现金流量模型、损益平衡模型、投资收益率、简单市场营销组合模型等分析方法来分析利润。

3. 蒂蒙斯创业机会评价框架法

蒂蒙斯的创业机会评价框架涉及行业与市场、经济因素、收获条件、竞争优势、管理团队、致命缺陷、创业家的个人标准、理想与现实的战略性差异八个方面。采用这种方法来评估创业机会是比较全面的。

（三）创业机会的评估准则

关于创业机会的评估，其有一套包括市场、效益、创业团队、个人、竞争优势、策略特色等要素的评估准则，为创业决策提供参考。以下重点分析的是效益、创业团队、个人、策略特色面的评估准则。

1. 效益面的评估准则

效益面的评估准则主要包括以下几方面。

第一，合理的预期税后净利。一般而言，能够创造 15% 以上的税后净利的创业机会才具有吸引力，而如果低于 15% 则不能视为一个好的投资机会。

第二，达到损益平衡所需的时间。合理的损益平衡时间应该限于两年，不应超过三年。不过，有的创业机会比较特殊，它需要经过多年的耕耘才能达到损益平衡，以保证其后期的持续获利。

第三，投资报酬率。由于开发创业机会的过程本身就充满了各种不确定性，因此要设定合理的报酬率。一般而言，投资报酬率在 25% 以上的创业机会是被看好的，而低于 15% 时则一般不值得考虑。

第四，资金需求。一般而言，投资者更青睐资金需求量较低的创业机会。知识密集型的创业机会对资金的需求量不大，投资报酬通常会比较高。

第五，毛利率。一个有价值的创业机会，其毛利率通常比较高，因此相对风险也比较低，从而容易达成损益平衡。反之，新创企业就很容易就遭受巨大损失。理想的毛利率是 40%，而低于 20% 时则一般不值得再予考虑。

第六，策略性价值。一般而言，产业网络规模、利益机制、竞争程度等，与策略性价值密切相关，而创业机会为产业价值链创造的加值效果，也与所采行的经营策略、经营模式有很大关系。

第七，资本市场活力。如果能进入一个具有高度活力的资本市场，这个创业机会所能获得的回报就比较高，比较容易创造增值效果。

2. 创业团队面的评估准则

创业团队面的评估准则主要包括以下几方面。

第一，最佳团队组合。这是创业成功的最佳保证。最佳团队组合应该以领导能力卓越的创业者为核心，其周围团结着一群各具专业背景的成员，具有极强的组织内聚力，具有共同的价值观。因此评估创业机会，一定要重视创业团队组合的成分及其整体能够对外发挥的程度。

第二，产业经验与专业背景。创业者及其团队成员对于所要投入产业的相关经验和专业程度，也会影响创业是否获得成功的概率。

第三，专业坦诚。一个好的创业者及其团队成员，通常能够以理性客观的态度面对各项经营管理与技术专业工作中的各种问题。精明的投资者经常通过访谈判断创业团队的专业坦诚度，并作为是否支持该项创业的重要决策参考。

3. 个人面的评估准则

个人面的评估准则主要包括以下几方面。

（1）与个人目标契合程度

一般认为，创业机会与个人目标的契合程度越高，则创业者投入意愿与风险承受意愿自然也会越大，创业成功的概率也相对较高。因此在评估创业机会的时候，需要了解创业者的创业动机和个人目标。

（2）对于失败的底线

创业必然需要面对可能失败的风险。理性的创业者必须自己设定承认失败的底线，以便东山再起。因此，在评估创业机会的时候，也需要了解创业团队所能承受的失败底线。

（3）机会成本

一个人的一生是有限的，其黄金岁月也不长，通常为期30年左右，首先学习时间就占了很大部分，然后是发展期、收获期，而为了把握住创业机会，通常要放弃一些东西，也会获得一些东西，对得失进行评价。因此在决定进行创业之前，创业者及其团队成员都需要仔细思考创业所要付出的机会成本。必须经由机会成本的客观判断，获知创业机会对创业者及其团队成员的吸引力。

（4）风险承受度

每个人的风险承受度通常是不一样的，这也影响了创业机会的评估。一般而言，风险承受度太高或太低均不利于创业。创业者风险承受度太低，其决策就会过于保守，也就难以发掘到较好的创业机会。但风险承受度太高，其决策太过于激进、太冲动，通常使新创企业陷入险境。很显然，执行创业机会的人应该是一个能以理性分析面对风险的人。

（5）负荷承受度

创业团队的耐压性与负荷承受度，通常取决于创业团队成员愿意为新创业投入工作量的多寡。一般而言，负荷承受度较低，创业成功的概率就比较低。因此，负荷承受度也是评量创业机会的一项重要指针。

4. 策略特色面的评估准则

一个具有吸引力的创业机会，通常其本身都具有某些特色。在创业机会评估过程中，必然要发掘这些特色。可能影响创业机会成功的策略特色，主要有创业模式组合、团队优势、服务品质、定价策略、策略弹性、技术优势、进入时机、机会导向、销售渠道、误差承受力等。

六、创业机会的开发

开发创业机会是指创业者决定选择创业机会、构建创业所需的资源平台以及创造价值。创业者只有对创业机会进行开发后才能够获得相应的价值，进而获得创业成功。对创业机会进行开发要注意以下几方面。

（一）适合开发的创业机会的特征

1. 具有吸引性

只有具有吸引性、能够吸引消费者的创业机会才能带来盈利，才会被创业者所青睐，也才值得开发。

2. 具有持久性

创业机会客观存在于一定的市场环境之中，而市场的环境变化是持久的，因此，只有具有持久性的创业机会才值得创业者对其进行开发。

3. 具有及时性

环境是在不断发展变化中的，消费者的需求也在不断转移，因此，创业机会也应该具有及时性，能够随着消费者需求的变化而变化，否则就没有市场，也就不值得开发。

4. 具有客观性

创业机会总是客观存在于一定的市场环境之中的，一个企业未能发现的机会，会被另一个企业捕捉和利用。因此，一个值得开发的创业机会要具有客观性。

（二）创业机会开发的模式

当今企业之间的竞争，不单单是产品的竞争，还包括商业模式的竞争。因此，要选择合适的商业模式。一般来说，创业机会开发的模式主要有运营性商业模式和战略性商业模式两种。创业者要根据自己的实际情况选择适合自己的商业模式。

第三节　大学生创业的环境分析

创业要有创业的环境，一定的创业环境是创业成功必需的土壤。创业环境是影响创业的各种外部因素的总和。在良好宽松的环境里，创业者可以汲取到创业所需的各种养分，从而实现创业目标。而如果创业环境不宽松，存在过多制约因素，创业也就难乎其难。因此，大学生创业者只有对创业环境进行科学分析，寻找符合自己能力、条件和创业目标的创业机会，主动适应环境，才有可能获得创业成功。

一、创业环境分类

从是否直接影响创业的角度来看，创业环境可分为直接环境和间接环境。具体而言，直接环境包括客户、竞争者、供应商、员工、合作伙伴等，间接环境包括政治、经济、技术等因素。

从影响程度的角度来看，创业环境可分为宏观环境、中观环境和微观环境。宏观环境如国家的大政方针、国内外经济形势等；中观环境如一个地区的经济形势、社会发展，其实就是行业环境；微观环境如周边具体的环境、企业内部环境。

分析创业环境实际上就是分析外部环境的影响因素，包括存在的机遇和可能面临的挑战。外部环境是可变的，同时又是不可控的。因此必须对创业环境进行分析，从中发现创业有利的因素和不利的因素。

二、创业环境分析的内容

这里主要从影响程度的角度出发，对创业的宏观环境、行业环境和微观环境进行较为系统的分析与研究。

（一）创业的宏观环境

创业者为了适应环境、把握机遇，必须对相应的宏观环境因素进行分析。

1. 经济环境分析

经济环境分析就是分析国内外经济形势和需求市场。可以从经济增长率、通货膨胀率、失业率、外汇市场等来判断经济环境，并以此判断是否适合创业。具体而言，可对市场环境、市场竞争情况、资金市场、劳动力市场进行分析。

2. 技术环境分析

技术环境分析主要分析与所从事行业相关的科技发展水平及趋势。社会科技水平、社会科技力量、国家科技体制等，对创业活动起着直接或间接的影响，关系到对技术开发的投入、技术开发的方向和采用何种形式保护知识产权。分析技术环境需要经常进行技术检索，跟踪本领域的技术发展及趋势，及时采用最新的技术成果。

3. 社会环境分析

创业要有社会的支撑，因此需要进行社会环境分析。社会环境包括人口结构、生活习俗等社会文化因素，这些因素决定产品的需求和发展方向。

人是企业经营活动的基础和最终对象，人口的变化意味着市场规模和市场结构将会发生相应的变化。

任何企业的经营活动，都必须处于一定的社会文化环境中。由于社会文化环境在很大程度上影响着人的思想观念，生活习俗不同，由此也就形成不同的购买行为。创业者只有全面了解、把握消费者所处的社会文化环境，才能较准确地判断和分析消费者的需求，选择目标市场。

4. 自然环境分析

自然环境对创业也会产生一定的影响，因此很有必要对其进行分析。大学生创业者考察自然环境，主要是为了分析周围的环境能否提供行业所需的资源条件，包括自然资源的种类、数量和可用性，其是否适合创业项目的开展。同时，随着人们环保意识的增强，许多国家或地区制定了相关的环境保护法。大学生创业者必须顺应时代趋势，在生产经营的过程中维护好自然环境。当然，也可根据环保的需求发掘与环保相关的创业机会。

（二）创业的行业环境

行业是指提供同一类产品（或服务）或提供具有可替代性产品（或服务）的企业群。不同行业处于不同的发展阶段，表现出不同的经济特性。这些特性将对将要进入的行业，以及所要生产的产品能否带来良好的经济效益产生直接性、决定性的影响。分析行业环境的目的在于通过了解行业基本竞争情况、潜在的发展机会，帮助创业者做出正确的投资决策。

1. 行业的发展阶段

每一个行业发展都有自己的生命周期，会经历起步期、成长期、成熟期、衰退期。从本质上看，行业发展的生命周期取决于其所使用的关键技术的成熟程度，而技术也具有生命周期。如果在技术的衰退期有新的技术取代原有技术，行业的生命周期就会在技

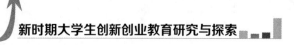

术扩散的过程中得以延续。

对创业者而言，行业发展不同的阶段会带来不同的机会和威胁。

（1）起步期

行业生产的关键技术尚且处于研制之中，还没有明确的消费群体，但也因此存在大量创业机会，先进入者通常拥有制定行业生产、技术标准的优势，不过风险也很大。

（2）成长期

行业刚刚形成，现有企业的规模、产品数量小，但能够给大学生创业者提供很多的创业机会。随着关键技术的逐渐成熟，企业陆续进入，行业规模迅速扩大，创业机会也越来越多。

（3）成熟期

行业发展稳定，企业间竞争激烈，市场需求趋于饱和，创业机会非常有限.

（4）衰退期

市场需求下降，新产品逐渐代替原有产品，许多行业纷纷退出，几乎不存在市场机会。

行业发展的四个不同时期带来不同的市场机会，其中，行业的成长期具有最大的机会，因此大学生创业者应该尽量在此阶段进入市场。

2. 行业的进入壁垒

一个行业的进入壁垒越大，潜在进入者进入的难度就越大。因此创业者在进入一个行业之前，必须了解进入该行业的壁垒。具体而言，阻碍潜在企业进入的行业壁垒主要有以下几方面。

（1）规模经济

规模经济可分为"最低经济规模"和"合理经济规模"。前者是刚好能使企业的单位产品成本维持在行业产品最低销售价格水平的生产规模；后者是能够使企业的单位产品成本低于行业平均投资盈利水平要求的经济规模。当一个行业的"最低经济规模"和"合理经济规模"过大时，行业的入门费（也就是预期报酬和实际报酬之差）也较高，管理也将面临较大困难。因为新进企业的加入会导致该行业的产品供给数量增加、价格下跌，这意味着新加入的企业不能再得到行业原有投资报酬水平；同时行业中原有企业会采取各种手段予以抵制，由此构成了行业的入门损失。

（2）所需投资量的大小

某一行业的"最低经济规模"和"合理经济规模"通常决定了进入该行业所需要的投资量，而该行业技术的复杂程度也起到同样的作用。一个行业所要求的生产经营技术

越复杂、技术难度越大，则进入的企业所花费的费用和所需投资就越多。

（3）产品差异

产品差异是指顾客对某产品所形成的消费偏好。面对这些产品差异，新进入企业要耗费大量的成本费用，以建立新的差异改变顾客对原有品牌的忠诚度。

（4）顾客品牌转移难度

顾客的品牌转移难度是指顾客对老品牌信任和偏爱的程度。顾客对于熟悉品牌的依赖程度越高，就越难接受新产品，进入该行业的难度就越高。

（5）资源的稀缺性

如果某一行业所使用的资源供应充足，就比较容易进入。反之，如果某一行业资源稀缺性越强，其进入难度越大。

（6）销售渠道限制

如果进入一个行业不能利用原有的销售渠道，就意味着要重新建立自己的销售渠道，其费用越高，进入该行业的难度也就越大。

（7）需求的稳定性

一般而言，人们对生活必需品的需求比较稳定，而对奢侈品的需求波动较大。消费者的需求状况对产品市场大小、稳定性有直接影响。一个行业的需求不稳定，就难以估计进入该行业的预期成果及风险大小，其进入难度就大。

（8）技术进步速度

技术进步的速度将对企业产品的生命周期产生直接影响。一个行业的技术进步速度越快，就越能缩短新老产品的更新时间，进入该行业的难度就越大。因为新老产品的更新速度极大地挑战着创业者的新产品的开发工作，创业者可能还没有开发出该行业原有的老产品，产品就可能由于技术进步的原因步入成熟或衰退期。或者是行业内其他企业新开发的产品严重冲击现有市场，从而使得潜在的消费市场趋于饱和。

（9）政府限制

如果企业选择了政府要加以限制或者整改的行业，那么进入该行业的难度就大。因此，大学生在创业之前就应该了解国家的宏观经济调控政策，避免限制行业。

（10）预期的反抗

行业中已有的企业对新进入企业的反抗越强烈，就越难进入该行业。具体而言，出现下列情况时，预期的反抗会比较大。

第一，该行业使用流动性很差的资产，资产转移困难。

第二，现有行业的发展潜力小，市场扩展的余地不大。

第三，现有行业的资源不充足。

第四，行业竞争激烈。

3. 行业的退出壁垒

行业的退出壁垒是指退出某一行业的限制条件，包括经济、战略、感情上的因素。具体而言，行业的退出壁垒主要包括以下几方面。

（1）资产的再利用性

资产的再利用性是指企业原有资产适用范围的大小。资产的再利用性越弱，就越难退出原有行业。

（2）善后处理费用

善后处理费用包括安置原有员工的费用，停用厂房、设备的维护费用，到期不能履行的订货合同、供应合同等的赔偿费等。善后处理费用越高，就越难退出该行业。

（3）社会压力集团的影响

如果社会压力集团反对退出原有行业，则会利用舆论谴责、政府立法等方面的力量，为退出原有行业设置障碍，造成企业难以退出的困难。

此外，感情也是一种退出原有行业的壁垒，包括主要领导、员工、顾客、公众、政府的感情。消费者对老产品、老行业的感情越深，就越难以退出该行业。

4. 行业的市场前景

分析创业项目所属行业的发展形势，有助于更好地了解、把握新创项目的盈利空间。大学生创业者可以采用迈克尔·波特的"五要素"竞争力模型分析一个行业的竞争状态与市场前景，以决定自己是否应该参与到该行业的市场竞争之中。

（1）行业内竞争对手的分析

同行业中的企业相互依存，但又相互竞争。当行业内企业规模很大、数量很少时，企业竞争的影响力通常特别大，甚至有可能改变行业结构。这种竞争越激烈，行业所获得的平均利润越低。

（2）替代品分析

替代品构成一种间接竞争，不同的行业来自替代品的竞争威胁程度是不一样的，目标顾客转向替代品的人数越多，行业内企业的盈利水平就越低。

（3）潜在的市场进入者分析

受行业利润的吸引，潜在的市场进入者通常会成为这一行业新的"入侵者"和竞争对手。他们也带来新的生产能力、物质资源，从而要求已有的市场份额的格局进行重新分配。

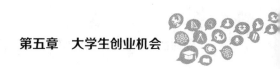

（4）购买方分析

购买方（经销商、消费者）对企业造成的威胁主要来源于其所具有的议价能力。购买方具有的议价能力越强，他们付出的价格就越低，行业所获得的平均利润就越低。

（5）供应方分析

供应方包括行业所有的外购投入如原材料、设备等的提供者。供应方的实力越雄厚，所具有的要价能力就越强，从而增加行业内企业的生产经营成本。

（三）创业的微观环境

微观环境如企业的营销渠道、竞争者、顾客、有关公众等直接影响企业营销活动，与供应商、营销中介商及公众等密切相关。

1. 供应商

供应商所提供的资源情况直接影响着企业的生产经营活动，尤其是在资源短缺时，供应商对企业所产生的影响更大。因此，大学生创业者在选择供应商时，应注意审评供应商的情况，注意可供物资的规格标准，寻求产品质量、交货期的准确性、信贷条件、担保和低成本的最佳组合。

2. 中介单位

中介单位是指协助企业推广、销售和分配产品给最终买主的那些单位，主要包括金融机构、中间商、实体分配公司、营销服务机构。

（1）金融机构

大多数公司和顾客都依赖各种金融机构为他们的交易融通资金，特别是新创企业非常有必要通过金融机构获取创业基金，因此大学生创业者必须与金融机构建立良好的关系。

（2）中间商

中间商包括代理商和经销商。其中，代理商是专门介绍客户或与客户磋商交易合同，替生产企业寻找买主，推销产品的；经销商是转售商品的企业，他们购买商品，再出售商品。因此大学生创业者必须与中间商建立良好的合作关系。

（3）实体分配公司

实体分配公司包括仓储公司、运输公司等。大学生创业者协助实体分配公司来储存、运输产品时，必须综合考虑速度、安全性、成本等因素。

（4）营销服务机构

营销服务机构是指协助企业选择最恰当的目标市场，并帮助企业实现商品销售的机构，如市场调研公司、咨询公司等。大学生创业者必须与营销服务机构建立良好的合作

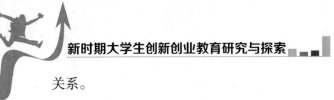

关系。

3. 顾客

顾客是企业经营活动的出发点和归宿。企业为了实现自己的经营目标，必须努力寻找自己的目标市场，即选择企业要为之提供产品、功能、服务的顾客。所以，顾客也是大学生创业所要考虑的一个重要的环境要素。

4. 竞争者

在行业分析中，竞争关系泛指所有对行业和行业内企业产生威胁和不利影响的方面，实际上，他们也存在着合作关系。根据竞争范围的大小，竞争关系可分为以下几个层次。

第一层是愿望竞争，指所有市场营销者为争夺消费者购买力而展开的竞争，他们用各自不同的产品去满足相同消费者的各种愿望，此为广泛的竞争关系。

第二层是类别竞争，又称平行竞争，指提供部分或全部替代性功能产品的企业所开展的竞争。产品的替代性越强，企业之间的竞争就越激烈。这是范围稍微窄一点的竞争关系。

第三层是在同行业企业的竞争中具有普遍代表性的竞争关系，指提供相同和类似产品的企业所开展的竞争，他们以不同的价格、不同的产品形式等来满足消费者需求。

第四层是指最为直接的竞争对手之间的关系，其竞争能力非常接近，提供相同产品，产品的形式、价格也相同。

5. 公众

公众是指对企业经营活动有实际或潜在的兴趣和影响的团体，一般来说，企业周围的公众有政府公众、地方公众、媒介公众、企业内部公众、市民行动公众、一般公众这几类。这些公众对企业的经营活动行为进行制约、规范、激励等。

第六章
大学生创业资源

创业资源是什么？如何获取和整合创业资源？"互联网+"环境下创业资源有什么新态势？又要如何整合？这一系列的问题都是"互联网+"时代下，创业者必须研究与分析的。

 第一节　大学生创业资源理论基础

创业资源在创业过程中扮演着不可或缺的角色，发挥着独特的作用。创业者需要有效识别各种创业资源，并且积极借助企业内外部的力量对创业资源进行有效的组织和整合，增强企业的核心竞争力，促进创业成功。因此创业之初有必要充分的了解创业资源是什么？有哪些创业资源？创业资源的作用有哪些等问题，这对正确理解创业过程的实施原则、结构特征、运行方式、发展路径和规律，掌握优化创业过程的科学方法，规避创业风险，提高创业者管理水平等，都有着重要的意义。

一、创业资源概述

创业是创业者在发现并把握机会的前提下，通过合理的整合有效的资源，向市场提供产品和服务的过程。可见，创业资源是创业过程必备的条件之一，在国家大力推动"双创"的大背景下，正确认识和合理地利用创业资源是创业成功的关键。本节将从概念、分类和作用介绍创业资源。

（一）创业资源的概念

资源是一个很宽泛的概念。《辞海》对资源的解释是："资源的来源，一般指生产资料和生活资料天然的来源。"联合国环境规划署对资源的定义是："所谓资源，特别是自然资源，是指在一定时期、地点、条件下能够产生经济价值，以提高人类当前和将来福利的自然因素和条件。"《经济学解说》将"资源"定义为"生产过程中所使用的投入"。由以上定义可以看出，创业资源属于资源的一个重要部分。

近年来，学者们对创业资源概念的研究与探讨越来越多，学界已经形成了以下观点。

熊彼特以"新组合"为核心，认为，"创业本身就是实现生产资源（要素）和生产条件的新组合的过程。"其本质是强调创业过程中创业者对不同资源要素的创新整合与利用。

创业资源是指为了实现创业目标在整个创业过程中所运用的各类有形资源与无形资源的总和。

Barney 认为："创业资源是企业为了实现自己的目标，在为社会提供商品和服务过程中，自身具备的或者能够驱使的因素或者各种因素的组合。"

林强和林嵩以"高科技创业企业"研究为前提，认为："创业资源是高科技企业创立以及成长过程中所需要的各种生产要素和支撑条件"。

Grande，Madsen&Borch 认为："创业资源是创业企业赖以赢得创业机会并且设定企业战略的基础，同时能为企业带来价值，增强企业的竞争力等作用的一种特殊资源。"

综上所述，创业资源在可以理解为：在遵循创业过程的规律和市场配置资源的决定性作用的前提下，创业者或者创业企业为实现其创业目标，能够利用、整合与控制的各种有形和无形的资源要素及其创新组合。

"创业者或创业企业"是利用创业资源的主体即创业主体；"利用、控制或整合"是指创业主体对创业资源获取与使用的具体途径和方式；"有形、无形"指创业资源的存在形态；"资源要素及创新组合"是不仅要考虑创业主体创造价值的方式和投入产出，而且也要关注其对要素的创新组合利用。

（二）创业资源的分类

资源就是任何一个主体，在向社会提供产品或服务的过程中，拥有或者能够支配地实现自己目标的各种要素以及要素组合。创业资源是企业创立以及成长过程中所需要的各种生产要素和支撑条件，是新创企业创业初期在创造价值的过程中需要的特定的资产。在创业过程中，不同的创业主体对创业资源的需求存在差异性。因此，了解创业资源的分类是创业主体利用资源开展创业活动的前提条件。

　　创业资源分类是以创业所需资源的性质、来源、构成以及具体功能等为依据，把具有共同属性的创业资源归类，将杂乱无序的资源变成便于识别和利用的有序资源。创业资源分类不仅能实现创业资源的有序获取、管理和整合，同时也为提高资源利用效率奠定基础。

　　创业资源是一个庞大复杂的资源体系，其类型可以从不同视角划分。例如，以资源的来源为标准，创业资源可分为自然资源和外部资源；按照其在创业过程中发挥作用划分，可以分为生产型资源、经营型资源、战略性资源和工具性资源；按照资源在创业过程的参与程度和可获得性划分，可以分为直接资源和间接资源；按照资源的存在形态划分，可以分为有形资源和无形资源；按照资源的性质划分，可分为财务资源、物质资源、人力资源、信息资源、政策资源、科技资源、社会资源等。

　　直接资源包含财务资源、人力资源、物质资源和科技资源四类。

1．财务资源

　　财务资源指创业者进行创业活动所需要消耗的，能够以货币衡量的，企业所拥有和控制的物质资源和非物质资源。一般包括企业的流动资金、固定资产、债券、股票等。财务资源获得途径一般有：自有资金、股权融资、债权融资、政策性贷款、金融租赁和政策扶持资金及公益援助等。

　　创业资金的获得一般有以下几个途径

　　（1）自有资金

　　这个主要是自身的存款，一般工作几年的人或多或少都有点存款，这一部分的钱是自己创业的基本基金。

　　（2）股权融资

　　是指创业者或中小企业让出企业一部分股权获取投资者的资金，让投资者占股份，成为股东，而不是借贷，是带有一定风险投资性质的融资，是投融资双方利益共享、风险共担的融资方式，对于不具备银行融资和资本市场融资条件的中小企业而言，这种融资方式不仅便捷，而且可操作性强，是创业者与中小企业现实融资渠道。

　　（3）债权融资

　　是指创业者或中小企业采用向银行等金融机构贷款或者向非金融机构（民间借贷）借款的形式进行融资，在一定期限满后当事人必须偿还本金并支付利息。向金融机构贷款需要具备抵押、信用、质押担保等某一条件，民间借贷更多的是依靠信用和第三方担保的形式。

（4）政策性贷款

是指政府部门为了支持某一群体创业出台的小额贷款政策（比如下岗失业人员小额贷款政策），同时也包括支持中小企业的发展建立了许多基金，比如中小企业发展基金、创新基金等。这些政策性贷款的特点是利息低，微利行业政策贴息，甚至免利息，偿还的期限长，甚至不用偿还，但是要获得这些基金必须符合一定的政策条件。

（5）金融租赁

是指出租人根据承租人选定的租赁设备和供应厂商，以对承租人提供资金融通为目的而购买该设备，承租人通过与出租人签订融资租赁合同，以支付租金为代价，而获得该设备的长期使用权。对承租人而言，采用融资租赁方式，通过融物的方式实现了融资的目的。

（6）政策扶持资金及公益援助

政策扶持资金是指根据政策文件参加政府帮扶事业项目而取得的资金，公益援助是指参加政府或社会的公益性质组织的帮助而取得的资金，例如四川省扶贫基金会联合微聚元平台发放的创业基金。

2. 人力资源

人力资源指社会具有智力劳动能力和体力劳动能力的人的总和，包括数量和质量两个方面。创业资源中，人力资源主要指创业团队所拥有的对创业成功有推动作用的知识、经验、技能、体能、社交等非物质资源的总和。人力资源是创业资源结构中处于核心地位的战略性资源，创业者要积极投入创业实践，并在此过程中不断开拓、探索，合理的发挥人力资源作用。

3. 物质资源

物质资源指为创业活动所需要的各种有形生产资料，一般包括企业的机器设备、厂房等。创业者在创业过程中要从控制成本和优化资源配置角度出发，提高物质资源的利用效率，让有限的资源发挥出最优效能。

4. 科技资源

科技资源主要指创业者所掌握的技术以及技术应用过程需要的专业设备、专业人才、专利等有形资源。科技是第一生产力，创业者掌握关键的科技资源能使其在激烈的创业竞争环境中抢占先机。特别是技术型创业，其核心资源就是技术。

创业的间接资源包含信息资源、政策资源、社会资源和管理资源四类。

1. 信息资源

信息资源包括经济数据信息、品牌与口碑、信息人才等。信息资源与物质资源相比，

具有稀缺性、复杂性、多样性等特点。有效合理的利用信息资源是创业者做出科学决策的关键。

2. 政策资源

政策资源主要是指政府为鼓励和引导创业制定的一系列税收优惠，财政补贴，政府采购、科技鼓励政策。政策制定作为国家宏观调控的重要手段，起着"导航灯"的作用，创业者要充分关注并利用政府的各种优惠政策，促使企业健康、快速、稳定成长。

3. 社会资源

社会资源主要指创业者在生活中积累起来的社会关系网，是一种无形的关系资源。拥有较多社会资源的创业者一般情商高、人格魅力强，善于社会交际应酬。开发社会资源是创业者的重要任务。

4. 管理资源

管理资源包括市场营销策划、生产经营的规章制度和正规化企业管理咨询等。在创业初期，创业者拥有的资源是有限的，要让有限的资源发挥最大效益，就必须发挥管理资源的协调、组织和控制功能。

当今社会的飞速发展给创业者提出一个新的信息时代的视角，信息资源对很多创业者来说就是成功的机遇，而机遇瞬间即逝，要善于整合把握。

信息资源与人力、物力、财力以及自然资源一样，都是创业企业的重要资源，因此，应该像管理整合其他资源那样管理整合信息资源。

我们从工业化时代走向信息时代，随着信息技术的发展，信息与日常生活、工作越来越密不可分，最直接的体现就是信息量陡然增大，信息流转加快；但也同时带来了一个问题，就是信息爆炸，各种信息充斥在我们周围，创业如何在最有效的时间内获得最有效的内、外部信息，抓住成功创业的机遇却往往成了一个难题。

所谓天时地利，很多时候不是它们不出现，而是当它们出现时，你能否发现并把握；对于创业者来说，这点更显得至关重要，创业要抓住机遇，这就是"人和"的力量。

创业企业信息化的最高层次是决策，它具有前瞻性。

企业在做决策时，关心的问题是来自包括竞争对手、政府、行业、合作伙伴、客户等在内的周边环境的变化。在对变化的预测、分析的基础上做出尽可能合理的决策，这个层次上的企业信息化通常针对创业以及高层管理所遇到的问题。对创业者而言，信息是不对称的，了解分析包括竞争对手、政府、行业、合作伙伴、客户等在内的周边环境的变化信息，我们才能做到"知己知彼，百战不殆"，才能做到"有的放矢"，集中精力财力人力抓住转瞬即逝的成功机遇。

对于信息资源，整合当然包含有管理的内涵。

既要整合管理好企业外部的资源，抓住企业好的发展机遇，又要整合管理好企业内部的信息资源ｊ进行信息资源的规划。

信息资源规划即是指通过建立全企业的信息资源管理基础标准，根据需求分析建立集成化信息系统的功能模型、数据模型和系统体系结构模型，然后再实施通信计算机网络工程、数据库工程和应用软件工程的一个系统化的企业信息化解决方案，以使企业高质量、高效率地建立高水平的现代信息网络，实现信息化建设的跨越式发展。

（三）创业资源的作用

不论是创业初的企业成长，还是在创业后的企业扩张，创业资源都发挥着重要的作用。创业者在利用创业资源时要注意两点，如何实现资源的厚积薄发；如何实现资源的有效合理利用。创业资源有直接资源和间接资源之分，一般直接资源发挥基础作用，如财务资源、人力资源、科技资源等，间接资源发挥辅助作用，如政策资源、信息资源等。不同类型的资源对新创企业发展的促进作用存在一定的差异性。

1. 直接资源对企业创业初期的发展发挥基础促进作用

在创业初期，足够的资金将有利于推进企业发展。企业不论是进行产品的研究与开发，还是具体的生产销售都需要大量的资金。一般而言企业创业初期缺乏抵押能力，很难从银行得到足够的贷款，这更使得资金资源成为创业的瓶颈。因此，如何有效地吸收资金资源是每个创业者都极为关注的问题。

人才对于高科技企业的成长和发展越来越重要。事实上，当代企业管理中的人才已经由传统的"劳动力"概念转变为"人力资本"的概念。高素质人才的招募和培养成为现代企业可持续发展的关键。对于高科技企业来说，因为其更大的知识比重，人才资源则更为重要；科技资源的重要性不言而喻。初创企业积极寻找引进有商业价值的科技成果，加强和高校科研院所的，学研合作，将有助于加快产品研制和成型的速度，缩短产品进入市场的时间，有效提升企业竞争力①。

2. 间接资源通过对直接资源产生影响，进而对企业创业初期的发展起到辅助促进作用

从中国的创业环境看，发展高科技企业需要制定相应的扶持政策，只有在政策允许和鼓励的条件下，新创企业才能获得更多的国内外人才、贷款和投资、具有明确产权关系的科技成果等资源。政策资源是公共资源，所有同质的高科技企业都可以享受，但新创企业更应该重视政策资源。专业机构对于信息的搜集、处理和传递，可以为创业者制定研发、采购、生产和销售的决策提供指导和参考。对于高科技新创企业来说，由于竞

争激烈，更加需要丰富、及时、准确的信息，以争取到更多的要素资源。

3. 创业资源利用不合理对新创企业成长可能产生阻碍作用

创业者整合利用创业资源的目的是为了提高资源的利用效率、改善资源的利用情况和优化资源的配置方式，最终促进企业的整体成长与发展。

无论是直接资源还是间接资源，创业者若能够合理有效地利用，势必会推动新创企业的发展。反之利用不当，则会减缓甚至阻碍企业的发展。因此，创业者在利用创业资源时要注意区别发挥不同作用的资源类型，不要盲目整合利用。

二、创业资源的获取方向

新创企业往往无法拥有创业所需的所有资源，甚至大多数新创企业面临资源约束问题，资源获取则成为创业初期需要解决的关键问题。企业创业资源的构成是复杂多样的，创业者要在激烈的竞争环境中创业成功就必须要学会如何有效地获取创业资源。理清获取创业资源的影响因素、途径和机制等，将有助于创业者更好地获取资源。

（一）创业资源获取的影响因素

创业资源的获取受诸多因素的影响，包括创业者个人特质、创业导向、社会网络、投机导向等。

1. 创业者个人特质

创业者作为创业的核心，其特质直接影响着整个创业活动的成功与否。创业个人特质主要是风险承担倾向、成就需求和内控型人格三方面。

风险承担倾向指创业者个体面对风险的态度或者创业个体针对风险所采取的可能的行动；成就需求是一种促进人们去寻求创业位势以便比其他职位获得更多的成就满足的需求。创业不是个人行为，它是一个团队共同努力的结果；内控型人格的创业者认为创业的成功与否取决于自身的努力和能力。创业者所拥有的个人特质表现为个人能力，团队合作能力、沟通能力、外部协调能力和组织能力等。不论是创业者个人的抽象特质，还是特质具体的表现形式——"能力"都影响着其创业资源的获取。

2. 创业导向

创业导向最初来源于战略选择视角，是指新进入行为的程序、活动和决策行为。它是一种资源消耗的战略导向，在其实施过程中，需要识别和开发新机会，产生资源需求，从而对资源获取产生影响。因此，在研究创业导向对资源获取的影响时，可以将机会识别和机会开发作为重要的中间路径。在机会识别过程中，创业资源主要对知识资源的获取产生影响，在机会开发过程中，创业导向主要对运营性资源产生影响。在企业创业过程中，根据创业所处不同阶段注意培养创业者的创业导向。

3. 社会网络

社会网络是行为主体之间的各种关系总和。它在企业资源获取过程中发挥重要作用，是资源获取的重要途径。创业者的社会网络特征、社会技能以及网络活动是影响其获取创业资源的重要因素。首先，创业者的社会网络规模影响资源获取的效果，规模越大嵌入在网络中的资源就越丰富，创业者就能获取足够数量的创业资源；其次，创业者充分利用自己的社会技能，积极地构建与拓展各种网络关系，帮助其突破各种障碍，有效地获取所需的各种创业资源。可见，创业者把握好社会网络特征、社会技能以及网络活动，有利于新企业的成长和发展。

4. 投机导向

创业领域认为投机导向是企业应对外界多变环境的一种战略导向，反映了企业的战略倾向。投机导向能够帮助创业者识别创业机会，影响企业的创业资源的获取。投机导向从市场和技术两个途径，影响创业者的组织学习，进一步影响企业资源的获取。

企业创业在内部发生时，一般新业务由旧业务的收入来支撑，所以资金来源显得有保障。在这种资金获取办法下，由于新业务本身不但没有收益，反而必须投入大量的资金而导致"新业务招损"，因此，可能打击旧业务员工的积极性，对企业发展不利，特别是当企业从专业化向多元化转变时更是如此。解决这个问题的办法有：对新项目使用种子资助资金，采取内部风险投资的方式，或其他有偿使用资金的办法。

企业创业的另一个问题是人才支持。当项目处于种子阶段时，主要由少数几个人在运作和管理，一旦进入了孵育发展阶段，就必须有得力的人才来进行规划管理，因此，这里也存在一个新、旧项目争夺人才的问题。为了使新、旧项目的发展不受人才问题的影响，企业必须注意在发展过程中培养新的人才，稀释各部门的人才密度，给人才加压力。

企业创业相对首创业来说，一个大问题是创业者的工作时间和精力难有保障。一般来说，企业内部的创业者既要完成当前的工作，又要进行开发工作，因此，工作时间分配经常顾此失彼。为了保障员工有充足的时间来孵化创新性的想法，组织应该从制度上给他们以保证，同时调整他们的工作负担，避免对员工各方面施加过多的时间压力，允许他们长时间解决创新问题。如柯达公司的创业者可以将20%的工作时间用于完善创业设想；如果设想可行，创业者可以离开原岗位。

企业创业是一种以市场为导向的活动，市场对新产品的接受程度直接关系创业成败，但开始时，新产品在市场中几乎不为人所知，因此，企业必须集中销售资源，致力于新产品的市场开拓。这里也存在新、旧项目营销资源竞争的问题。为了解决这个问题，企业必须加大营销投入。

（二）创业资源获取的途径

创业者在创业过程中，获取创业资源的基本途径主要有三类，即购买、联盟和并购。购买是指通过市场交易购买所获得的资源。然而很多资源很难通过市场交易购得，它们通常附着于某种非物质资源上，比如说知识，尤其是隐性的知识。联盟是指新创业与其他的企业或组织共同开发资源，使用这种方式是因为企业无法独立完成资源开发并且无法在市场上购买相关资源。但形成资源联盟是有前提的，联盟的企业需要在资源、能力等方面互补，并且存在共同目标，双方在联盟前要进行磋商，保证联盟对双方都有益。并购是指通过并购股权或者资产来获取资源，这种方式把企业的外部资源变成了内部资源。并购也有前提，即双方资源要具有高关联度，尤其在知识等新资源上。

获取外部资源的途径：在走出利用他人资源的第一步的同时，创业者也必须了解获取外部资源的各种途径，从而为 OPR 战略（即运用他人资源战略）提供方向。

1. 获取创业计划的途径

成功的创业计划对创业而言是一个重要的资源。实践表明，创业者可通过以下途径来获取商业计划；（1）吸引他人以商业计划作为知识产权资本，加入自己的创业团队，成为未来新创企业的一个股东；（2）购买他人已有的创业计划，但应注意要进行理性甄别，并借助专家力量对该计划进行完善；（3）构思自己的创意，委托专业机构研究、编制创业计划。

2. 获取外部资金资源的途径

对于外部资金的获取，一般可通过以下四种途径获得：（1）依靠亲朋好友筹集资金，双方形成债权债务关系；（2）抵押、银行贷款或企业贷款；（3）争取政府某个计划的资金支持；（4）所有权融资，包括吸引新的拥有资金的创业同盟者加入创业团队，吸引现有企业以股东身份向新企业投资、参与创业活动，以及吸引企业孵化器或创业投资者的股权资金投入等

3. 获取起步项目所依赖技术或人才的途径

创业企业需要项目起步所依赖的技术或人才，其方式有：（1）吸引技术持有者加入创业团队；（2）购买他人的成熟技术，并进行技术市场寿命分析等；（3）购买他人的前景型技术，再通过后续的完善开发，使之达到商业化要求；（4）同时购买技术和持有者。

4. 获取技术、市场与政策信息的途径

一般而言，获取技术、市场及政策信息的途径主要有：政府机构、同行创业者或同

行企业、专业信息机构、图书馆、大学研究机构、新闻媒体、会议及互联网等等。对于这些信息的获得，创业者可以根据自己的实际情况与各种方式的特点，选择一种或多种方式，尽可能获取有效的需要的信息。

5. 营销网络建设途径

产品要走向市场，换回用户的"货币选票"，要求企业拥有可靠的营销网络。一般情况下，新创企业可通过以下途径拥有未来的营销网络：（1）借用他人已有的营销网络，使用公共流通渠道；（2）自建的营销网络与借用他人营销网络相结合，扬长避短，使营销网络更适应于新创企业的要求

（三）创业资源获取的机制

根据资源获取机理和获取策略的不同，可以将创业资源获取机制分为以下几类。

1. 根据资源获取机理划分

资源获取机制包括市场机制、溢出和扩散效应、竞争合作关系、政府指导性机制四种途径。

利用市场机制获取资源的途径。企业与外部资源主体主要通过市场渠道实现资源的整合与交换。按照市场交换的规则，企业可以与大学、科研机构、融资机构和中介机构等相关主体实现人才、资金和技术三个方面的交换和整合。

利用溢出和扩散效应获取资源的途径。在资源获取时，企业在交换过程中所形成的交换痕迹会随着行动者的轨迹进行溢出和扩散，进而影响行动者的后续交换活动。所以企业应该与外部环境保持良好的关系，并不断强化这种积极正面的作用。

利用竞争合作关系获取资源的途径。竞争与合作既是企业获取资源的一种战略选择，也是企业间长期博弈的均衡状态。企业可以通过与提供技术的大学、科研机构合作来实现资源的整合与交换，同时，也加大了对稀缺的有价值的资源的整合和利用。

利用政府指导性获取资源的途径。政府是比较特殊的行为主体，通过它对规则制定、法规实施、中介机构管理等方法，实现它与其他环境主体之间的相互作用，以改变和优化资源获取环境。

2. 根据资源获取策略划分

资源获取机制包括：

第一，以工具性资源获取生产性资源。具体阐述了新创企业以财务、人力等物质资源换取物质和技术等生产性资源的策略。

第二，以无形资源来获得有形资源。如社会资源、人力资源都是无形资源，通过它们可以获取财务资源、技术资源、物质资源等有形的资源。

第三，以内部资源来获得外部资源。企业生存受到外部环境市场波动的影响。若市场动荡，企业要付出更多努力才能获得资源。所以，新创企业与外部顾客、供应商、竞争者以及其他机构的主体进行资源的交互活动对企业的发展非常重要。

三、创业资源的整合

创业资源整合是指创业者在创业初期，将从不同途径获取的零碎的、无序的资源，按照科学合理的原则，系统有序地进行重组，形成新的资源融合体系。创业主体在整合创业资源过程中，要结合其所处的具体创业环境，有所取舍的综合整合各种资源，在实现资源的优化配置、提高资源利用效率的同时，又要注重让创新在资源整合中发挥作用。

（一）创业资源整合的作用

在当今激烈的企业竞争中，对新创企业资源整合能力的考察很重要。用最小的资源量获得好的收益是企业间竞争的一个新的角度。创业资源整合的作用主要体现在以下两方面。

1. 提高企业核心竞争力，促进企业可持续发展

资源的获取和整合伴随整个创业过程。创业者需要有效识别各种创业资源，积极借助企业内外部的力量对创业资源进行组织和整合，提升企业的核心竞争力，促进创业成功。创业资源对于创业的意义不仅仅局限于单纯的量的积累，创业过程实质上是重新整合各类创业资源获取竞争优势的过程。因此，在企业资源管理任务中，需要采取相应的整合策略，提高企业资源整合能力，有效地提高企业整体的资源竞争力，从而增强企业竞争优势。

2. 有利于优化企业管理方式，提升企业经营绩效

企业是一个管理性组织，企业要对已有的经营思想、管理模式、人事制度等内部资源进行整合，因地、因时制宜，以适应经济全球化的需要。

如果企业墨守成规，企业管理将跟不上外部资源更新脚步，失去获得更好的外部资源的机会。管理者需要根据时代经济发展的新潮流、新趋势，提高自己内部管理的科学性、合理性，获得外部关注和发展。在经济全球化过程中，资源整合是企业绩效的重要源泉。通过对企业内外资源、传统资源与新资源、个体资源与组织资源、横向资源与纵向资源等资源实施有效的整合，企业可以创造出新的资源，从而提升经营绩效气

3. 怎么资源整合

这是一个企业建设的经验法则：如果你不准备建立双赢的人脉关系，不要浪费时间塑造人脉圈子。

（1）了解你的目标市场

花一些时间做研究，可以让你更好地了解自己的目标市场。策略性地选择自己的人脉十分重要。计划参与一些能让你直接联系到目标市场的活动，或让别人为你介绍目标市场。

成功秘诀：如果你想让人脉为长期的业务建设带来成果，关键不是认识很多人，而是认识正确的人．

（2）了解什么可以帮助你建立人脉关系

当准备建立你的人脉关系时，问自己：为什么别人会想要和我建立人脉关系？建立良好的人脉关系不仅仅关系到你会获得什么，同时也关系到你能为他人带来什么价值。你愿意在塑造一个双赢的人脉圈子始终如一地花费时间和精力吗？

成功秘诀：当人脉能让双方互利双赢，它就是一个强大的商业工具。

（3）建立人脉圈子的目标

你必须对人脉关系是如何融入你的整体业务建设计划有一个真实的了解。建立人脉圈子的目标是什么？你如何衡量人脉关系的成功？

成功秘诀：别在参与建立人脉圈子的活动时无所事事：知道你想要完成的任务，怎样完成它以及如何完成它。换句话说，建立人脉的目标是什么？

（4）人脉关系法则：提供价值而获得价值

一个成功的人脉关系建立者知道自己所提供的价值能否稳固双赢的人脉关系，而非单单是他能从中获得什么，更重要的是一个愿意付出的心态。

成功秘诀：记得"互惠法"：你付出的任何形式的价值，无论是服务或金钱，会让你收到相同或更大的价值回报。

（5）及时跟进，发展和保持双赢关系

如果你不打算跟进你遇见的人，留在家里，不要浪费自己或是他人的时间。整个人脉建设的目的是开发稳定共赢的业务。业务建设的关键不是在于收集名片，而是建立了稳固的合作关系。

（二）创业资源整合的方式及原则

拥有独特的资源并不是企业创造价值和获得市场竞争能力的充分条件，充分利用一切能够利用的资源，才是企业提高企业绩效的途径。因此，企业需要谨慎选择合适的资源整合方式对获得的资源进行管理。企业的资源整合方式可划分为稳定调整的资源整合方式、丰富细化的资源整合方式和开拓创造的资源整合方式三种。

稳定调整的资源整合方式是基于现有的企业资源，针对其数量和质量进行小范围的

修补、改进与提高。稳定调整的资源整合方式属于渐进性的整合方式。

丰富细化的资源整合方式则是保持现有资源与能力的前提下，以提升资源先进性为目的，对企业已有资源与能力进行扩展。这两种方式都是在现有资源基础上，进行保持、改进与扩展，没有对新资源的探索。

开拓创造的资源整合方式不同于上述两种方式，它强调企业需要通过探索性的学习，在原有资源基础上引入新资源，并针对所有资源进行创新性的组合。

创业过程所需要的创业资源以及面临的挑战是复杂多样的。创业者能否在实践中做到有效的资源整合是决定创业是否成功、企业是否持续发展的关键。创业者在整合创业资源时，可以参照以下原则。

1. 相关性原则

这一原则要求创业者具有独特的眼光和长远的见识，他能在众多利益群体中，搜寻出与自己利益相关的组织或个人。创业者可以将识别出来的利益相关者，按照一定的系统标准进行分类运用，甚至可以给某些无关联的利益者建立利益关系，为自己创造新的机会。

2. 沟通性原则

在当前激烈的市场竞争下，创业者想要获得更多的创业资源就必须要学会沟通，以争取更多的合作伙伴建立合作、互信和共赢的资源共享机制。沟通是创业者与利益相关者之间相互了解的重要手段，他们之间信任关系的建立有助于资源整合，降低风险，扩大收益。创业者要试图构建顺畅的沟通机制，培养和训练出良好的沟通技巧与策略。

3. 共赢性原则

在共同利益下实现共同发展是当代社会竞争的一种新模式。不论从企业内部的组织，还是从企业外部的市场，判断企业竞争发展需要寻求共同利益。共同利益的实现需要共赢的利益机制做保证。共赢多数情况下难以同时赢，更多是先后赢，创业者要设计出让利益相关者感觉到赢，而且是优先赢的机制。

4. 关键性原则

在整个创业过程中，企业会拥有各种各样的资源。创业者必须控制好在创业过程中的关键性资源，在资源的整合过程中也要注意对关键资源的整合。

5. 学习性原则

人力资源一直是企业持续发展的根本，人才战略也应当是企业发展的重要战略。当前复杂的经济环境与实现"双创"的大背景，使得创新成为新创企业获取发展的关键突破口，是企业实现跨越式发展的必由之路。为此，创业者在整合人力资源时要注意对创

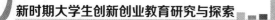

新型人才的培养与整合，建立有效的激励机制，促进企业员工创新思维与潜在创新能力的开发。

第二节　"互联网+"环境下的创业资源

随着中国经济进入"新常态"的发展格局，信息技术作为促进社会发展变革的重要驱动力，在中国这场经济转型升级的"大革命"中，为我们创造出一个崭新的世界。"互联网+"不仅是当前新一轮信息技术变革的重要载体，也是一种新的经济形态，它为经济发展提供了内在的动力，成为经济发展创新因素良好的土壤，奠定了社会经济发展的物质基础。

互联网时代的创业信息具有及时性、碎片化、场景化等特点。信息传播的扁平化和无边界使得时间和空间不再是限制因素，资源壁垒被打破，资源使用效率和领域大大提升，和这个时代相得益彰的云计算、大数据、TMT、O2O等技术和商业模式，使资源利用更加多元化、多渠道、系统化。正如海尔首席执行官张瑞敏所说，"没有成功的企业，只有时代的企业"。"互联网+"时代的到来，不仅给处于经济发展"寒冬"的中国注入一股新鲜的活力，也给创业者带来新的机遇与挑战。创业资源是创业者们获得创业成功的关键要素，是新生企业建立与发展的重要推动力。那么，创业者为适应"互联网+"时代变化，发现新的创业机会和探寻新的资源整合利用方式，就必须清楚以下问题的答案——在"互联网+"大背景下，创业资源有哪些新特点、新趋势、新作用？不同类型创业资源有什么不同？

一、"互联网+"环境下的创业资源新态势

"互联网+"指的是依托互联网信息、技术实现互联网与传统产业的联合，以优化生产要素、更新业务体系、重构商业模式等途径，完成经济的转型和升级。我国高度重视"互联网+"在各行各业的应用，并将"互联网+"提升为国家发展规划——"互联网+"行动计划。但是"互联网+"不仅仅是我们通常认为的"互联网+"与各类传统产业的有机结合，也是指互联网的思维与理念日益渗透我们的社会生活中，改变着我们的生活方式。"互联网+"与传统行业融合过程，一方面给传统产业带来新的发展契机，另一方面也给创业者缔造更多新的创业机会，如互联网金融、"互联网+"电子商务等。

（一）"互联网+"环境下创业资源的新特征

"互联网+"环境下创业资源具有四个特征：种类多样化、结构高级化、形式虚拟

化和市场开放化。

1. 种类多样化

在"互联网 +"时代，大数据、物联网、云计算等技术的渗透使得创业资源的种类更为丰富。一方面，传统的创业资源与"互联网 +"各种技术有机融合，让传统资源成为具有时代特征的"新"资源，如资金资源与"互联网 +"融合后形成互联网金融资源；另一方面，由于"互联网 +"具有工具特性，其自身也是一种重要的创业资源，是创业者在"互联网 +"背景下创业必须拥有的资源。创业资源种类的多样化，不仅让创业者能够得到资源类型更多，同时也滋生了更多创业机会，这对于创业者具有十分重要的意义。

2. 结构高级化

在"互联网 +"的驱动下，生产者结构与区域产业结构在逐步升级转型，这一过程中高素质劳动者、高新技术和对称的信息等因素成为推动经济发展的主力。新的经济转型升级与新的创业资源需求打破了原有的创业资源结构，各种高素质人才、技术、信息等"软"资源成为"互联网"时代核心创业资源，传统的资本、物质、政策等"硬"资源在创业过程中的重要性正逐步减弱。由"硬"资源为主到"软"资源为主的转变，正是实现创业资源结构高级化的过程。

为适应时代发展变化，不论是新企业的创建，还是传统产业的转型升级，都要努力实现资源由"硬"到"软"的转变，发挥"软"资源重要的作用，进而促使资源结构高级化。

3. 形式虚拟化

创业资源在"互联网 +"的大环境下，衍生出新的形式——虚拟化。创业资源的虚拟化主要是指资源的数据化和网络化，是创业者以大数据、云计算和物联网技术为基础，将各种社会生活的资源进行数据化处理，通过系统有序的挖掘和分析，以网络化形式展现。这种线上、线下相结合的资源表现形式，可以将各种零碎的、无序的资源有机融合，是"互联网 +"时代实现创业资源跨界共享利用，降低成本的有效形式。新时代下，创业者要充分利用创业资源的虚拟化特征，凭借后发优势，掌握关键的新信息和新机遇，实现跨越性发展。

4. 市场开放化

除了种类多样化、结构高级化、形式虚拟化之外，"互联网 +"赋予创业资源另一个新特征—市场开放化。

在"互联网 +"与各种资源融合的大背景下，市场开放化主要是指创业者获取资源的类型和方式，完全由创业者自己在开放的资源市场中去争取，较少受信息不对称、服务不对称等问题的限制。资源市场对于任何一个创业者都是平等的、无差异的。资源市场开放化的最大优势在于实现资源的共享。资源共享对处于创业初期的创业者尤为重要。

5. "互联网 +"未来发展趋势

趋势一：政府推动"互联网 +"落实

"互联网 +"是全国性的，各地政府都会提出建设主方案，然后招标或者外包给能够帮助企业做转型的服务型企业去具体执行。在今后长期的"互联网 +"实施过程中，政府将扮演的是一个引领者与推动者的角色。

趋势二：平台（生态）型电商再受热捧

在电商方面，平台型电商及生态型电商会广受关注，包括大型平台及地方平台，无论是淘宝、京东还是某地的小型商城，将会有更多的传统企业与其接洽。甚至这些平台会专门成立独立的"互联网 +"服务公司，更深入企业内部。对于传统企业而言，在初期的转型实操上，更多企业会选择加入一个平台或者生态。一来可以从平台或者生态上积累部分资源并学习其运营模式，二来可以避免自搭平台运营失败的情况出现。加上平台或生态，也能更好地认知自身的资源优势与不足，通过与其他商家合作，了解整体产业链布局，建立格局观。

趋势三：供应链平台更受重视

供应链平台会成为重中之重，专门设计和研究供应链的商家会成为构成传统企业新商业模式主架构部分的服务者，这是每一个接受"互联网 +"的企业应该遵循的。企业及行业转型的根本是供应链的互联网化，也是供应链的优化与升级。对于一个传统企业来讲，人员架构可以变得像传统企业一样扁平，技术人员也都可以配齐，考核制度也可以效仿互联网企业，但是更底层的供应链改造是个非常困难的问题。

趋势四：O2O 会成为"互联网 +"企业首选

O2O 将会大受重视，O2O 已经成为当前商业都在探讨的话题，只是 O2O 不算商业模式，只是一种形式，广大传统企业可以借用这种方式而进一步改造原有的商业模式。同时，作为连接线上及线下的新商业形式，会成为当前广大传统企业的首选，O2O 相关的资讯公司及研究单位会受重视及热捧。在"互联网 +"被提出以后，很多认为在线上线下产业相融合的大趋势下，O2O 已经没有位置了，这个看法我们持有不同意见。

趋势五：加速传统企业的并购与收购

互联网企业投资持股传统企业已经屡见不鲜，事实上传统企业投资或者收购互联网企业的案例也不在少数。在以往的传统企业转型研究中，入股与并购被认为是传统企业互联网化最简单快捷的方式。这比传统企业高薪挖电商运营团队或者引入高科技人才更

直接有效，因为引进团队和人才还需要很长的时间与企业原有结构及运营模式磨合，也不是所有企业都适合直接转变运营模式的。直接收购互联网企业，企业的全部业务打包性的与传统企业对接，相当于互联网业务外包但又是内部的公司，双方的业务及职工又不受冲突，可谓一举多得。

（二）"互联网+"环境下创业资源发展的新趋势

在"互联网+"的大环境下，创业资源的获取和整合方式有了新的发展趋势。

1. "互联网+"精神与思维日益渗透创业资源的获取与整合过程中

"互联网+"作为信息技术时代具有革命性的工具，其"开放、平等、协作、分享"的精神与"创新、参与、大数据"的思维无时无刻不渗透在各行各业。

创业资源的获取与整合渗透着"互联网+"的精神与思维，体现在以下两方面：一方面，"互联网+"与创业资源深度融合形成开放平等的资源市场。在资源的获取过程中，创业者既要坚持共性资源的开放共享原则，又要坚持寻求个性资源的协同原则，进而实现资源获取的共赢新局面。另一方面，在利用与整合创业资源过程中，创业者既要敢于创新，让自己在激烈的创业环境中脱颖而出，又要在大数据潮流下，树立"1+1＞2"的资源利用观。

随着"互联网+"的进一步发展，"互联网+"精神与思维将更深一步融入创业资源获取与整合过程中。

2. 跨界融合创新不断在创业资源的整合中涌现

"互联网+"跨界融合创新浪潮正席卷经济社会各行各业，推动互联网与传统行业的横向整合与纵向重塑。跨界融合创新是成为"互联网+"的重要特征，也是创业资源在整合过程中的发展趋势。

随着创业资源种类的增多、规模的扩大，跨界融合成为创业者在创业初期的重要战略选择。跨界资源融合和创新冲破了地域和国界的限制，使有区域和国界的资源整合走向无国界无地域的状态。

未来，跨界融合创新的新趋势将在更大程度和更宽领域全面推进创业资源的整合，为创业者提供更新、更好的资源。

3. 用户体验和服务能力将成为创业者整合利用创业资源的核心

最先被"互联网+"带动的是用户，如今的市场主导也是用户。

可以这么认为，没有用户就没有企业。用户对产品的体验和企业服务能力评价成为用户是否给产品、给企业好评的关键因素。处在创业初期的创业者在整合利用资源时要将如何满足用户体验和提供更好的服务作为其导航标。"顾客体验"成为考验企业竞争力的核心要素。

创业资源的整合与利用要更加关注用户体验和服务能力，在控制成本、提高效率、提升用户体验方面探索一条健康良性创业路径。

4. 法治化和规范化意识在创业资源的整合与利用中越来越被重视

随着"互联网+"迅速发展，无论是创业者、消费者，还是企业和政府部门，对"互联网+"的认识日趋理性：加快法制建设是"互联网+"行动计划实施最基本的保障。

在"互联网+"时代下，各类创业资源的整合与利用必须法治化与规范化。比如，在对信息资源的整合利用中，政府推进了网络信息安全、个人信息保护、网络交易监管等方面的地方立法，出台了政府与公共信息资源开放共享的管理办法。该办法一方面加强了基础信息资源和个人信息保护；另一方面强化了资源整合过程中的信息安全管控，规范了信息资源的市场秩序。随着创业者法律意识和营造规范有序创业环境的渴望逐步加强，创业资源整合过程中，更完善的法律法规将会颁布实施。

5. 持续发展与循环利用的生态圈在创业资源整合中形成

这里的"生态圈"并非传统意义上的"生态圈"，它是指企业自身资源构成了一个"生态圈"，有其赖以生存的空气、土地等"公共资源"。"互联网+"的范式是"万物皆可以互联，互联成全生态"，可见，生态是这个时代的主题。创业资源的整合要适应时代趋势，形成资源循环利用与可持续的发展模式。这种模式不仅是创业者自身与创业资源之间的"友好"关系，也是创业者与创业者之间资源利用的一种合伙关系。持续发展与循环利用的生态圈，既能科学有效的整合资源，又能提高资源的利用效率，节约创业成本，这必将成为未来创业资源整合的主流趋势。

（三）"互联网+"环境下创业资源的新作用

传统创业资源的作用主要体现在对新创企业成长与发展的促进与推动方面。随着"互联网+"时代的到来，创业资源出现了许多新特征，其赋予创业资源许多新作用。

1. 促进创业类型多样化

以"互联网+"为核心的信息技术时代，创业资源呈现出的一个基本特征是种类多样化。多样化的创业资源对培育多样化的创业类型具有重要的促进作用。一方面，作为一种载体性的生产工具，互联网是一种创业资源，它促进了互联网类型创业的出现，如网站经营、淘宝店等；另一方面，"互联网"与其他行业结合产生的"新"资源，如"互联网+金融"资源、"互联网+交通"资源、"互联网+教育"资源等，这些资源催生出许多新类型的创业，如"互联网+金融"的创业类型—分期购物平台（趣分期）、P2P网贷平台（微粒贷）等。

2. 推进产业结构转型升级

"互联网+"时代,创业资源的结构逐步高级化,高素质人才、高新技术和信息等"软"资源逐步成为推动产业转型升级的主力。

创业"软"资源推动产业转型升级体现在以"软"资源为依托而催生出来的电子商务、搜索引擎、网络通信、软件产品研发、金融等产业成为当前信息技术时代推动经济发展的主力军。大力发挥"软"资源的作用,促进相关产业的发展,不仅能够提高我国第三产业比重和质量;还能优化一二产业发展环境,最终推进产业结构转型升级。

3. 促进创业市场平等化,改善创业环境

互联网是"互联网+"时代的重要工具,它平等的赋予每个创业者获取资源、交流沟通的能力和机会。

"互联网+"时代创业资源虚拟化和市场开放化的特征,促使资源市场形成一个无区域、无国界的统一的整体。创业市场的平等化,一方面减少了信息不对称问题,实现资源要素的跨界整合与合理配置,提高经济效益;另一方面为创业者营造了一个空间开放、市场平等、门槛和成本低的创业环境。

二、"互联网+"环境下的创业资源

在"互联网+"环境下,大数据、云计算和移动互联网快速发展,众创、众包、众筹等一批集众人之智、汇众人之财、齐众人之力的创意、创业、创造与投资的空间应运而生,无论是大众创业,还是万众创新,都少不了一个"众"字,众包、众筹、众智、共享等在创业创新过程中发挥着不可忽视的作用。

那么在"互联网+"背景下,众筹、众智、共享经济等怎样影响创业资源?创业资源在这个过程中如何整合?下面我们将从"互联网+"环境下创业的资本、人力和信息三类资源去分析。

(一)"互联网+"环境下的资本资源

"互联网+"与各领域的融合发展已成为不可抗拒的历史潮流,其对创业过程产生战略性和全局性的影响。创业者要把握时代机遇——众筹共享,准确地判断经济形势,正确地去获取创业资本,合理地整合"互联网+"背景下的资本资源。

1. 众筹

众筹是指创业者通过互联网对其创业产品的研发生产进行小额融资,并且在一定风险水平下为投资者提供回报,它体现的是人与人之间的关系。众筹是"互联网+"时代创业的重要特征和发展动力,也是共享经济重要的创新成果。

众筹为创业者提供了一种新的获取创业资本的方式。相对于传统的资本获取方式，众筹具有门槛低、参与性强、投资人多为普通民众、创意性强和市场推广廉价等优势。

随着互联网金融的爆发式增长，众筹行业不断进行新的尝试，众筹平台逐渐增多。据统计，依据中国权益类众筹行业融资规模及占比，排名前三的是京东众筹、众筹网、淘宝众筹。这一系列的发展都为创业者获取资本提供了更便捷有利的环境。

众筹的一般步骤为：首先创业者在创业初期提出富有创意的想法和计划，将计划在众筹平台上展示，其次让投资人了解资金用途及投资回报，最后，让感兴趣的投资者在平台上投资。

很多创业者通过众筹方式获得了丰厚的创业资本，如酷能量团队研发的酷壳—iPhone 扩容利器，通过京东众筹平台获得 215 万元的创业资本。

2. "互联网 +" 对资本资源的整合

"互联网 +" 环境下，跨界整合已突破国家、地区和时间的限制成为基本趋势，创业者的创业过程从根本上来讲是资源整合的过程。资本资源在任何时代，都是创业初期最关键的资源。

资本可以分为金融资本和物质资本两大类。金融资本一般以金融产品形式呈现。物质资本则是用来生产其他产品（消费品和投资品）的物品。在"互联网 +"环境下，资本资源的整合应关注两个层次，一个是把创业者自身已有的资本合理的运用；另一个是创业者利用各种渠道在创业过程中有效地获得更多的外部资本。"互联网 +"对资本的整合作用更多地体现在金融资本上。

（1）创业资本新的整合途径——"互联网 +"金融

不断取得突破的互联网技术和信息通信技术推动了互联网与金融快速融合。金融领域衍生出新形式——"互联网 +"金融。

"互联网 +"金融，通过互联网支付、网络借贷、股权众筹融资、互联网信托和互联网消费金融等形式为资本资源提供了新的整合途径，改变了长期以来。创业者整合创业资本途径少与市场小的问题。更广的网络平台、更宽的融资渠道和更低的整合成本，使创业者整合资本变得更容易。

（2）发挥"互联网 +"下的"长尾效应"，聚沙成塔，整合创业资本资源

"长尾理论"是"互联网 +"时代兴起的一种新理论，它打破了传统的"二八定律"。长尾理论在创业资本整合中的应用，提醒创业者，任何时候都存在着一些不被大众所关注的潜在资本。

创业初期，创业者在整合资本资源时往往存在两种困境。一是处于资金需求的"长尾"，对资金需求大。二是由于创业初期面临的风险困难多、实力弱，常常被传统的资

本投资者所忽略。

为摆脱这种困境，创业者要充分认识"互联网＋"环境下的"长尾效应"，瞄准并整合暂时还是非主流的、潜在的"长尾"资本。如京东的众筹资本、阿里金融的小额贷款资本等，这些资本往往是被很多创业者所忽视或者不愿整合的边缘资本。这不仅扩宽了创业者创业资本的来源渠道，聚集了各种潜在的小资本；同时也缓解其资金短缺的"长尾"情况。

（3）创业资本市场透明度提升，创业者资本整合风险降低

传统资本市场之间不联通、信息不对称等问题，都增大了创业者整合创业资本的风险。在"互联网＋"时代，大数据、物联网和云计算等技术的应用，不同类型资本市场之间的联系增强，为创业者提供更多低价优质的对称信息。这不仅能提高资本市场的透明度，也能促进创业者掌握更准确地判断经济形式，正确整合资本，降低创业风险。

3. 众筹的运营模式及法律风险

（1）众筹的概况

众筹的主体：众筹商业模式由筹资人、出资人和众筹平台这三个参与主体组成。众筹商业模式由筹资人、出资人和众筹平台这三个参与主体组成。

众筹的分类：现代众筹按照回馈方式的不同可分为四大类型：股权众筹，公益众筹、借贷众筹和产品众筹。

（2）众筹的运营模式

众筹的运营模式：第一，成立发布项目的众筹平台，好比淘宝网，第二，由筹资人在经过众筹平台审核合格之后，筹资人在众筹平台发布有融资需要的项目。项目必须是具有明确目标的，通常高新技术产品、影视产品、出版图书、制作专辑等。项目发起人必须具备一定的条件，例如国籍、年龄、银行账户、资质、学历等，并且拥有对项目100％的自主权，不受控制、完全自主。第三，项目发起人要与众筹平台签订合约，明确对方的权利和义务。众筹平台一般不以股权、债券、分红、利息等资金形式作为回报，而是从融资成功的项目中收取一定的佣金，比例一般控制在5％～10％。

（3）众筹模式所涉及的法律风险

投资人的权益缺乏明确保障

目前，从国内外众筹平台运行的状况来看，筹资人和出资人的关系还不确定，因二者的法律关系不明确，导致两者的权利义务关系不明确，出资人获得获取信息能力较弱，极易受到损害。

我国股权众筹的最大障碍就是诚信。虚拟网络背后的筹资企业信用如何，不得而知；

筹集到位的资金如何监管，企业有了盈利之后如何分配，也都没有法律规范。

众筹还面临着非法集资和非法发行股票等法律风险。

前者主要针对的是产品众筹，如果众筹平台发布的项目信息不实或者是虚假项目，在平台上募集投资者资金、形成资金池等行为会存在非法集资的嫌疑。

（4）众筹模式法律风险防范的建议

构建中国的众筹合格投资者保护机制。

加强对众筹平台的监管。

建立项目审核的标准化评判体系，明确众筹平台的责任。

（二）"互联网+"环境下的人力资源

"互联网+"时代是一个人与社会、人与组织、人与人、现实世界与虚拟世界都形成相互关联、彼此交融、互联互通的零距离时代。我国人力资源十分丰富，只要发挥我国人力资源优势，用"双创"激发人民群众的创造力，我国经济发展前景不可限量。因此，创业者进行人力资源整合时必须将关注点放在高素质人才的获取与发挥"众智"上。

1. 众智

大数据、云计算和移动互联网的快速发展，使众创、众包、众筹等一批集众人之智、汇众人之财、齐众人之力的创意、创业、创造应运而生，这让每个有创新创业愿望的人都拥有"用其智、得其利、创其富"的空间，让每个有梦想的人都拥有人生出彩的机会。

"互联网+"下人力资源要整合要发挥众智的特点。众智是指在互联网将各种资源跨界融合的基础上，创业者为实现其创业计划，将其团队或者团队之外能为其所用的人的智慧汇集在一起，利用众人的智慧去应对其所要面对和处理的难题。

在信息技术高速发展、跨界融合的时代，发挥众智的作用不仅可以推进大众创业，也可以驱动大众创新。

2. "互联网+"对人力资源的整合

随着"互联网+"的迅速发展，传统的人力资源整合模式将受到挑战，人力资源整合领域也会发生深刻的变化。

（1）跨界融合，去中介化，促进开放化人力资源市场形成

"互联网+"的重要特征是跨界融合。通过互联网平台，人力资源的供求双方能够更加直接、充分地沟通彼此的需求，不必依赖于人才中介和服务机构。"互联网+"的充分发展，将打破国际范围内的人力资源市场壁垒，形成全球范围内的人力资源市场，促使开放型人力资源市场的形成。

不同类型的人才通过"互联网+"跨界整合，不仅使不同地域劳动者之间工作的协

作配合成为现实，而且让员工在跨界交流中不断向复合型人才发展。

（2）合作共赢，沟通交流，企业与员工走向联盟

互联网平台改变了人与组织的关系，也改变了人与组织的力量对比。个体与组织的关系不再是简单依附与绝对服从关系，每一个员工都是独立自主、高度自治的个体。企业不把员工的忠诚作为追求，而是把合作期内共同的价值创造作为追求，以建立一种合作共赢的新型雇佣关系。

（3）动态平衡的人力资源规划和职位体系

高速发展的企业和高速流动的人才市场，使得传统人力资源规划开始变得滞后。人力资源规划面临着一个剧烈变化的环境，需要更快的反应速度。正如大数据技术改变着客户关系管理系统一样，对人力资源规划和设计也需要创业者基于变化做出快速的反应。比起长期规划，中短期规划更加适合今天的企业。新时代人力资源规划应紧密联系业务发展和战略布局，设计具有前瞻性的人力资源供给和配置战略，并建立动态调整机制。新的规划策略不仅对于内部人力资源进行监测，也要关注外部劳动力市场和同行业乃至跨行业的需求人才。

（三）"互联网+"环境下的信息资源

信息资源作为生产要素、无形资产和社会财富，与能源、材料等资源同等重要，在经济社会资源结构中具有不可替代的地位。"互联网+"环境下，加强信息资源开发利用并提高开发利用水平是深入实施创新驱动发展战略，着力推动"双创"工作的重要途径。

1. 安全与共享

"互联网+"背景下，信息技术不断突破，信息与其他要素紧密耦合形成信息利用共享链。信息共享链在带来效益的同时，伴随着许多安全隐患，因此，在对信息资源进行共享时，应更加关注其存在的安全问题。

互联网技术的快速发展是科技信息资源共享必不可少的一环。互联网使得信息资源共享的方式多样化。从最初的书籍杂志借阅形式，到现在的数字图书馆。互联网不仅改变了我们的生活方式，也大大影响着科技信息资源的共享方式。

创业信息资源的安全共享要求创业者转变观念，从全局利益出发，形成信息资源共享意识，加强信息安全管理和知识产权保护。

2. "互联网+"环境下信息资源的整合

"互联网+"信息时代的到来，将改变人们所拥有的信息资源的状态。其主要体现在两个方面。一方面，"互联网+"的强大功能使人们能够接触到信息资源空前增长；另一方面，"互联网+"时代信息包罗万象，"互联网+"技术把这些纷繁复杂的海量

信息进行整合，使人们能够方便、快捷地

获得所需信息。互联网对信息资源的整合主要表现在以下几个方面。

（1）信息内容

"互联网+"时代信息复杂多样，每位创业者所需要的创业资源不一致。互联网的搜索引擎能够快速确定用户所需要的信息资源，把相关联的信息内容整合在一起，呈现给用户。

（2）地域区间

互联网和定位系统等技术的出现，使不同地区间的联系越来越快速。互联网跨越空间的距离，承载并传递着世界各个角落的信息。互联网快速整合不同地区的信息呈现给全世界的用户。实况报道就是最好的表现形式，一个地区发生的事情，能够瞬间被另一个地区的用户所了解到。

（3）时期阶段

"互联网+"不仅可以跨越空间距离还可以跨越时间的距离整合信息资源，根据不同时期的信息资源之间的关联性，建立起新的信息组合。按照时间顺序整合信息资源，可以使用户清楚地了解相关事项的发展历程和特点，从而正确有效地处理该事务。

（4）信息机构

每个信息服务机构存储记录的信息资源不同，不同的信息服务机构具有其特有的信息资源，"互联网+"把相关信息服务机构的信息库整合连接处理，形成一个资料齐全的数据库，实现了信息资源的共享。用户在查找信息时，能够直接在这个集中的数据库找到需要的信息。

第七章
大学生创业团队

第一节　大学生创业团队

　　创业行为是在市场经济条件下应运而生的。创业的行为主体可以是个人，也可以是团队。管理是所有创业团队都不能回避的问题，鉴于互联网行业的整体特征，创业方向和盈利预期的不确定性、竞争环境的多变性等因素的影响，管理者对创业团队的组织和管理结果可能直接影响项目的成败。在创业初期阶段，团队成员通常是一些有着共同目标和价值观的伙伴。创业团队的发展模式适合于市场发展的要求，能更快地反应市场的变化。越来越多的学者了解到创业团队对创业的重要性，关于创业团队的理论与实践的研究也随之增多。一项研究表明，超过 80% 的高成长企业是由创业团队建立的，创业团队创业型企业的成长性明显优于独自创业型企业。

一、创业团队概念的界定

　　创业团队是创业的关键要素，创业离不开创业团队。构建一支优秀的创业团队对创业的成功起到决定性的作用。人力资源是推动创业成功的众多创业资源之一，也是最为重要的创业资源。创业者在创业之初，需要建立一支有工作效率、团结一致的团队来实现创业目标。国内学者对创业团队的概念进行研究界定的并不多，多是对国外的定义进行综述和分类，也有学者在国外定义的基础上尝试着对创业团队提出自己的定义。他们分别基于不同的研究视角来对创业团队的内涵进行解读。

目前，学术界对于创业团队的概念仍无统一的界定，创业团队可以理解为由两个以上具有一定利益关系、共同承担创建新企业责任的人组建形成的工作团队；是创业者在创业过程中组建的以实现创业目标、满足共同的价值追求为目的，甘愿共同承担创业风险和共享未来收益，并且紧密结合的正式的或非正式的工作队伍。

阿里巴巴的成功与其背后的创业团队是脱不开关系的，那么阿里巴巴的创业团队成功的原因是什么？我们一起来追寻阿里巴巴的发展轨迹，看看这家企业成功的要诀。

在经历了的第一次"网络泡沫"后，只有少数的互联网企业能够取得成功，阿里巴巴就是这些少数的成功企业之一。通过阿里巴巴的成功经验，我们认为阿里巴巴的成功要素包括：梦幻团队的组合 + 清晰的发展战略 + 有效的执行力 + 独特的企业文化。

首先，在阿里巴巴众多的成功要素中，我认为阿里巴巴演绎的梦幻团队之所以能够成功，第一，具有共同目标和价值观，只有具有共同目标和价值观的团队才有凝聚力、战斗力；第二，要有一个尊重、坦诚、自由的沟通机制，只有良好的沟通才能凝聚更多的智慧、才能高效地完成目标；第三，要有很好的执行力，只有具有执行力的团队才有竞争力。

其次，对一个企业而言战略非常重要。我认为，没有清晰的战略，便没有明确的方向，没有明确方向的团队，充其量不过乌合之众。战略既是团队成立的前提条件，也是对团队核心人物的最高要求标准。战略是明确的方向，执行是朝着方向迈进的行动演绎。对一个团队而言，不知疲倦执行者的有效互补一定是不可或缺的稀有资源。只有这方面资源的丰富和加入，团队的力量才有可能显现。执行是对一个团队的真正考验，当然也是衡量一个团队是否形成的标志。在四个"O"（首席执行官 CEO 马云，首席财务官 CFO 蔡崇信，首席技术官 CTO 吴炯，首席人力官 CPO 关明生）的团队中，各自的长处和特点泾渭分明，甚至在相关领域都是首屈一指的人物。他们都有着丰富的实践经验，有着从零开始逐渐成长的职业生涯，他们的成长，最大量地体现了执行的魅力和不可或缺。阿里巴巴的执行细则中不论是对一个客户还是对每个员工，不论是产品服务，还是员工培训计划，都细化到可知可见可执行可反馈可考核的地步。

最后，作为一个团队，对战略的认同，如同对共同使命的认同，也就是对企业文化的认可。没有这种认同作为基础，团队只会在一种涣散中风雨飘零。文化牵涉的方面很多，一个企业的文化很容易用一两句话概括，却很难细致入微地演绎企业的各个层面和细节之中。对文化的认同，这里包含对前景的期许，为长远利益对眼前利益的舍弃，对企业的信心，对企业方向、使命、团队共识的一种高度认同和演绎。其形成的氛围只可意会，不可言传，让人感动，让人奋进，有着巨大的张力，有着强烈的吸纳精神，平和、宽容、大度，却充满挑战、进取、积极的因素。

对阿里巴巴团队的最终理解：没有称职优秀的团队核心人物，不可能形成优秀的团队；而没有优秀的团队，公司不可能具备良好的执行力；连执行力都没有的公司，无法形成强有力的企业文化，更无法形成有效的组织结构和组织能力。这种无法分割的链接关系，这种充满内在逻辑性的依存关系，既告之了我们团队的重要，也说明了的确不是每个企业或每个人都可以轻松地形成一个优秀的团队。

二、创业团队的组成元素

每一个创业团队都包括关键的5个要素，简称"5P"，即目标（purpose），人员（people）、定位（place）、职权（power）、计划（plan），简称"5P"。创业团队应该明确团队中的这5个基本要素的具体内容，以加强团队的凝聚力和抵御风险的能力。

（一）目标（purpose）

创业团队应该有一个既定的创业目标，该创业目标应成为团队的共同奋斗理想。共同、远大的目标可以使创业成员振奋精神，与企业的政策和行动协调、配合，充分发挥个人的潜能，创造创业团队的最大价值。

（二）人员（people）

团队成员是决定创业能否成功的关键因素，只有合理的成员结构，才能推动创业团队的整体发展。创业团队的构成是人，在创业初期阶段，人力资源是所有创业资源中最活跃、最重要的资源。创业的共同目标是通过人来实现的，不同的人通过分工共同完成创业团队的目标，所以人员的选择是创业团队建设中非常重要的一个部分。互补性的成员选择是构建团队的一个必须考虑的因素，创业者应当充分考虑团队成员的能力、性格等方面的因素。

（三）定位（place）

定位指的是创业团队中的具体成员在创业活动中扮演什么样的角色，也就是创业团队的分工定位问题。定位问题关系每一个成员是否对自身的优劣有清醒的认识。创业活动的成功推进，不仅需要整个企业能够寻找合适的商机，同时也需要整个创业团队能够各司其职，并且形成一种良好的合力。因此，每个创业团队成员都应当对自身在团队中的位置有正确的认识，并且根据定位充分发挥主观能动性，推进创业团队的成长。

（四）职权（power）

为了实现创业团队成员的良好合作，赋予每个成员一定的权利是有必要的。事实上，

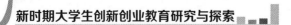

团队成员对于控制力的追求也是他们参与创业的一个重要的原因。为了满足这一要求，需要分配权限给他们，以达到激励的效果。创业活动所面临的是动态多变的环境，管理事务比较复杂，创业团队成员每个人都需要承担相应的管理事务，这就在客观需要创业团队成员有一定的权力，在特定的条件下进行决策。因此，权利的分配也有利于团队的运作效率。

（五）计划（plan）

计划是创业团队未来的发展规划，也是目标和定位的具体体现，计划有两层定义：一方面是为保证目标的实现而制定的具有可行性的实施方案；另一方面计划在实施中又会分解出细节性的计划，需要团队共同努力完成。在计划的帮助下，创业者能够有效制定创业团队短期目标和长期目标，能够提出目标的有效实施方案，以及实施过程的控制和调整措施。

以上要点是创业团队构成的五个基本要素。但是创业团队在发展过程中，难免会出现特殊情况。因此，并不是每支创业团队都要求必须具备每个因素。为了充分推进创业过程，创业伙伴们必须不断磨合，才能形成一个拥有共同目标、人员配置得当、定位清晰、权限分明、计划充分的团队。

三、创业团队的分类

一个好的创业团队需要进行资金筹集使用、产品研发、市场开拓以及企业内部管理等事项推进，因此，团队的组织设计尤显重要。一般来说，创业团队的组织形式大体上可以分为三种：星状创业团队、网状创业团队和从网状创业团队中演化来的虚拟星状创业团队，这和网络拓扑结构极其相似。

（一）星状创业团队

在星状创业团队中，在团队中有一个核心主导人物充当领军的角色。这种团队在形成之前，一般是核心领袖有了创业的想法，然后根据自己的设想进行创业团队的组织。因此，在团队形成之前，核心领袖已经针对团队组成进行过仔细思考，根据自己的想法选择相应人员加入团队，这些团队成员在企业中更多的时候是支持者角色。这种创业团队有几个明显的特点：组织结构紧密，向心力强，主导人物在组织中的行为对其他个体影响巨大；决策程序相对简单，组织效率较高；容易形成权力过分集中的局面，从而使决策失误的风险加大。

当其他团队成员和主导人物发生冲突时，核心主导人物的特殊权威使其他团队成员在冲突发生时往往处于被动地位，在冲突较严重时，一般都会选择离开团队。

（二）网状创业团队

网状创业团队的成员一般在创业之前都有密切的关系。在交往过程中，所有成员就创业达成了共识，开始共同创业。在创业团队构建时，没有明确的核心人物，大家根据各自的特点进行自发的组织角色定位。因此，在创业初创时期，各位成员基本上扮演的是协作者或者伙伴角色。这种创业团队明显的特点有：团队没有明显的核心，整体结构较为松散；一般采取集体决策的方式，组织的决策效率相对较低；团队成员在团队中的地位相似，组织中容易形成多头领导的情况；当团队成员之间发生冲突时，一般都采取平等协商、积极解决的态度解决冲突。但是一旦团队成员间的冲突升级，使某些团队成员撤出团队，就容易导致整个团队的涣散。

（三）虚拟星状创业团队

虚拟星状创业团队是前两种的中间形态。团队中有一个核心成员，但是该核心成员地位的确立是团队成员协商的结果，因此核心人物某种意义上说是整个团队，而不是主导型人物，其在团队中的行为必须充分考虑其他团队成员的意见，不像星状创业团队中的核心人物那样有权威。

四、创业团队的作用

创业团队在创业初期，对于团队发现创业机会、创造价值和实现收益等方面有重要的促进作用。团队的发展潜力与创业团队的素质之间有着十分紧密的联系，创业的成功很大程度上取决于创业团队的作用。创业团队的作用主要表现为5个方面：提高整体工作效率、促进全面整合信息、拓宽社会联系程度、积累内部集体经验、有效避免个人冲动。

（一）提高整体工作效率

成员之间的互补、协调以及与创业者之间的补充和平衡，对创业团队在创业初期起到了降低风险、提高管理水平的作用。互补性指的不仅是能力和技术上的互补，还强调性格方面的互补。组建一支有默契、友好的创业团队的工作效率远远高于创业者个人的工作效率。

（二）促进全面整合信息

由于创业团队的最终决策是要基于获得较为全面决策信息的基础上。

只有在对所需信息的全面收集和处理的前提下，才有可能做出高质量的决策方案，才能有助于提高创业团队的绩效。

（三）拓宽社会联系程度

创业团队在创业初期，需要大量的资金、技术和经验支持，团队成员每个人所拥有的社会资源不一致，组合整体团队成员的创业资源，可以使创业团队有效地获得开发机会所需要的资源，有利于把握住市场上的风险较小，但收益较高的创业机会。

（四）积累内部集体经验

创业团队通过归纳团队成员的个人经验，可以增加机会开发成功的可能性和提高团队抗风险的能力。创业环境时刻在变化，机遇和威胁充斥着每一个创业团队，团队成员的集体经验积累，有利于团队抓住合适的创业机会，抵御创业风险。

（五）有效避免个人冲动

创业团队的决策行为是创业团队在创业过程中做出的一系列决策的行为。创业团队的意见均要被倾听和参考，这有利于全面性地考虑问题。只有在这种平等的决策行为模式下，创业团队才能更为全面准确地比较不同的开发方案，避免创业决策失误。

五、创业团队的组建

创业团队是由创业者或最初的创业团队构建，逐步发展完善，一般是由创业者、业务管理层、业务骨干、专业顾问构成。在商业史上，通过组建创业团队而获得创业成功的案例，远远多过单枪匹马创业成功的案例。因此，研究创业团队的组建显得尤为重要。对于创业者而言，创业团队的组建是创业过程中的关键环节。创业者要想构建高效的创业团队必须以研究创业团队组建的基本原则、过程和策略为前提。

（一）创业团队组建的基本原则

创业团队组建的基本原则是指为了提高管理效率和实现一定的目标而建立的团队共同遵循的原则。组建的基本原则存在的必要性在于确保创业团队在组建过程中，能够有明确的建设方向，避免组建工作偏离发展方向。创业团队组建的基本原则分别是下列五条基本原则：目标明确合理原则、人员互补匹配原则、精简高效原则、开放动态原则、分工职责明确原则。尽管团队的组建模式各不相同，但是遵循这5条团队组建基本原则能最大限度地保证组建合理的团队模式。

1. 团队组建基本原则

（1）目标明确合理原则

目标必须明确，这样才能使团队成员认识到共同的奋斗方向是什么。目标必须是合理的、切实可行的，这样才能真正达到激励的目的。明确的目标使团队的任务方向明晰，

避免迷失方向。合理的目标是指经过大家的努力协助可量化、可实现的目标。

（2）人员互补匹配原则

创业者之所以寻求团队合作，其目的在于弥补创业目标与自身能力间差距。只有当团队成员相互间在知识、技能、经验等方面实现互补时，才有可能通过相互协作发挥出"1+1＞2"的协同效应。

另外，还应该考虑团队的成员相互之间的人际关系、亲情关系，合理地选择具有互补性的团队成员。

（3）精简高效原则

为了减少创业期的运作成本、最大比例的分享成果，创业团队人员构成应在保证企业能高效运作的前提下尽量精简。团队应避免岗位工作重复，内容交叉重叠，每个岗位有明确细分的工作内容和责任。这样才能有助于团队工作效率的最大化。

（4）开放动态原则

创业过程是一个充满不确定性的过程，团队中可能因为能力、观念等多种原因不断有人离开，同时也有人要求加入。因此，在组建创业团队时，应注意保持团队的动态性和开放性，使真正完美匹配的人员能被吸纳到创业团队中来。

（5）分工职责明确原则

创业工作的复杂性以及个人能力限制决定了一个人不可能从事创业的所有工作，而应该根据团队成员的特点进行分工。分工明确的目标是确定每一位成员都负责自己适合的岗位工作，并且成员间的工作内容互不重合。职责明确要求每个团队成员清晰自己的职权范围以及承担的工作责任，这样有助于降低交易成本，提高组织效率。

2. 组建团队如何找人

单兵作战能力再强，终究无法凭借一己之力扭转整个战局。面对团队的快速发展，团队整体的搭建与成员之间的培养将成为团队管理者的首要任务，只有形成一支个人执行力高，团队协调配合好的队伍，才是长期持续取胜的王道。

（1）团队成员的组成

组织结构是所有问题的根源，所有的团队组织结构都需要与整个公司发展中的客观阶段相呼应。对于一个初创而又在快速发展中的产品团队而言，最佳的团队结构是充分调动每一个人的积极性。为了达到这一点，团队成员之间一定要划分出不同的空间层次，每个层次空间内放置一位团队成员，保证不同层次之间的不会出现相互挤压，从纵向发展来看，从初级到高级的层次鲜明，使团队成员之间相互提携帮助，互为补位，共同发展，建设好团队，不但需要规避掉不必要的对相同位置的重复竞争，而且要设计好每一位成

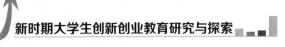

员的成长差异化路线。

（2）满足差异化的成长诉求

团队作为整体就一个，但每个人作为个体都有不同的客观成长背景和不同主观的差异成长诉求。处理每一位成员的差异化发展道路，是团队进入成熟阶段后的主要工作内容。

从业务知识领域来看，可以按照产品线划分，每一位成员独立负责一条产品线，并完整享受该产品线的结果产出，以公平、独立的分工体系，充分调动个体的工作积极性。而如果在项目早期，还没有这么多的产品线时，则按照产品模块划分也是同理。除了科学分工以外，引导团队成员的多元化发展是必要的思考方向，不但保证了团队能够应对各种不同的实战需求，又充分保障了个人的存在价值和差异化成长。

此外，从横向职能上来看，也要充分鼓励团队成员的职能延伸，作为产品经理，产品是本职工作内容，一类产品经理可鼓励向运营方向进行延伸，另外一类则可鼓励结合技术背景进行延伸，最后一类则鼓励深入延伸到业务市场知识之中，并可逐步承担商务合作的活动。这些"产品+其他领域"的延伸发展是个人与团队的共赢成长。

如此，通过全方位、多层次、纵横交错，特定方向培养的产品团队建设，打造出一支内部凝聚力强、个人有特色专攻的队伍，从人才梯队与组织管理上，为日常的项目推进和产品驱动做出最大的贡献支持。

（二）创业团队组建的过程

创业团队的组建过程常常是一个反复和不断调整的过程，团队的业务和团队成员之间的磨合都会经历一些过程才能完成。固定来说，创业团队的组建包括五个主要步骤，创业者首先要在商业市场识别出可盈利的创业机会，再根据实际形势和自身情况制定合理的创业计划，按照商业计划书的要求招募合适的团队成员，依据计划任务对成员职权进行清晰地划分。最后，则是实施团队的整体维护管理，确保团队拥有稳定发展的内部环境，从而有助于团队继续识别更多的创业机会。

识别创业机会。创业机会的识别是整个创业团队的起点。为了组建创业团队，创业者需要首先关注创业机会在人力资源方面的支持要素，然后在此基础上，形成团队的创业目标。

制定创业计划。组建团队前，首先要清楚有哪些需要进行的工作，即制定创业计划，然后根据工作需要去配备人员。切忌在工作还没有确定前，就盲目地组建团队。创业计划是在对创业目标进行具体分解的基础上，以团队的整体来考虑的计划。创业计划确定了创业需要完成的任务和达到的目标。

招募创业伙伴。创业者可以通过亲朋好友、招商洽谈会、论坛研讨会，包括网络新媒体在内的公共传媒等形式寻找创业合作伙伴。创业团队应该精简，一是为了减少人员的费用支出，二是减少协调沟通，提高反应速度。互补原则是创业团队组建的重要原则，包括知识互补、年龄互补、性格互补等。

成员职权划分。创业团队成员间的职权划分必须明确，既要避免职权的交叉和重叠，也要避免无人承担工作责任而造成工作上的任务缺漏。创业者要恰当地给予员工一定的权力完成他们的工作任务。

团队维护管理。创业团队在组建初期必然会呈现不稳定的发展状态。因此，为了减缓这种不稳定状态对创业团队发展的制约，创业团队有必要对其在创业初期就进行维护管理工作。团队维护管理的工作旨在为团队提供一个稳定发展的工作环境，有助于团队更好地实现目标。

（三）创业团队的组建策略

组建策略，指的是创业团队根据形势发展而制定的可以实现目标的方案集合。创业团队的组建，没有统一的程式化规程。由于各创业团队的性质、属性、目标等方面存在差异，使得团队之间的组建策略各不相同。创业团队一般是由拥有相同想法的创业者共同组建的。创业团队的组建策略对创业团队的生存与发展起到关键性的作用。

创业团队的组建策略一般而言包括以下五个方面。

1. 团队理念

营造奖罚分明和公开、公平的团队理念。无论公司的规模有多大，不管团队中有多少人，创业者都必须要建立一套公开透明的奖惩机制，确保每一名团队成员都得到公平、公正的待遇。只有这样，才能充分调动员工的积极性，在整个团队中形成一股强大的正能量。因此，在创业团队的管理过程中，应该向每一位团队成员灌输"奖惩分明"的理念：按绩效份额对每位员工进行奖励分配；同时，损害了团队的利益就应该受到相应的惩罚。

2. 阶段性目标

明确团队的阶段性目标，并及时掌握目标进度。创业团队在组建时，必须要对团队当前的状况和目标有明确的认识，而且要让团队中的全体成员都明晰自己的工作任务，此外还要对目标的进度进行及时的掌控和追踪。成员只有明确自身所处的团队的阶段性目标以及目标的实施进度，才能够真正了解公司的经营状况，提高创业团队整体工作效率。

3. 成员选择

根据能力、性格的互补性选择团队成员。团队成员的能力和性格应该是互补型的。

建立一支互补性的团队有利于创业团队的整体发展。在组建创业团队时，应该强调补缺性。这种补缺性是指在性格、能力、观念甚至是技术上的互补。

4. 岗位设置

根据团队成员的职业倾向和性格特点安排工作岗位。在选择团队成员的过程中，创业者要善于观察团队成员的职业倾向和性格特点，在此基础上给团队成员安排最适合的工作岗位，以便于发挥员工最大的工作潜力和创造性。创业者要充分信任每一位成员，而且要善于授权团队其他成员，给成员提供实现自我价值、追求职业梦想的机会。

5. 沟通管理

加强团队成员沟通管理。创业者在寻找创业团队时，首先应制定一份人员计划，包括人员的选择和期望等。招聘只是招募团队成员的一种方式，创业者可以多参加社会活动、物色合适的人选。沟通需要技巧，通过沟通，可以使双方都了解彼此的需要，这样创业者可以有针对性地找到合适的人选。

六、创业团队的管理

创业团队的管理旨在确保团队使用正确的办法做正确的事，这不仅是建立在科学的管理办法上，更重要的是建立在内部文化的基础上。对于创业团队的管理工作，在创业团队组建之初就必须实行的，创业者还需要注意团队管理工作中最关键的一点——互相尊重，这是赢得团队信任和创建良好的团队工作环境至关重要的一点。

（一）创业团队的管理原则

因不同学者的研究细分领域不同，对于创业团队的管理原则没有明确界定，创业团队管理原则主要包括：选择合适的团队成员；利用成员间互补优势；增强团队的合作能力；增强团队成员互相交流程度；制定有效的激励机制。

1. 选择合适的团队成员

在团队创建初期，人数不宜过多，能满足基本的需求即可。如果团队成员理解能力、表达能力、执行能力、社会资源能力、思维创新能力等方面存在较大的差异性，就会产生严重的沟通和执行障碍。团队的成员应该是一群认可团队价值观和团队目标的人。

2. 利用成员间互补优势

建立优势互补的创业团队是保持创业团队稳定性的关键，也是规避和降低团队组建模式风险的有效手段。创业者更需要从创业整体规划出发，明确哪些方面的技能和资源是自己所欠缺的，再以此来寻找相关具备此类技能和资源的合作人，实现双方整合，共同发展。人能尽其才则百事兴。创业伙伴之间的优势最好呈互补关系。选择的时候要看

清其长,以后也要学会包容其短,此为团队的真正价值。当你是内向型性格,不善于交际,只适合从事技术工作时,那应当搭配富有公关能力、会沟通、能处理复杂问题的搭档。

3. 增强团队合作能力

创业者在创业过程中,既要讲独立,也要讲合作。适当的合作可以弥补双方的缺陷,使初创企业在市场中迅速站稳脚跟。创业者需要有鉴别能力,认真考察合作伙伴,冷静地分析团队管理及企业发展中遇到的问题,充分发挥不同成员不同优势,发挥"1+1 > 2"的团队合作力量。

4. 增强团队成员互相交流程度

优秀的创业团队的所有成员都应该相互非常熟悉。在创业团队中,团队成员都非常清醒地认识到自身的优劣势,同时加强交流沟通知晓其他成员的长处和短处,这样可以很好地避免团队成员之间因为相互不熟悉而造成的各种矛盾、纠纷,迅速提高团队的向心力和凝聚力。在平时的交往与合作中要互相尊重对方。

5. 制定有效的激励机制

正确判断团队成员的"利益需求"是有效激励的前提。不同类型的人员对于利益的需求并不完全一样。因此,创业团队的领导者必须加强与团队成员的交流,针对各成员的情况采取合理的激励措施。在个人创业的初始阶段,一定要具有群做群分的意识,创业主导者来寻找一些志同道合的合作人一起来合作起步发展,并且还要做到清晰且无争议的利益分配。

(二)创业团队的管理模式

创业团队的管理不同于工作团队的管理。对于大多数企业内的工作团队来说,如研发团队、销售团队和项目团队等,因为人员和岗位稳定性相对较高,人们习惯性地将重点放在过程管理上,注重通过建立沟通机制、决策机制、互动机制和激励机制等发挥集体智慧,实现优势互补,提升绩效。

创业团队管理重点在于结构管理。尽管团队的管理模式各不同,但共同目标都是为了保证团队工作的顺利开展,促进创业团队的发展。创业团队基本的管理模式主要有以下几种:分权管理、漫步管理、结果管理、目标管理、例外管理。创业团队应根据自身团队的实际情况和特点,选择适合自身团队发展的管理模式,切不可以照搬他人成功的管理模式应用于自己的团队。

1. 分权管理

领导不可能参与每项任务的工作中,相对应的是将确定的工作委托给他的下级,让其下属有一定的判断和独立处理工作的范围,同时也承担一部分责任。这样不仅可以提高下级的工作积极性和工作效率，使得下属独立完成任务的工作能力得到锻炼，也可以让上级从具体工作中解放出来，更多投入本身的领导工作。

2. 漫步管理

领导不能长期待在自己办公室，而是要经常地让下属看见其像"漫步"那样在团队间出现。团队领导直接从员工那里获知员工的工作情况和工作情绪。此做法有助于帮助团队领导加强对员工的了解，增强彼此间的沟通交流，减少团队冲突。

3. 目标管理

上级给出一个他的下属要达到的目标。上级通过科学的分析市场情况的前提下，制定出一个计划方案，下层员工都发挥自己才能来实现这个计划。同时，上级应该定期考察员工的工作执行的情况，适当鼓励员工的工作积极性。

4. 结果管理

上级根据工作的结果需求，对工作任务进行管理安排。像目标管理一样，在目标确立之后，调动团队整体的积极性，发挥全体员工的能力共同实现这个目标。不过，在结果控制时可以评价一个下属工作能力，还可以是对一个部门或其他所属的一个岗位的绩效评价。

5. 例外管理

当团队管理中出现特殊情况时，领导亲自进行决策。在平常的团队工作中，成员独立处理工作。这样不仅可减轻上司的负担，还有助于锻炼员工的办事能力和效率。

（三）创业团队的管理的策略

创业团队的管理包含公司组织、生产服务、市场营销等方面。创业团队在创业初期一般更注重生产管理、市场管理、服务管理等环节，往往会忽视团队自身的建设与管理，此种做法并不科学。创业团队的管理应该始于创业团队组建时，本小节提出了创业团队的管理策略，主要有以下几点。

1. 价值创造

团队的每一位成员都致力于企业价值创造，大家齐心协力解决问题，一旦决策方案提出，大家共同执行。在这一过程中，各成员不但获得丰富的物质回报，同时个人的技能也得到提升。

2. 合作

在创业团队中，合作是团队成员的基本素质，成员个人的努力远不及团队成员共同协作效益大。创业者与团队成员的相互匹配、共同协作，这是保证一个创业团队成功的前提。

3. 凝聚力

团队的凝聚力是指群体成员之间为实现共同目标实施团结协作的程度，凝聚力表现在个体动机行为对群体目标任务所具有的信赖性、依从性乃至服务性上。在创业过程中，团队所有成员都认同整个团队是企业发展的重要保障。团队的利益高于团队每一位成员的利益，如果团队成员能够为团队的利益而舍弃自己的小利时，团队的凝聚力极强。

4. 绩效

绩效是指给评估者和被评估者提供评价标准，以方便客观地讨论、监督、衡量工作效果。绩效管理可以使团队成员明确自己的职、责、权与团队的目标和计划，同时，也可以根据自己的价值对自己的薪资产生期待。

5. 理念

在团队创业初期，一般的做法是将公司的股份预留出 10% ~ 20%，作为吸引新的团队成员的股份，团队中不仅要有资金的分享，还要有理念、观点、解决方案的分享。这种分享方式有利于提高每一位团队成员的工作积极性，因为其劳动付出能直接转换成劳动成果；另一方面，团队中的观点、技术方面的分享有利于提高整体的工作效率，有助于创造团队的最高绩效。

6. 决策者

决策者的角色一般由企业的拥有者承担，他们不但对问题进行决策，而且承担决策产生的后果。决策者通常都会在决策前召集团队成员讨论解决方案，如果大家的意见不一致，就要求重新分析方案的可行性，并对方案进行修改。决策的主要内容是创业团队的长期目标与阶段发展计划，还包括与团队发展相关的重大决策。

7. 执行

执行是根据公司制定的业务计划和目标，从职能领域安排自己的工作和计划，细化量化自己的工作，具体执行决策者的决策。新创企业需要制定出规范化的团队制度保证团队成员工作的执行；创业团队决策者应首先从一个执行者要求自己，只有当自己完成方案时，才能将方案交给其他执行者去执行。

第二节　　"互联网＋"环境下的创业团队

在"互联网＋"环境下，创业的成功很大程度上取决于团队的付出，而非单纯个人的努力。世界首富比尔·盖茨也说过："大成功靠团队，小成功靠个人。"企业的成败不是企业高管所能掌控，团队素质决定团队行为，最终决定企业的成败和命运。全球经济一体化给企业带来变幻莫测的内外环境，联合并进成为企业竞争的关键，而团队的出现正好顺应了这种需求。

团队建设机制是维系团队活力，激励成员积极情绪的关键。

创业团队的组建及管理模式需要根据所处的实际形势做出适当的调整和创新。"互联网+"环境下的创业团队在发展过程中，展示出区别于传统创业团队的新特征和组织形式。因此，在进行关于"互联网+"创业团队的管理策略研究之前，首先要对"互联网+"创业团队的特征、组织形式，组建策略有充分的理解，才能做出相应的解读和探讨。

一、基于"互联网+"创业团队概念的新理解

在信息时代下，"互联网+"环境下的创业团队的组建是创业初期的关键要素，团队的构成应合理有序并且具备创业精神和创业基本素养，才足以适应互联网信息时代的快速变迁，才能在充满不确定性的环境中敏锐地发现隐藏的机遇，牢牢抓住创业机会，有效整合创业所需资源，制定可行的商业计划，促进团队发展。另外，创业团队还需持续挖掘"互联网+"环境下更大的潜在市场，合理运用创业资源，以保证创业团队的稳健成长。

"互联网+"时代背景下，互联网技术渗透社会经济各个领域，并不断焕发新生机，互联网的创新成果也同样为创业团队自主创业提供了新机遇。"互联网+"环境下，企业初创阶段团队管理的工作在增强环境适应力、提高管理效率、共享信息与知识、提高凝聚力等方面发挥了重要的作用，因而迅速地普及开来。例如，"互联网+"创业团队发展了虚拟团队、众包、众创等新形式来适应互联网时代的变化发展。但是，新时代背景下的团队管理也存在诸多问题；由于用户需求的多样性和动态性，传统的部门结构或其他固定的群体工作方式，很难快速满足顾客的需求。创业团队应该充分认识到"互联网+"带来的机遇与挑战，快速而准确地获取并满足用户需求。所以，在瞬息万变的互联网竞争时代下，只有采取工作更灵活、反应更迅速地团队工作方式以及有效的管理措施，才能迅速提高创业团队的环境适应能力。

在"互联网+"时代下发展的创业团队，显示出了突显信息时代特性的新特点。基于互联网时代背景下的创业团队，与传统的创业团队相比具有以下特征。

（一）知识性

创业团队的知识性指的是网络经济下的信息和知识以互联网为工具快速地传播和创新，逐渐成为能够创造财富的知识。创业团队有必要学习更多的知识以提升团队素养，从而在"互联网+"环境下保持自身的竞争力。

（二）创新性

创业团队的创新性指网络经济瞬息万变，任何创业者及其团队都应具备创新精神。如果创业团队不具备创新性，则很难适应市场的快速发展，也会逐步被时代所淘汰。互联网时代消费者需求的个性化、小众化和定制化，使经营策划从产品思维模式转向创新价值思维模式，这需要创业团队更具创新精神，以为客户提供更全面、周到的服务。

（三）服务性

创业团队的服务性指的是随着定制化、个性化消费成为主流，服务意识成为创业基本功。由于服务经济的发展，"服务＋产品"的经济特征迫使创业团队的发展要具有服务性。以往的消费者只看重产品的质量和效果；如今消费者同时还要看重的是产品的延伸服务。

（四）开放性

创业团队的开放性指的是开放的网络使网络创业者具有开放品质。团队成员的相互合作程度在网络信息时代背景下得到了很大程度的提高。由于互联网盛行，成员的沟通也愈发密切，团队的内部的信息传递也更为便捷和准确。

三、"互联网＋"环境下创业团队新的组织形式

在互联网迅速发展的时代，信息的蓬勃发展要求创业团队能够对多样化的信息进行整合和处理。创业团队在信息化时代发展成了虚拟团队和"四众"的组织形式。这些新型的"互联网＋"创业团队的组织形式都是通过调整自身情况，为适应"互联网＋"环境的发展要求而产生。通过分析这些新组织形式的特点，有利于我们更好地把握和了解"互联网＋"创业团队的发展现状。

（一）虚拟团队

虚拟团队是一个由分散于不同的时间、空间和组织边界的一起工作完成任务的人员组成的群体。虚拟团队由一些跨地区、跨组织的、通过信息技术的联结、试图完成组织共同任务的成员组成，虚拟团队存在四个方面的特征：团队成员具有共同的目标；团队成员地理位置的离散性；采用电子沟通方式；宽泛型的组织边界。

虚拟团队与传统的组织形式相比较具有以下明显的优势。

1. 竞争优势

虚拟团队集聚了世界各地的优秀人才，他们在各自的领域内都具有知识结构优势，团队成员众多单项优势的联合，必然形成强大的竞争优势。虚拟团队通过知识共享、信

息共享、技术手段共享等方式，使得优秀成员的经验在数字化管理网络中迅速推广，实现优势互补和有效合作。虚拟团队通过网络对知识采集、筛选、整理、分析，使众多不同渠道的零散知识迅速整合为系统的集体智慧，转化为竞争优势。

2. 信息优势

虚拟团队成员分布区域广泛，使得他们能够充分获取世界各地的技术、知识、产品信息资源，这为保持产品的先进性奠定了基础。同时，成员可以通过采集各地顾客的相应信息、反映顾客的需求并及时解决客户的相关问题，全面地了解顾客，组织设计开发出满足顾客需求的产品和服务，建立起友好的顾客关系。

3. 人才优势

现代通信与信息技术的使用大大缩短了世界各地的距离，区位不再是直接影响人们工作与生活地点的因素，这就大大拓宽了虚拟团队的人才来源。虚拟团队可以动态地集聚和利用世界各地的人才资源，这为虚拟团队其具有专业技能的人才创造了条件，同时也减少了人才资源的流失。

4. 效率优势

团队是组织应付环境变化的有效手段之一，而虚拟团队利用最新的网络、邮件、移动电话、可视电话会议等技术实现及时快速信息交流，缩短了信息沟通和交流的时间，确保及时做出相对正确的决策。

（二）"四众"形式

互联网的普及促进了众包、众筹以及众创等大众创新形式的出现。国家依托"互联网＋"新技术构建最广泛的创新平台，鼓励发展众创、众包、众扶、众筹等新模式，使创新资源配置更灵活、更精准，凝聚大众智慧，形成企业与个人协同的创新新格局。

1. 众创

集思广益，集众智进行创新。通过创业创新服务平台聚集全社会各类创新资源，大幅降低"众创"模式创新成本，使每一个具有科学思维和创新能力的人都可参与创新，形成大众创造、释放众智的新局面。创业团队结合广大民众的建议和要求，构思一个更加完善和全面的计划方案，推动团队有效地发展。

2. 众筹

吸纳社会资金，集资促进发展。"众筹"模式通过互联网平台向社会募集资金，更灵活高效地满足产品开发、企业成长和个人创业的融资需求，有效增加传统金融体系服务小微企业和创业者的新功能，拓展创业创新投融资新渠道。"众筹"模式为创业团队创业初期获得足够的资金，推动团队目标的实现提供了保障。

3. 众扶

号召群体支持，集众扶持创业。"众扶"模式通过政府和公益机构的支持、企业的帮扶援助以及个人的互助互扶等多种方式，共同帮助小微企业和创业者成长。"众扶"模式有利于构建创业创新发展的良好生态环境，从而促进创业团队的进一步发展。

4. 众包

集中大众力量，增加就业率。"众包"模式借助互联网等手段，将传统由特定企业和机构完成的任务向自愿参与的企业和个人进行分工，最大限度利用大众力量，以更高的效率、更低的成本满足生产及生活服务需求，促进生产方式变革，开拓集智创新、便捷创业、灵活就业的新途径。

为更好地推进"四众"新模式的落地，凝聚众人智慧，开创企业个人协同创新格局，需要尽快解决下述问题。

大力发展众创空间和网络众创平台，提供开放共享服务，集聚各类创新资源，拓展就业新空间；把深化国有企业改革和推动"双创"相结合，鼓励用众包等模式促进生产方式变革，聚合员工智慧和社会创意，形成新产品新技术开发的动力；通过政府和公益机构支持、企业帮扶援助等多种方式，共助小微企业成长；发展实物、股权众筹等，有效拓宽金融体系服务创业创新渠道的功能。

四、"互联网+"环境下创业团队的组建

在互联网背景下，用户的多样化、信息文化的冲击等影响因素，使得"互联网+"环境下创业团队的组建方式其与传统的创业团队不同。通过分析探讨"互联网+"创业团队的组建原则、影响因素、多元化构成这三个主要方面，研究"互联网+"创业团队的组建情况和特点。

（一）组建原则

"互联网+"创业团队的组建原则是团队组建的方向和根本保证。为了确保创业团队在互联网时代中的组建工作，并始终拥有一个明确的方向，必须明确"互联网+"环境下团队组建原则。

1. 以用户的需求为中心

互联网时代下，创业团队的生存和发展环境变得愈加复杂。用户是创业团队的利润来源，用户的需求在新时代出现了新的特点，创业团队的生产经营将面临新的挑战。原来的大规模制造需要转换为个性化定制的模式，即从原来的先制造产品再寻找用户转变为先寻找用户再量定制。因此，在互联网时代中，创业团队要转变传统的经营管理方式，

做到一切以用户的需求为中心，尽可能地实现与用户的零距离接触。

2. 用系统的观点优化整体流程

在传统劳动分工模式下，各企业通常只专注于产品生产效率的提高，而忽视了客户不断变化的需求。"互联网+"团队的组建需要从系统的角度出发，以整体流程最优化为目标，设计和优化企业流程中的各项活动，使其最大限度为客户创造价值。

3. 以提高团队整体的合作能力为基础

在"互联网+"环境下，创业团队的业务流程包括多个子流程，每一个子流程的基本活动单元是团队。如果没有团队成员的高度合作，业务流程的处理会被打乱，这既增加团队成员的摩擦，又严重影响业务流程的执行。因此，只有提高团队整体的合作能力才能确保团队工作的有效执行，进而保证团队目标的实现。

4. 充分发挥个人和团队相结合的作用

传统的组织结构中，决策者和作业者严格分开，决策者不能及时掌握基层信息做出正确的决策，作业者虽掌握基层信息，但由于没有决策权而错失良机。"互联网+"团队组建要求将决策权下放，每个业务流程处理过程中最大限度地发挥每位成员的工作潜能和责任心，减少审批和等待的时间，消除中间不必要的环节。

（二）影响因素

在互联网背景下市场环境的复杂多变，这使得创业团队的发展受到很多因素的影响制约。"互联网+"创业团队的组建要重视对这些影响因素的分析，把握关键要点，使得制约因素的阻碍程度降到最低或是使制约因素

转变为促进因素。因此，在"互联网+"团队组建过程中，分析影响团队组建的因素十分必要。影响"互联网+"创业团队的因素主要有以下几个。

1. 组织结构

创业团队的高效率运行需要合理的组织结构作保证。"互联网+"环境下创业团队所处的经营环境、经营战略、团队所处的发展阶段都对组织结构的设计有重要影响。"互联网+"时代下，创业团队的组织结构更强调的是以用户为中心的原则。

"倒三角形"的组织结构是"互联网+''创业团队最为常见的体现用户为核心的组织结构模式。用户在顶层，一线经理、员工直面客户，管理者从原来的发号施令变为底层资源和服务的提供者，整个组织结构由原来的直线职能式变成了矩阵式。"倒三角形"组织结构的表现是管理者与部下一起听用户的"指挥"，而不是管理者指挥部下。

2. 团队文化

重视个体的创造性发挥是"互联网+"时代的一个重要特征。团队文化在"互联网+"

时代下更要体现自我内聚、自我改造、自我调控、自我完善、自我延续的功能充分发挥团队成员的创造性，它以无形的"软约束"力量构成团队有效运行的内在驱动力。

"互联网＋"时代创业团队的建设需要适应其在发展过程中形成了具有自身特定的团队文化，才能推动团队的有效组建、运作和发展，不断提高企业的绩效水平。

3. 团队目标

每一个团队都必须有共同的目标，依照目标进行的团队任务分工可以让团队成员明确自身的角色和责任。在互联网背景下，市场信息的冗杂多样，使得团队对目标的注意力被分散。"互联网＋"时代创业团队的团队目标是影响团队组建的重要因素，当个人目标与团队任务的一致性程度越高，团队成员之间的凝聚力就越强，团队的组建就越成功。具有高度凝聚力的团队，成员都能够积极投入团队任务达成的过程中，并能发挥高度的合作精神。团队绩效水平的提高反过来又会鼓舞团队成员的士气，进而提高团队的凝聚力，形成良性循环。

4. 团队沟通

沟通是影响"互联网＋"时代下两个或两个以上的团队成员之间的信息交换与共享的重要因素。团队成员的沟通主要是成员之间相互交换信息的意愿与能力。团队成员只有进行有效的团队沟通，才能充分进行信息的共享，从而形成良好的团队氛围，提高整个团队的绩效水平。信息化是互联网发展的主要趋势，加强团队之间的信息化程度，实际上是适应互联网时代发展的需要，有助于"互联网＋"创业团队的顺利组建。如果团队成员之间缺乏有效的沟通，就不能信任和团结的团队氛围，也无法组建高凝聚力的创业团队。

5. 团队冲突管理

创业团队的发展过程中，人与人之间在外部环境以及团队内部存在着错综复杂的利益关系。当一个人利益与其他人的利益相抵触时，冲突就会发生。团队成员在互动的过程中，不可避免会产生各种各样的冲突，进而影响团队的绩效水平。冲突管理的重要性在于其会对团队和个人的绩效、个体满意度、工作任务投入和团队过程等产生的重大影响。

五、"互联网＋"环境下创业团队的管理

在"互联网＋"环境下创业团队的管理应区别于传统的团队管理方式，在信息复杂多变的潮流中，创业团队管理的重点应该是在维持团队稳定的前提下发挥团队多样性的优势，形成自身独特的竞争力。本小节主要先分析出创业团队管理在"互联网＋"环境下出现的新问题，再进一步对其提出新的创业团队管理策略。

（一）"互联网+"环境下创业团队管理中存在的问题

在"互联网+"的时代背景下，创业团队所处的生存和发展环境变得愈加复杂，传统的创业团队管理方式已不能够满足互联网信息时代的发展要求。创业团队改进了以往传统的管理方式，以提高自身的灵活性、反应速度、适应环境能力。新环境下创业团队的管理仍存在一些问题。

1. 创业团队成员的被动工作态度

在"互联网+"环境下业务流程比较复杂，业务成员需要尽可能参与各流程工作中，以保证整条业务链顺利运转。这导致业务成员工作的职责权限没有得到明确详细的划分界定，工作的责任也是由团队集体来分担，团队成员的责任意识就会减弱，自豪感和成就感也会随之降低。长此以往，团队成员的工作积极性降低，导致团队成员只是被动地从事分内工作。这不仅严重影响创业团队的整体工作效率和工作积极性，也遏制了创业团队的创新进步。"互联网+"环境下创业团队应该重视团队成员的工作态度，提高成员主动工作的积极性，实现由被动工作向主动工作的转变。

2. 创业团队的稳定性与创新性的不平衡发展

"互联网+"创业团队成员间为了能够形成和谐的合作关系，需要进行长期的协作，这需要团队具有一定的稳定性。"互联网+"环境下创业团队需要根据外界环境变化不断吸收新鲜血液、不断创新以维持企业进一步发展。创新是团队保持核心竞争力的关键。因此，"互联网+"创业团队的稳定性与创新性两者之间往往又是矛盾的。团队的稳定性与创新性的不平衡发展将不利于创业的长期发展。"互联网+"创业团队在进行管理时应该把握好团队的稳定性与创新性两者之间平衡，保持二者协调发展。

3. 创业团队的信息化程度低

在创业初期阶段，资金短缺是每支创业团队都会面对的难题。大多数初创企业无法负担信息管理系统的金额成本，导致其无法对外界信息进行快速有效地挖掘与整合，团队内部也难以实现信息共享。只有当团队成员之间相互合作与交流，将自己所拥有的信息和知识技能与他人共享，团队的整体绩效水平才能有效提高，同时有利于迅速解决创业团队发展中的问题。因此，提高"互联网+"创业团队的信息化程度显得愈发重要。提高创业团队整体成员知识和信息的共享程度是改善团队管理的重要步骤。

4. 创业团队管理中存在"搭便车"现象

在互联网背景下，工作业务的复杂或是客户多样化的需求，要求同一项业务需要拥有不同技能的员工共同来完成。通过团队成员间的相互协作来完成各项任务时，创业团队会出现部分成员的"偷懒"的现象，即"搭便车"现象。"搭便车"现象是指在团队

生产中，由于团队成员的个人贡献与所得报酬没有明确的对应关系，或者由于其他激励措施不当，造成部分成员减少自己的成本支出而坐享他人劳动成果的机会主义倾向。"搭便车"不但降低了团队成员的工作积极性，而且影响了团队的整体工作效率和产出。采取有效的措施消除"互联网＋"创业团队中的"搭便车"现象成为团队管理的重点工作。

（二）"互联网＋"环境下的创业团队的管理策略

在互联网背景下，创业团队管理在创业初期中具有重要的意义。创业团队要适应"互联网＋"带来的新变化，就必须改进以往传统的团队管理策略。本章节将对创业团队的四个管理策略进行探讨：明确创业团队成员的责任界定、重视创业团队的文化建设、改进创业团队的沟通管理以及加强创业团队的领导管理。

1. 责任界定

创业团队运作效率的高低与否在很大程度上取决于创业团队的各成员之间是否明白各自的分工职责，是否懂得如何进行员工之间的协作互助。创业团队管理可以通过采用合乎公司实际情况的组织形式，实施科学的岗位设计并详细规定各个岗位职能的方法来明确创业团队成员的责任。

（1）组织形式的选择

"互联网＋"环境下，创业团队按照其具体特点，规定团队的组织形式，并要对创业团队的每一个成员职责进行详细的说明。这不仅使成员对于公司的整体运作有个明晰的认识，更有利于各成员在本人岗位高效完成本职工作。

（2）岗位设置原则

"互联网＋"环境下创业团队岗位不要设置很多，要使所有的工作尽可能地集中。岗位之间的责任不交叉、不剩余。经济科学的岗位设置对企业的经济效益有很明显的促进作用。

2. 文化建设

在互联网时代背景下，信息的冗杂和文化的多元发展，影响了创业团队成员的价值观和世界观的形成。创业团队应该建设文化，这既能保持团队的活力和高绩效的工作水平，且有利于所有团队成员之间的协作和交流，改善创业团队成员之间的关系。创业团队文化建设主要从以下几个方面进行。

（1）构建创业团队成员之间的认同与信任

使创业团队成员的个人行动与创业团队整体行动相一致，创业团队成员间的互相认同与信任，有助于提高团队整体的协作程度，进而提升团队效率。

（2）确保团队的奖惩制度是公开的、平等的、透明的

公平透明的奖惩制度才会使得"互联网+"创业团队成员真正用心为团队积极工作，创造最大的价值。每一位团队成员的奖惩都应该根据他们各自的绩效水平进行合理评定。

（3）提高团队成员的综合技术水平

创业团队要给每个团队成员创造个人发展的机会和条件，不断地提高成员的专业知识技能和素养，使其转化为团队发展的不竭动力。

（4）弘扬团队的先进文化

创业团队应加强宣传先进、积极的理念，以此来影响团队成员的行为。团队负责人应该定期举办有关文化交流的活动，陶冶团队成员的情操。另外，团队的成功例子以及积极的理念也应该得到弘扬和继承，激励员工的个人发展。

创建团队文化对员工敬业度有着重大影响，任何团队要想获得管理卓越，首先要建立和培养团队核心价值观体系，以统一的价值观去统一人们的行为，用统一的核心价值理念作为行为准则，给每个团队成员一把衡量自身行为和绩效的尺子。通过价值理念的整合，达到行为的整合。团队文

化不是抽象的概念，它是有形的、具体的、可执行的。我们可以将团队文化归纳为"以人为本、快乐工作、团队合作、团队学习、自动自发、追求创新"，以这24个字作为团队核心价值观体系并作为企业团队文化建设的方法。

第一、以人为本：团队文化建设的核心是以人为本，以人为本是企业人才战略在团队中的具体体现。以人为本就是尊重人、关心人、爱护人、培养人，鼓励员工在岗位上成长成才，实现个人和组织的共同成长。

第二、快乐工作：如今企业员工大都是年轻人，他们有更多的想象力与工作激情。他们的职业取向更倾向于良好的工作氛围。工资收入并不是他们工作的唯一动力，他们对精神的追求愈加强烈，这构成了文化建设中不可忽略的课题，团队文化建设一定要抓住员工这些正常的心理需求，让员工自发地参与到团队工作中来。

第三、团队合作：随着社会的发展，职业分工越来越细，越来越多的工作需要大家合作来共同完成。如果团队中的成员只考虑自己的工作，不愿协助其他人，不去考虑与别人沟通合作，那么在工作中就很可能因协调不利而出现问题。

第四、团队学习：一个优秀的团队应该是学习型团队，学习是团队文化建设的重要组成部分。团队的成长过程是一个持续的学习过程。团队的每一项进步都是通过学习实现的，学习是增强团队自身能力的手段。

第五、追求创新：追求创新是团队工作的永恒主题，唯有创新，我们才能不断超越

自我，实现个人和团队的共同提升。追求创新对员工都有这样的行为规范要求，即：在工作中要善于发现问题，并以创新的态度和智慧去解决问题，不断改进工作方法，提高工作效率。也就是说在工作中要主动寻找更完善的方法，创造性的工作，追求效率、追求质量、追求成果。

3. 沟通管理

创业团队之间没有交流沟通就不能达成共识；没有共识就不就不能有默契；没有默契就不能发挥创业团队绩效，也就失去了创业的基础。沟通管理在组织效率与功能实现方面起到关键作用。成员间的有效沟通是建立高效创业团队的前提。创业团队的沟通机制主要从以下几方面进行考虑和设置。

（1）建立规范的创业团队沟通制度

建立创业团队沟通制度是进行创业团队沟通的一种有效方法。创业团队应该将其内部的沟通当成一项长期性的工作。

（2）重视并加强对团队成员的沟通技巧培训

要想在创业团队内部形成良好的沟通氛围，必须加强对员工的沟通知识培训。创业团队应着重在运用反馈、消除沟通障碍、抑制情绪注意、提问与复述、避免中间打断说话者、使听者与说者的角色顺利转换等方面改进团队成员的沟通方式。

4. 领导管理

领导是一个人以其个人综合能力去解决组织团体中的有关问题，而且能够影响组织内的成员接受他的领导的一个过程，其本质上应包括影响力，而这种影响力并非完全来源于组织内的权力地位，还应包括领导者的自身影响力。在"互联网 +"创业团队管理的实践中，领导范畴则得到大量运用，领导管理的重点主要有以下几方面。

（1）把工作责任的归属权转移给那些实际执行者

在互联网背景下，创业团队的最大的权力应该分配给工作的执行者，使执行任务的成员有完成相应工作的可行使的权力。工作的执行者自行调配资源、获取相关许可文件可以有效提升工作效率。

（2）指导团队成员开发个人能力

创业团队应提升创业团队成员的自我期望，让他们相信他们有能力能够按照个人的方案完成工作任务。团队应鼓励成员进行思维创新并对团队事务勇敢地提出个人见解。同时，团队需要适当安排成员参与相对应的职业技能培训，加强对成员潜能的开发。

（3）自我鞭策，加紧学习，并且鼓励团队成员一起求进步

《学习的革命》一书中有这样一句话：人的一生就是学习的一生。担任领导的本身就意味着担负着学习的职责，领导者要以身作则，保持不断学习的精神和行为，才能占尽先机从而取得成功。

（4）创建一个在一段时间稳定的创业团队

创业团队决策者应懂得如何通过调整团队的结构来适应新的环境，以便它提升工作效率。团队决策者要给创业团队安排专家指导，帮助创业团队成员充分利用他们的有利绩效条件。

第八章
大学生新创企业的管理

在当今日益复杂的市场经济形势下，大学生创办起来一个企业十分容易，但是真正经营好一个企业却相当不易。为了使新创企业进入正常运行状态，并顺利进入市场并在市场上站稳脚跟，大学生必须学会如何管理新创企业。在大学生新创企业的管理中，首先应当懂得如何创办企业，其次应当重点抓好新创企业的财务管理、人力资源管理和市场营销管理等方面。本章就主要对这几个方面进行一定的探讨。

第一节　新企业的创办过程

在大学生创业的过程中，创办新企业是一项至关重要的工作。具体来说，在满足创办新企业的条件后，新企业的创办还包括选择企业形式、选择企业地址等内容，这其中每一个环节都非常重要，必须予以认真对待，否则创业活动中很可能出现各种问题。

一、创办新企业的条件

（一）创办新企业的外部条件

具体来说，创办新企业要满足以下外部条件。

1. 具有有利的创业机会

在创办新企业时，一定要有有利的创业机会，而且创业者要很好地把握住这个机会，否则很难取得创业的成功。

2. 具备有利的外部环境

"创业需要适当的制度环境、政策环境、金融环境、市场环境、科技环境、人文环境等。"如果经济制度环境、资本市场、技术支撑、环保制度等都不健全，新创办的企业是很难成功生存下来的。

（二）创办新企业的内部条件

一般来说，创办新企业还要满足以下内部条件。

1. 创业者有很强的创业欲望

如果一个创业者没有强烈的"我要做老板"的欲望，那么他在应对创业的挑战、机遇、困难、烦恼时就没有足够的准备，随时可能会逃避。

2. 具有能直接创造市场需求的产品

具有能直接创造市场需求的产品是多数创业者创办新企业的最直接动力，但创业者开发的新产品能否直接创造市场需求还需要经过认真的市场分析。

3. 获得了某种特殊权

获得政府授权的某种特许权或者是获得其他企业授予的某种经营特许权，也是创业者创办新企业的另一直接动力，如政府专业技术认证部门对产销计算机网络安全产品的特许等。

4. 有竞争优势

企业竞争优势就是"在市场上，一个企业在某些方面比别的企业强一些，从而具有更多的营利机会、更强的营利能力"。企业的竞争优势来源于它强于别的企业的核心能力，一个企业在哪一方面有强于别人的核心能力，就有可能形成源于该方面的竞争优势。但要注意的是，一个企业只可能在某一方面拥有自己的核心能力，形成自己的竞争优势，如果追求面面俱到，往往会一事无成。

二、选择企业形式

选择企业形式是创办新企业的第一个环节，如果企业形式选择得不合适，创业就带有盲目性，创业目标也就很难实现。因此，大学生创业者在创办新企业时一定要以自身的实际情况为依据，选择合适自己的企业形式。

（一）企业的形式

通常来说，大学生在创业过程中可以选择的企业形式有个体工商户、个人独资企业、合伙企业、有限责任公司和股份有限公司等，每一种企业形式都有其各自的优缺点。

（二）企业形式选择的影响因素

大学生在创业过程中选择企业形式时，应当结合自身的情况，从以下几个因素入手来选择企业形式。

1. 单干还是合作

创业者是要单干还是找合作伙伴一起创业，这关系到创业发展的命运。单干与合作都有各自的利弊，大学生创业者要对其有清晰的认识，根据自己的实际情况来选择。

2. 创业资金的多少

作为企业的生命线，资金的多少对企业形式的选择有着重要的影响。大学生创业者要根据自己筹备的创业资金的多少来选择企业形式。一般来说，在我国，个体工商户、个人独资企业以及合伙制企业的创业资金没有最低限额要求；而有限责任公司的注册资本以 3 万元为最低限额；股份有限公司的注册资本以 500 万元为最低限额。

3. 创业风险的大小

不同的创业项目有着不同的风险，大学生创业者应对自己选择的创业项目进行合理的评估，如果创业风险较小，可以选择承担无限责任的创业形式；如果创业风险较大则宜选择仅承担有限责任的创业形式。

4. 所选创业项目的行业特点

行业特点对于选择企业形式也会产生影响，如交通运输业、文化体育业、医疗服务业、金融保险业、高校后勤服务业等服务行业的营业税有税收优惠，有害、奢侈、高能耗等消费品销售行业需要缴纳增值税和消费税，等等。因此，大学生创业者要根据创业项目的特点来考虑创业项目的组织形式。

5. 是否有利于长远的创业规划

创业形式的选择还受到该创业形式是否有利于长远的创业规划的影响。为了促进企业做大做强，大学生创业者所选择的企业形式应当具有充分的发展空间，有利于吸引新的股东、资金、人才、技术等。在这些方面，个体工商户、个人独资企业等企业形式要稍逊于有限合伙企业、有限责任公司、股份有限公司等企业形式。

三、选择企业地址

选择了企业形式之后，要选择合理的企业地址，这是一项长期投资，具有长期性和稳定性的特点，对创业企业的经济效益和发展前景有着重要的影响，甚至在某种程度上可以决定创业企业的经营成败。对于大学生创业者来说，在选择创业企业的地址时要注意考虑以下几方面。

（一）考虑位置

在选择创业企业的地址时，大学生创业者要考虑位置因素，这具体包括以下几方面。

1. 地理环境

在选择创业企业的地址时，大学生创业者要考虑地理环境，包括选址所处位置的繁华程度以及选址周围的卫生状况。

2. 交通条件

在选择创业企业的地址时，大学生创业者要考虑交通条件是否便利，包括停车是否方便、货物运输是否方便、从其他地段到这里乘车是否方便等，这一点对创业企业的销售有很大影响。

3. 周围设施

周围设置的存在会对创业企业的销售有较大影响，因此，在选择创业企业的地址时，大学生创业者要考虑周围设施，比如选址在城区干道旁，但干道两边存在栅栏，则会使生意大受影响。

4. 服务区域的人口情况

在选择创业企业的地址时，大学生创业者要考虑服务区域的人口情况。一般情况下，创业企业位置附近人口越多、越密集越好。

5. 目标顾客收入水平

在选择创业企业的地址时，大学生创业者要针对创业企业的性质，选择拥有最佳目标顾客的位置。

（二）考虑成本

在选择创业企业的地址时，大学生创业者要考虑成本因素C因为有好的地理位置的区域往往地价、房价都很高，但大学生创业者的创业资本一般来说相对有限，所以，本着节约开支的原则，应该选择合适的经营场所，不能不考虑创业企业的经营特点和承受能力，一味地选择好地段。

（三）考虑环境

在选择创业企业的地址时，大学生创业者还要考虑环境因素。一般情况下，如果自己所创办的企业可能会产生废水、废渣、废气等，应考虑当地风向和城市整体规划；如果自己所创办的企业生产噪声大或生产的是易燃、易爆、有毒产品，则应远离城市。

在选择了企业的地址之后，大学生创业者要对自己所创立的企业进行相应的登记工作，确保自己的企业能够正常运转。所谓企业登记，具体是指企业在设立、变更、终止时，

由申请人依法在公司注册登记机关提出申请，主管机关审查无误后予以核准并记载法定登记事项的行为。具体来说，新企业登记主要包括工商登记、税务登记以及工资保险登记等，这些企业登记的相关事宜完成后，就标志着新企业正式创办成功。

第二节　大学生新创企业的财务管理

对于一个新创企业来说，资金就相当于其流动的血液。大学生要想掌握好企业的命运，获得成功，就必须懂得如何筹集资金以及如何有效地运用资金。这也就是说要学会财务管理。企业财务管理是指有关资金的筹集、投放和分配的管理工作，是以取得最高的回报率的方法筹集资本并管理企业资本的过程。

一、新创企业财务管理观念

大学生在进行财务管理时，树立正确的财务管理观念是十分必要的。一般来说，以下一些财务管理观念对大学生创业者而言就有非常重要的作用。

（一）效益观念

在当今市场经济环境下，对于一个企业来说，取得并不断提高经济效益是其最基本要求。因此，大学生创业者在财务管理方面必须牢固树立效益观念。筹资时，要考虑资金成本；投资时，要考虑投资收益率；在资产管理上，要用活、用足资金；在资本管理上，要保值增值。同时，大学生还要注意合理地追求利润的最大化。这就要加强对企业收入、成本、费用、资金等指标的控制，加强对企业利润的考核。

（二）货币时间价值观念

大学生创业者应当明白货币是有时间价值的，在不同的时间点上一定量的货币会有不同的经济价值。这就是因货币运动的时间差异而形成的价值差异。大学生创业者必须注重这种价值差异在财务决策中的作用。一个项目看似有利可图，但如果考虑货币的时间差异，就很有可能毫无利益可言。因此，大学生应当树立起货币时间价值观念。

（三）现金流量观念

一个企业经营质量的高低往往是通过现金流量来衡量的。一个企业即便是有比较好的经营业绩，但如果现金流量出现问题，那么就会使财务状况逐步恶化，最终很容易走上破产的道路。因此，大学生创业者要形成一定的现金流量观念，注重控制现金流量，加强管理企业的现金收支情况。

（四）知识效益和人才价值观念

目前，人们已经进入了一个知识经济时代。在这个时代中，经济发展的两大重要资源即知识资源和人力资源。它们是决定企业在竞争中能否获得胜利的关键因素。因此，大学生创业者在财务管理过程中也要时刻注意树立起知识效益和人才价值观念。

（五）风险观念

风险是当前市场经济的必然产物。现代企业财务活动本身的复杂性、客观环境的复杂性和人们认识的局限性，都可能引发企业财务风险。因此，大学生创业者在组织企业的财务活动过程中，要时刻具备财务风险识别和抵御意识。

二、新创企业财务管理的职能

在新创企业财务管理中，资金运动及其体现的经济关系主要表现为筹资、用资、耗资、分配等方面。这些方面决定了财务管理的基本职能是财务决策、财务计划和财务控制。

（一）财务决策

财务决策是财务管理的核心职能，是指有关资金筹集和使用的决策。具体而言，企业财务人员需要根据财务管理目标的总体要求，通过合法的手段选择最佳资金筹措和使用方案，使企业的经济效益达到最大。财务决策的主要内容包括投资决策、筹资决策和营运资本管理决策。它需要通过财务计划和财务控制为企业经济利益服务。

（二）财务计划

所谓财务计划，就是指财务人员以数量的形式预测企业未来一定时期内的现金流量、经营成果和财务状况。编制科学合理的财务计划能够帮助大学生创业者更好地落实既定决策、合理调节资源配置、明确某一时期内应完成的全部事项。财务计划有短期的，也有长期的，内容主要包括资金需要量计划、成本和费用计划、材料采购计划、生产和销售计划、利润计划、财务收支计划等。

（三）财务控制

所谓财务控制，就是指财务人员通过计划、预算和规划对企业的整个财务活动（如对比计划与执行的信息、评价下级的业绩等）加以控制。它是执行决策和计划的过程。财务控制的方式主要有防护性控制、前馈性控制（预先控制）、反馈性控制（事后控制）。其中，最常用的是反馈性控制。

三、新创企业财务管理的原则

不管是刚创立的小企业还是已经成立起来的比较正规的企业，财务管理都应当遵循

一定的原则。对于大学生新创企业来说，以下几个原则尤其要重视。

（一）价值最大化原则

对于企业来说，实现价值的最大化不仅是财务管理的重要目标，也是财务管理必须遵循的基本原则。在新创企业的财务管理中，财务管理人员应当按照价值最大化这一原则来开展一切财务管理活动，严格控制企业的各项投入与产出、耗费与收入、盈利与亏损，实现企业资金的高效运行。

（二）"成本—效益"原则

新创企业的财务管理要追求价值的最大化，就得以最少的成本支出来获取最大的收益。因此，把握好效益和成本之间的关系至关重要。"成本—效益"原则主要是要求大学生在新创企业的财务管理活动中要将讲求效益和节约成本充分结合起来，既要注意"开源"，也要注意"节流"。那种只知道一味降低成本，或一味盲目追求产值的做法都是不可取的。

（三）资源合理配置原则

新创企业的财务管理要遵循资源合理配置的原则，使财力资源得到最合理的优化，最大限度地发挥资源的整合效益。这就需要其做到既防止财力资源供应不足的现象，又避免各个环节上资源过剩和浪费的现象。

（四）风险与收益均衡原则

任何企业在追求利益的同时，也不可避免地面对着诸多的风险。尤其是高收益与高风险更是紧密相连。因此，在新创企业的财务管理过程中，应当坚持风险与收益均衡的原则。这就需要企业财务管理者提高自己的风险意识，在财务管理活动中既不盲目冒险也不过于保守，在慎重研究和分析各种风险因素的前提下做出正确的财务决策。

（五）利益关系协调原则

新创企业的财务管理活动往往涉及企业各方面的利益。因此，新创企业的财务管理处理好企业不同利益者之间的利益关系非常重要。坚持利益关系协调原则，需要企业的财务管理人员理清企业的财产资源和不同的利益者，同时做到以下几个方面：一是通过建立一定的机制，处理好企业与经营者的财务关系，确保他们的利益相一致；二是充分关心企业员工的利益，确保他们的工薪收入及各项相关的福利，不能只追求企业利益，而完全不顾企业员工的切身利益；三是同时涉及企业利益和国家利益时，要在合法的前提下尽可能地维护企业利益。

四、新创企业相关财务报表分析

企业一般都会编制一定的财务报表来反映企业的财务状况和经营成果。对于这些财务报表，财务管理人员应当根据自己的实际需要，运用各种专门的方法，对其进行加工、整理、分析和研究，以得出有用信息，为企业的相关预测和决策提供依据。这里主要说明下资产负债表、现金流量表、利润表，以及对它们的相关分析。

（一）资产负债表

资产负债表也叫财务状况表，是反映企业某一特定日期（通常是各会计期末）的财务状况的会计报表。资产负债表的编制公式为：资产 = 负债 + 所有者权益。资产负债表分析能够帮助人们了解企业在某一特定日期所拥有或控制的经济资源、所承担的现有义务和所有者对净资产的要求权；也可以评估、揭示企业当前的筹资能力、偿债能力，以及负债与股东权益之间的关系；还可以预测未来企业的财务状况等。

1. 资产负债表的基本构成要素

资产负债表主要由资产、负债与所有者权益三大部分构成。负债的变化与所有者权益的变化引起了企业资源的变化，最终得出资产这一结果。

（1）资产

它是企业所获得的或所能控制的经济资源。资产以货币计量，主要包括财产、债权和其他权利。资产可以分为有形的和无形的，也可以分为流动的、固定的、长期的、递延的等。在现行财务与会计实务中，确认资产的主要标准和依据是法律观念、资产的价值、业务的实质性、稳健原则。对于资产，应了解以下几个特点：一是资产由过去的交易所获得，这是企业所能利用的经济资源能否列为资产的区分标志之一；二是资产必须能以货币计量；三是资产能为企业所实际控制或拥有；四是资产能直接或间接地为企业带来未来经济利益（现金净流入）。

（2）负债

负债是企业由于过去的交易或事项所产生的，能以货币计量并且在将来向其他主体提供劳务或转交资产的现有义务。时间、法律观念、资产的价值、业务的实质性、稳健原则是确认负债的主要依据。其中，时间概念对于负债确认来说有着很重要的意义。会计期间内，如果没有及时记录某项负债，那么，就很可能遗漏某项费用，从而低估了费用，高估了收益。

（3）所有者权益

它指企业的资产减去负债后的余额。从财务与会计的角度分析，所有者权益可分为资本公积、实收资本、盈余公积和未分配利润四个部分。资本公积包括企业接受的捐赠

资产、资产重估增值、资本汇率折算差额和资本溢价等。实收资本主要是来自各个渠道的投资，既可以是货币形式的，也可以是非货币形式的。盈余公积包括法定盈余公积和公益金两部分。未分配利润是企业净利润被分配之后的余额，它在以后年度可继续进行分配。

2. 资产负债表的格式

企业管理中的资产负债表主要有账户式和报告式两种格式。

在我国，账户式是应用最广泛的一种格式。这种资产负债表是左右结构，左边显示资产，右边显示负债及所有者权益，左右两方的合计数应保持平衡。

报告式资产负债表的格式是上下排列，类似领导的报告，其特点是把资产负债和所有者权益改成上下排列，即首先列示企业的所有资产，然后列示企业的所有负债，最后列示企业的股东权益。

（二）现金流量表

现金流量表是反映特定日期内企业现金和现金等价物流入和流出的报表。我国现行的会计制度规定，现金流量表一年编制一次。现金流量表以现金为编制基础，现金包括库存现金、存款、现金等价物等。通过分析现金流量表，企业管理者可以进一步明确现金收入、现金支出的构成及现金余额的形成情况，可以清楚地知道企业财务状况的形成过程、变动过程及变动原因，以便及时把握企业发展方向。

1. 现金流量表的结构

现金流量表主表用业务语言来描述企业曾经流入和流出的现金量，描述现金流入流出的结果，描述增加、减少的现金量。其一般由主表和补充资料两部分组成，因此，现金流量表主表通常采用的是报告式结构。如果有外币现金流量，主表还应单设"汇率变动对现金的影响"项目。现金流量表补充资料是用职业会计上的专业语言来具体描述现金流量和有关指标之间的关系。

2. 现金流量表的编制方法

企业现金流量表有直接和间接两种编制方法。直接编制法就是以现金流入和流出来直接反映企业经营活动的现金流量。这种方法很直观，但工作较为烦琐，而且容易使人误认为经营活动的净现金流量比净利润更能反映企业的经营业绩。间接编制法是以本期净利润为起点，通过调整个涉及现金的收入、费用、营业外收支以及经营性应收应付等项目的增减变动，调整不属于经营活动现金收支项目，并列示经营活动的现金流量。这种方法突出了当期净利润与经营活动现金流量之间的差异，但不能反映经营活动的现金流量的来源和去向。

（三）利润表

利润表也叫收益表、损益表，是反映一定会计期间企业的经营成果的会计报表。它是一张动态报表。利润表的项目有收入、费用、利润三大类，三大类的关系是：利润 = 收入 – 费用。收入是指企业的报告期内，因企业的主要或核心营业活动所引起的企业资产流入或增加及负债的清偿。费用则是指企业的报告期内，因企业主要或核心的营业活动所引起的资产耗用或流出及负债的增加。通过分析利润表，企业管理者可以清晰地了解企业的收益和支出情况，了解哪些业务超过了预算，哪些因素造成计划外开支或其他项目费用的增加。这就有助于企业经营者掌握产品利润或销售成本急剧增长的情况，分析企业未来利润的发展趋势、获利能力。

1. 利润表的内容

利润表的内容主要包括构成主营业务利润的各项要素、构成营业利润的各项要素、构成利润总额的各项要素和构成净利润的（或净亏损）的各项要素。其相关的计算公式如下。

主营业务利润 = 主营业务收入 – 主营业务成本 – 主营业务税金 – 附加的其他费用。

营业利润 = 主营业务利润 + 其他业务利润 – 营业费用 – 管理费用 – 财务费用。

利润总额 = 营业利润 + 投资收益 – 投资损失 + 补贴收入 – 营业外收入 + 营业外支出。

净利润（净亏损）= 利润总额（或亏损总额）– 所得税费用。

2. 利润表格式

利润表一般包含表头、基本部分和补充资料三部分。格式一般有单步式和多步式之分。单步式利润表就是将所有收入和所有费用分别加总，两者相减后得出本期利润。单步式利润表比较直观、简单，易于编制，但它无法将各类收入与费用之间的配比关系反映出来，所以也就不便于比较和分析。多步式利润表按性质将利润表的内容做多项分类，包括产品销售收入、主营业务利润、营业利润、利润总额、净利润等，分步计算当期净损益。此外有时还有补充资料。这种格式通过清晰的项目对比，能够让人更清楚地知道企业是否赚钱，到底在哪儿赚钱。

五、新创企业财务管理的有效策略

大学生新创企业要步入成功的轨道，财务管理至关重要。大学生创业者不仅要重视财务管理，还应当注重采用一些科学有效的财务管理策略。

（1）任用专业敬业的财务管理人员。在企业创办之初，创业者在财会人员方面，尤其是高级财务主管，一定要任用精通财务管理的资深人士。此外，创业者还要尊重财

务人员的管理行为，较多地听取专业财务人员的评估与建议。（2）健全明晰的财务管理规章制度。规章制度是很好地约束和指导企业财务管理活动的重要工具。新创企业应当加强财务管理规章制度的制定，并根据实际情况不断地完善与健全。（3）建立评价企业财务状况的工作机制，实施财务比率分析，如流动比率、杠杆比率、获利能力比率、存货周转期等。（4）建立高效的财务监督机制。新创企业不仅要设立相关的审计岗位，进行企业内部的日常监督管理，还要接受企业外部国家、地方财税或审计部门的审计、财税大检查、清产核资、资产评估等。必要时，企业还应主动聘请独立的执行会计师进行公正审计。

第三节　大学生新创企业的人力资源管理

人是生产力诸多因素中最积极、最活跃的因素，是第一资源因素。因此，新创企业必须重视人力资源，重视人力资源管理。所谓人力资源管理，就是运用现代科学管理方法，通过招聘、甄选、培训、激励、调配等对企业内外相关人力资源进行有效运用，人尽其才，满足企业当前及未来发展的需要，以实现企业目标的一系列活动。

一、新创企业人力资源管理的目标

对于人力资源管理而言，如何将适当的人在适当的时刻安排在适当的工作岗位上是最为关键的。因此，新创企业人力资源管理的总体目标应当是发挥人的最大主观能动性，获得人力最大的使用价值。将这一目标具体化，则分为以下几个方面。

（1）有效运用人力资源，促进企业整体目标的快速有效完成。（2）使组织成员建立良好的工作关系。（3）使各层次的人力资源目标尽可能高效完成。（4）让每个组织成员在企业中得到最大限度的发展。

为了达到上述目标，新创企业应努力选聘企业真正所需的各类人才，利用有效方式促使所聘人员在组织能充分发挥所长，同时为组织人才提供培训和发展机会。

二、新创企业的人员招聘与选拔

新创企业在招聘员工前，一定要考虑以下一些问题：哪些岗位需要招聘员工？这些需要招聘的员工应具备哪些技能？需要招聘多少人？应支付多少工资？这些问题都弄清楚后再选择招聘渠道、选拔应聘者。

（一）选择招聘渠道

企业招聘人才通常有两种渠道：一是内部渠道，即从企业内部招募人才；二是外部渠道，即从组织外部引进人才。对于新创企业来说，一开始就不大可能从内部选拔人才，因此外部招聘就成为其获得人才的重要途径。外部招聘的渠道主要有校园招聘、求职中心、广告、职业介绍所、猎头公司、朋友或亲属推荐等。这些招聘渠道各有优缺点，企业人力资源管理者应综合考虑职位类型、职位空缺的数量、需要补充空缺的时间限制等各方面因素，选择最有效率且成本合理的渠道。

（二）选拔应聘者

企业通过一定的招聘渠道获得了一定数量的应聘者信息之后，就可以进入选拔阶段。选拔的方式有多种，如面试、心理测试、评价中心等。新创企业由于自身条件有很多不足，因而选拔时通常先审核应聘者的求职申请表，然后进行面试、测试，最终录用。其中，面试在应聘者选拔过程中非常关键。

1. 审核求职申请表

新创企业的人力资源管理者在审核求职申请表时，应注意以下几个方面。

第一，寻找应聘者所提交的申请表中与工作要求相符的关键词。

第二，判断应聘者以往工作经历中掌握的知识、技术、能力等与新工作所需知识、技术、能力之间的转换难易程度。

第三，审核应聘者所提交的申请表中的内容的真实与可靠程度。

2. 面试

面试，即在特定的时间与地点，通过招聘者与应聘者依照事先计划好的目标，进行相互沟通、相互观察等的一系列过程。这是新创企业在选拔人才时常用的一种方法。在面试时，招聘者往往需要通过对应聘者提出抽象或具象等的问题，对其运用相关专业知识或运用某种能力等进行考查，并通过问题了解应聘者的求职动机、工作经验、思维能力等。

（1）面试的形式

根据不同的标准，面试可被划分为不同的种类，如根据面试实施的方式可划分为单独面试与小组面试；根据面试的标准化程度可划分为结构化面试与非结构化面试；根据面试题目的内容可划分为经验性面试与情景性面试。

（2）面试的内容

面试的内容往往可以包括很多方面，但主要集中在应聘者的仪表风度、求职动机、专业知识与特长、能力、工作经验、工作期望、工作态度等方面。通过面试，可以让企

业的人力资源管理者对应聘者有更进一步的了解。当然，面试是一种相互的过程。招聘者应当给应聘者以发表意见和提问的机会，让他们对企业进行评价，也让他们对企业及所应聘的工作性质有明确的认识。

（3）面试中招聘者的提问原则

对于招聘者而言，在面试过程中应遵循以下提问原则。

第一，问题的安排应尽量先易后难。

第二，提问方式力求通俗、简明。

第三，尽量按照不同的应聘者及其应聘职位而灵活地提问。

第四，多提出一些思维发散的问题。

第五，避免让应聘者自己描述其自身的某种能力或个性等。

3. 测试

有些企业的面试只是对应聘者进行初步的筛选，面试之后还会对他们进行必要的测试。这里说的测试既可以是现场测试，也可以是心理测试。现场测试主要是通过工作本身对应聘者进行测试，是一种较为实用的方法，直观，效果好。心理测试主要是通过对人的心理行为进行测验，是一种较为科学化的测试方法，能够帮助招聘者更深入地了解应聘者。

4. 录用

在最终录用人才时，经常会出现合格人选少于所需人员数需求或合格人选多于所需人员数量的情况。当出现前者时，招聘者应避免用人的将就心理，要按标准继续进行招聘与选拔。当出现后者时，招聘者可按照以下几个原则录用：一是重工作能力和工作经验；二是重工作动机；三是考虑任职条件的适用性。

新创企业一旦决定录用某应聘者，就要及时向应聘者发送录用通知。对于没有被录用的人，企业也应当发送辞谢通知。

（三）招聘注意事项

企业在初创期往往很难留住人才，人才流动非常频繁c这主要因为两点：一是新创企业在员工的工资待遇方面无法吸引人才；二是新创企业对人员的要求相对比较灵活，业务多是短平快。对此，新创企业首先必须在观念上有所突破，不能囿于传统惯性招聘思维模式，具体可从以下几点入手。

第一，准确、清晰定位用人需求和标准，以够用为原则。

第二，在成本允许的条件下，选择多样化的招聘渠道，从而广招人才。

第三，多招些一专多能的多面手员工，看重员工的创造性。

第四，注意营造机会均等，公正、公平竞争的环境，以便使优秀的管理者脱颖而出，促进企业发展。

第五，避免"近亲繁殖"，应以综合素质来招聘和选拔人才。

（四）招聘效果评估

受资金状况所限，新创企业往往不会将大量的资金花在招聘上，因此，招聘效果评估对象主要是招聘成本和录用人员。如果成本低，而企业所录用到的人员质量高，那么就意味着招聘效率高；反之，招聘效率低。如果成本低，企业录用到的人数多，那么也意味着招聘效率高；反之，招聘效率低。这可以用以下公式表示。

单位招聘和选拔费用比 =（总经费 / 录用人数）× 100%

至于对录用人员的评估，可以通过以下公式中的人员录用比、招聘完成比、应聘比获得相关信息。

人员录用比 =（录用人员 / 应聘人数）× 100%

根据公式，如果录用比越小，录用人员的素质就相对较高；反之，则较低。

招聘完成比 =（录用人数 / 计划录用人数）× 100%

根据公式，如果招聘完成比等于或大于 100%，就表明超额完成预定的计划；如果小于 100%，则表明没有完成预定的计划。

应聘比 =（应聘人数 / 计划录用人数）× 100%

根据公式，如果应聘比较大，表明发布招聘信息的效果较好，录用人员的素质也相对较高；如果应聘比较小，表明发布招聘信息的效果不太较好，录用人员的素质也相对较低。

三、新创企业的员工培训

为了使人力资本产生更大的价值，企业一般都会对员工进行培训。培训是培训者有计划、有步骤地传授给员工完成本职工作所必需的相关知识、技能、价值观念、行为规范的过程。它是企业所有投资中风险最小、收益最大的战略性投资。因此，新创企业必须重视员工培训。

（一）员工培训的方式

新创企业的员工培训方式主要有以下几种。

1. 职前培训

职前培训主要针对的是新员工，培训方式主要有发放员工手册，开展专业讲解、座谈会、实地参观等。这种培训主要是让新员工了解企业的基本情况，掌握相应岗位必要

的工作技能和基本的工作流程，并帮助他们规划、设计在企业的个人发展。另外，职前培训还要使新员工认同企业提倡的价值标准和行为规范，培养其对企业的荣誉感和归属意识。

2．在职培训

在职培训顾名思义针对的是在职员工。它是指员工不脱离岗位，接受企业定期的或不定期的业务培训。主要培训方式有师带徒、岗位指导训练、岗位轮换等。师带徒即师傅带领和指导徒弟，是指由一位有经验的高技术员工或直接主管人员在工作岗位上对经验不足的员工进行在职的培训与指导。岗位指导训练是指员工在培训者的指导下，通过一步步专门训练，完成由一系列的逻辑步骤组成的工作任务。岗位轮换是指让一个员工在某个岗位工作、学习一段时间后，按照计划调换到另外一个岗位工作继续进行学习。

3．业余自学

业余自学是指员工利用业余时间参加的各种培训，既可以是学历教育培训，也可以是职业资格或技术等级培训。企业应该积极支持员工业余参学，并给予一定比例的报销。

（二）员工培训的流程

为了提升培训的计划性和针对性，企业应当注意建立系统规范的培训管理流程。对于新创业而言，根据自己的现状可设计以下员工培训流程。

1．分析培训需求

在新创企业的培训中，培训管理人员首先应当对培训需求进行一定的分析和明确，找出组织中员工欠缺的知识与技巧或由此而造成绩效不佳的表现，从而决定培训的内容、目标、方法等。

2．制定培训计划

培训计划主要包括培训对象、目标、时间、实施机构、方法、课程、教材、设施等内容。其中，对培训对象的选择必须认真、精确；培训目标包括操作与标准，操作描述的是员工在培训结束时要会做什么，标准是有效测量培训结果的依据，要注意根据培训的实际情况及时修改、调整培训目标；培训时间要以培训人员的素质水平、培训目标、培训种类为依据进行确定；培训实施机构既可以由企业内固定部门负责，也可以由企业外的专业培训机构负责；培训方法、课程和教材要根据企业的规模、经费、培训对象、内容等来选择；培训设施则要从视觉效果、听觉效果等方面入手去布置。

3．设计和实施培训课程

在员工培训过程中，培训课程体系的设计是非常重要的。有些企业在培训方面花费了很大的人力、物力、财力，但收效甚微，主要原因就是培训课程不具有系统性和针对性。

所以，新创企业要根据不同岗位系列和岗位层级设置不同的培训课程体系。例如，设置新员工培训、岗前技能培训、员工发展培训、管理人员培训等。这些培训课程设计好之后，就应当有计划地实施。

4. 评估培训效果

培训效果的评估一般较为复杂，难以用量化的指标来进行衡量，因此评估人员应将重点放在过程、方法、行为变化上。此外，评估培训效果的最终结果应尽量与员工的切身利益结合起来，如结合员工的加薪、晋升等。

四、新创企业的绩效考核与薪酬设计

对于一个企业来说，员工的绩效考核和薪酬管理是关系着组织生存与发展的关键内容。新创企业一定要根据自身的实际条件，设计出合理、灵活、带有战略前瞻性的考核标准和薪酬制度。

（一）绩效考核

绩效考核是指企业依据相应的工作目标和绩效标准，通过科学的考核方法，对员工自身素质及业绩情况进行考察与评估，并将评定结果反馈给员工个体的过程。它是人力资源管理中一项重要的基础性工作。通过绩效考核能够为企业日常的人力资源管理提供依据，能够帮助员工改进绩效、谋求发展，能够提高企业管理效率与改进工作质量。

绩效考核的形式主要有上级考核、同事评议、自我鉴定、下级评议、外部评议、现场考核。内容既有对员工工作业绩的考核，也有对员工能力和能力发挥、工作表现的考核。

企业员工绩效考核方法大体上有定性分析方法和定量分析方法。新创企业正处于企业创建初期，对于管理、决策人员的考评以定性分析方法为主，可以绩、勤、能、德为指标，必要的情况下还可以再进一步细分，并进行不同等级的评价。对于生产、销售人员的绩效考核，以定量分析方法为主，具体方法如查询记录、书面报告、考核表、比较排序等，用与绩效（或成果）相联系的数量指标对各人员进行考评。

绩效反馈也是绩效考核过程中的一个重要环节。它是指考核者向被考核的员工反馈其考评结果，让其了解自己工作情况。当然，绩效反馈的目的不只在于让员工了解自己在考核期内的工作业绩表现，还主要在于让组织管理者和员工双方达成对考核结果一致的看法，以及双方共同探讨绩效未达标的原因所在，并制定切实可行的绩效改进计划。因此，管理者应该根据绩效考核获得的信息和结论与员工进行面谈，针对员工的优点进行表扬，针对员工的缺点给予一定的指导。在绩效反馈中，考核者应注意做到以下几点：一是及时向被考核员工反馈考核结果；二是尽可能公布出相关的分析结果，以使每个被

考核员工既了解自己，也了解他人；三是认真分析和处理绩效反馈的结果。

（二）薪酬设计

薪酬设计是企业人力资源管理中矛盾最多、难度也非常大的一项工作，同时也是非常重要的一项工作。因为薪酬是企业的成本支出，也是企业激励个体行为的主要手段。合理、具有吸引力的薪酬制度无疑能够激发员工的积极性，促进企业目标的实现。因此，新创企业应当从一开始就设计好薪酬制度。

新创企业设计薪酬制度要充分考虑外部因素和内部因素。外部因素如劳动力成本、产品市场风险共担、劳动立法等。内部因素如员工的工作与能力、绩效与资历等。设计过程中则应注意遵循如下原则：第一，简明、实用；第二，高工资、低福利；第三，增加激励力度；第四，建立绩效工资制度；第五，避免差距过大或者过小。

第四节　大学生新创企业的市场营销管理

市场营销管理是企业管理中的重要组成部分。因此，大学生想要创业成功，就必须做好市场营销管理，不仅充分保证组织的利益，也充分考虑各个利益方的需求。

一、市场营销的经典理论

大学生新创企业要想实施好营销管理，首先应当对一些经典的市场营销理论有所掌握。4P、4C、4R 理论是营销界最为著名的理论，以下进行简要说明。

（一）4P 理论

20 世纪 60 年代，密歇根大学教授杰罗姆·麦卡锡在他的《基础营销》一书中首次将企业的营销要素归结四个基本策略的组合，即产品（Product）、价格（Price）、促销（Promotion）和渠道（Place）。这就是著名的 4P 理论。其中，产品包含核心产品、实体产品和延伸产品。价格主要是定价问题，其方法包括成本加成法、竞争比较法、市场空隙法、目标利润法等，采用这些方法主要是想将产品变为可交换的商品。促销包括人员推广、广告、公关活动和销售促进。渠道即销售路径，当前以人员直销、电话直销、电视直销、专卖店直销、网络直销、选取代理商的中间销售等为主要路径。

随着服务业的迅速发展，20 世纪 70 年代，学者们在 4P 的基础上陆续增加了"人"（People）、"包装"（Packaging）、公共关系（Publications），政治（Politics），发展成了 8P 理论。后来，人们开始重视营销战略计划，继而又提出了战略计划中的 4P 过程，即研究（Probing）、划分（Partitioning）即细分（Segmentation）、优先（Prioritizing）、定位（Positioning），营销组合演变成了12P。不过，4P始终是人们公认的营销中的基础工具，作用显著。该模式将企业营销分为三个圈，内圈表示企业内部环境，属于可控因素，包括产品、价格、渠道和促销；外圈表示企业外部环境，属于不可控因素，包括社会/人口、技术、经济等；中圈则表示产业链环境，包括营销中介单位、供应商、公众、竞争者。

（二）4C理论

到了20世纪90年代，市场竞争异常日益激烈，媒体发展迅猛，消费也越来越讲究主权和个性，因而传统的4P理论受到人们的质疑，弊端也越来越明显，尤其是其以企业（生产者）为中心，对顾客是整个营销服务的真正对象这件事有所忽略。在这种情况下，4C理论应运而生。它以顾客为导向，是美国学者劳特朋教授提出的。所谓4C，即顾客需求（Consumer's Needs）、（顾客愿意支付的）成本（Cost）、沟通（Communication）、便利性（Convenience）。

1. 顾客需求

顾客需求不仅强调顾客的显性需求，还强调顾客的潜在需求，前者主要是为了迎合市场，后者则主要是为了引导市场。企业只有真正去分析和了解顾客需求，才能制定科学的营销战略，选择正确的目标市场，促进企业的发展。

2. 成本

顾客购买产品，以及在熟悉使用产品上所发生的费用就是这里所谓的成本。企业如果能够综合考虑这些成本，那么设计出的产品会更容易满足目标客户群的真实需要。

3. 沟通

以竞争导向制定促销策略大多是传统企业的做法，其很容易让企业陷入恶性竞争中。而新的市场环境需要企业以顾客为导向制定促销策略。以顾客为导向是企业加强自身竞争力的重要决策。其需要企业与顾客做好沟通，尤其是顾客参与和互动这件事。

4. 便利

便利主要是通过一定的方式将顾客与产品的物理距离和心理距离缩短，从而让产品有更大的概率被选择。

其实，与4C关联性很强的4S往往是与4C一同被提到的。4S指满意（Satisfaction）、服务（Service）、速度（Speed）和诚意（Sincerity）。其强调的是消费者战略，强调从消费者需求出发，要求企业根据消费者需求改进产品、服务、品牌，最大限度地提升消费者的满意度，让消费者忠诚于企业。

（三）4R 理论

4C 理论随着社会的不断进步，也开始显露出了一定的局限性。这主要表现为当顾客需求与社会原则、社会道德发生冲突时，顾客战略的适应性变得非常之低。例如，当今社会倡导环保，倡导节约消费，此时，顾客的奢侈需求就开始被社会舆论限制了。于是，以关系营销为核心的 4R 理论被美国的唐·E. 舒尔茨提出。4R 即关系（Relationship）、反应（Reaction）、关联（Relevancy）和报酬（Rewards）。4R 营销理论注重企业和客户关系的长久的持续互动，同时重视企业的利益和消费者的需求，在满足消费者的需求上不仅要积极地适应消费者的需求，而且要主动地创造一些机会，与客户形成独特的关系，满足其潜在的需求。

在 4R 理论的基础上，人们针对高技术产品与服务又提出了 4V 营销组合理论，以便适应高科技产业的迅速发展。所谓 4V，即差异化（Variation）、功能化（Versatility）、附加价值（Value）和共鸣（Vibration）。它强调顾客需求的差异化，强调商品功能的多样化，以使顾客、社会与企业达到共鸣。随着网络营销的推广与应用，人们又提出了网络整合营销的 4I 原则：趣味（Interesting）、利益（Interests）、互动（Interaction）和个性（Individuality）。

总之，营销理论随着社会的发展而不断演绎发展，各种理论相互联系，逐步变得更为深入和完善。

二、新创企业的营销机构和营销管理制度

（一）新创企业的营销机构

企业的营销机构一般设市场部和销售部两个部门，不同部门有不同的职责。对于新创企业而言，营销机构一般不会一下子就很完善，当然也没有必要一步到位，通常是先建立销售部，等到企业的销售工作走上正轨，再逐渐完善市场部的功能，并最终单独设立市场部。

（二）新创企业的销售管理制度

对于新创企业而言，要想使整个营销流程科学化、标准化，就必须建立起科学的销售管理制度。因为制度不仅是用来指导人们行为的尺度，也是保证事情顺利进行的重要依据。不同行业，其销售管理制度关注的侧重点有所不同。例如，消费品行业的销售更强调的是标准化管理，为提高销售人员的工作效率，加强时间管理，熟悉拜访路线图、拜访流程。渠道铺货率与销售额是正相关关系。与之不同，工业品行业的销售管理模式侧重的是销售精准程度的提高，因此在前期准备、计划方面要付出更多的努力，逐步推

进整个销售过程，有策略地促成客户采取行动。工业品的销售特点是销售额大销售周期长，面对的都是大客户，需要拜访多次才可能获得订单。相应地，应该是分步考核销售人员，针对不同的销售进展阶段给予不同比例的提成。

三、新创企业的市场定位

20 世纪 70 年代，美国营销学家艾·里斯和杰克·特劳特提出了市场定位这一概念。所谓市场定位，就是指在市场上给本企业产品确定适当的位置。新创企业要做好市场定位，就应在以下几方面多做努力。

（一）选择合适的市场定位方式

市场定位的方式主要有避强定位、迎头定位、创新定位、重新定位这几种。新创企业一定要根据自身实际情况选择合适的定位方式。

1. 避强定位

避强定位，是指企业避开强有力的竞争对手，将自己的产品定位在另一个没有竞争的区域内，使自己的产品的某些特征或属性区别于其他企业的产品。这种定位方式的优点是所承担的市场风险较小，能够迅速在市场上站稳脚跟，并在消费者心中尽快树立起一定的形象，因此常被新创企业采用。

2. 迎头定位

迎头定位又称"竞争性定位""对峙性定位""针对式定位"，是指企业直接与实力最强或较强的竞争对手发生正面竞争，从而使自己的产品获得与对手相同的市场位置。采用这种方式能够在很短的时间内引人注目，甚至有可能产生轰动效应，进而树立自己的市场形象。然而，作为新创企业，采取这种方式应该要做到知己知彼，选择恰当的市场进入时机与地点，否则损失惨重。

3. 创新定位

创新定位，是指企业寻找新的、尚未被占领但又有潜力的市场领域，用本企业的特色产品填补市场空白。采用这种定位方式，企业一定要明确创新定位所需的产品在技术上、经济上是否具有可行性，有没有足够的市场容量，是否能够真正为企业带来合理而持续的经济利益。

4. 重新定位

重新定位又称为"二次定位"，是指企业对那些销量小、市场反应差的产品重新进行定位。这是一种以退为进的定位方式，它能够帮助企业摆脱经营困境，寻求新的竞争力。不过，需要注意，重新定位并不一定是因为企业陷入了困境，也可能是因为发现了新的

产品市场范围。

（二）新创企业市场定位的步骤

新创企业进行市场定位，可以通过以下三大步骤来完成。第一，分析目标市场的现状，确认本企业潜在的竞争优势。第二，准确选择竞争优势，对目标市场初步定位。第三，显示独特的竞争优势和重新定位。

（三）新创企业市场定位的角度和战略

1. 市场定位的角度

在成熟的市场上，原有产品已经在消费者的心目中形成了一定的形象，占有了一定的地位，因而新创企业的产品要立足有非常大的难度。此时，选对市场定位的角度很关键。新创企业在进行市场定位时，可以从消费者利益、产品特色、使用场合、竞争等角度进行市场定位，以顺利在市场上占据一定的位置。

2. 市场定位的战略

新创企业在市场定位中可以采取以下一些有效战略。

（1）产品差别化战略

这是指企业在产品质量、产品款式等方面多加努力，展现出一定的差别优势。

（2）人员差别化战略

这是指企业通过聘用和培训比竞争对手更为优秀的人员以获取差别优势。

（3）形象差别化战略

这是指当企业产品的核心部分与竞争对手雷同时，全力塑造不同的产品形象来获取差别优势。

（4）服务差别化战略

这是指企业力求向目标市场提供与竞争对手不同的优质服务，来获得竞争优势。

四、新创企业市场细分

市场细分，是指企业的营销人员通过市场调研，按照消费者的需要、欲望、购买行为和购买习惯等方面的差异，将本企业产品的总体市场划分为若干具有共同特征的子市场。新创企业在进行市场细分时，应重点把握以下几个方面。

（一）市场细分的划分依据

新创企业在进行市场细分时，应该充分依据以下几个方面因素的具体情况。

1. 地理环境

在不同地理环境下的消费者往往对产品会有不同的需求，有不同的喜好。例如，我国北方人在口味上偏咸，而南方人偏甜。因此，新创企业在进行市场细分时一定要考虑消费者的地理环境。

2. 人口和社会经济状况

人口、社会经济状况包括消费者的性别、年龄、家庭规模、职业、收入、受教育程度、民族、家庭等。这些方面与消费者的欲望、偏好等密切相关。

3. 购买行为

消费者购买的着眼点、购买频率、偏爱和忠诚的程度等方面也可以作为企业划分不同消费者群体的重要依据。

4. 购买心理和生活方式

消费者的个性心理特点和生活方式也会对其自身的购买行为产生影响，因此，企业在进行市场细分时，还应当将消费者的心理因素和生活方式作为重要依据。例如，一些服装生产企业，就正是根据消费者的心理特点和生活方式设计不同风格的服装的，或者是简朴感的，或者是时髦感的，或者是其他各种气质的。

需要注意，新创企业进行市场细分时不应拘泥于上述划分依据，完全可以根据自己的实际情况选择其中与本产品消费者关联性最强的具体项目。

（二）市场细分的层次

新创企业市场细分的层次主要根据细分粗略程度的不同来划分，具体分为大众市场、细分市场、补缺市场、微市场等。

1. 大众市场

大众市场即广泛市场，是指企业对所有顾客采用的是同一种方法进行大批量生产、分销和促销。这种市场能够降低企业的生产成本和经营费用，且有可能创造最大的潜在市场。不过，由于大众市场模式下的分销渠道过多，很多时候难以接触到所有的潜在消费者。

2. 细分市场

细分市场，是指企业将整个市场划分为几个不同的细分市场，而每个细分市场的消费者具有相似需求，据此为每一个细分市场提供相应的产品和营销方案。细分市场能够让企业根据自己的服务能力，有针对性地向市场提供产品，能够让企业根据选定的细分市场对营销方案进行调整，能够减少企业面临的竞争。

3. 补缺市场

补缺市场比细分市场更细，也叫亚细分市场。在补缺市场，竞争者也更少，企业也就能更了解消费者的独特需求，而为了满足自己的特定利益，消费者也愿意支付更

高的价格。其虽然可能只吸引一两个竞争对手，但对新创企业而言是有较为重要的意义的。

4. 微市场

微市场主要包括本地化市场和个人市场。

（1）本地化市场

本地化市场会让企业专为本地顾客群体（贸易街区、街区，甚至个性化商店）的需求和需要量身定做营销方案。这种营销方案能更好地满足本地消费者的需求，但同时也可能因规模经济的减小而拉升成本。

（2）个人市场

这种市场针对个人进行定制营销或者一对一营销，这能够使企业面向大众准备个性化设计的产品、方案和沟通，以满足不同顾客的要求。但定制营销要求企业具有过硬的软硬件条件，这很容易导致市场营销工作的复杂化，增加经营成本与经营风险。

（三）市场细分的程序

新创企业不管是细分生活消费品市场或是生产资料市场，如果能够按照一定的程序进行，那么就能够较为容易地实现细分市场的基本要求。

一般来说，新创企业可按照以下程序进行市场细分：识别细分市场→收集研究信息→拟订综合评价标准→确定营销因素→提出市场营销策略。其中，在确定营销因素时，不仅要估计总市场潜力、分析市场营销机会，还要估计每个子市场潜力、分析市场营销机会和利润潜力。

五、新创企业产品定价

在所有营销策略中，价格是直接与收入挂钩的关键因素，也是市场竞争的基本武器。由于在市场经验和专业知识方面都相对缺乏，大学生创业者常常是凭感觉来进行产品定价的，最常见的就是认为薄利多销，不敢定高价，这很容易使新创企业在应对竞争与市场变化时失去灵活性，以致陷入被动。其实，产品定价的核心问题就是该如何向消费者证明这个价格是合理的。

（一）产品定价考虑的因素

新产品定价主要考虑以下几个因素。

1. 消费者的价值认知

这主要指消费者最高愿意花多少钱来满足自身的需求，这是产品定价的上限。

2. 产品的成本

新产品的价格应该高于成本，这是定价的底线。

3. 竞争对手的价格

新创企业的产品价格一般要参照竞争对手的价格，或稍微高，或稍微低。

4. 未来的调整空间

基于产品的生命周期综合定价，要考虑产品价格对企业其他产品的影响。

（二）产品定价方法

产品的定价方法主要有：成本加成定价法、认知价值定价法、通行价格定价法、拍卖式定价法，每种方法的适用情况有所不同。新产品的定价高低主要看其创新程度如何，以及竞争对手模仿速度的快慢。如果新产品创新程度非常高，甚至可以引领潮流，那么完全可以定高价。如果竞争对手能够快速模仿，则应该在价格方面要比对方略低一些，以迅速抢占市场份额，对抗竞争对手。

（三）产品定价策略

产品定价策略主要有：撇脂定价策略、渗透性定价策略、组合定价策略。

1. 撇脂定价策略

撇脂定价策略，即以高价位来获得高额市场利润。该策略成功的条件是：市场需求量充足；市场价格敏感度低，需求弹性小；良好的产品品质及功能；竞争者在短期内难以进入市场；即使生产成本规模小，利润仍充足。

2. 渗透性定价策略

渗透性定价策略，即以较低的价格打入市场，期望获得大量的市场占有率。该策略的成功条件是：市场需求足够大；价格敏感度高；批量生产能获得显著的成本规模效益；低价是减少潜在竞争者的最佳策略。如果产品的创新程度有限，则比较合适采用渗透定价策略。

3. 组合定价策略

组合定价策略，即在一系列关联性很强的产品中，将主产品价位降低，甚至可以降低到成本以下，以吸引更多的顾客，而配置的附属品则定高价，以获取尽可能多的利润。典型的例子如彩色喷墨打印机与喷头。

从根本上来说，企业必然是以盈利为首要目标，因而定价要兼顾销售效率和企业效益。

六、新创企业营销渠道的建立与管理

（一）营销渠道的建立

营销渠道就像桥梁一样，连接着企业的产生与销售。营销渠道的畅通与稳定往往关系着企业产品的整个流通过程。因此，大学生新创企业一定要注重构建高效的营销渠道。一般来说，应从以下几方面入手。

1. 选择合适的营销渠道模式

企业的销售渠道模式有分销、批发、零售、连锁经营等。分销渠道根据有关中间环节和中间环节的多少可以分为生产者—消费者、生产者—零售商—消费者、生产者—批发商或代理商—零售商—消费者、生产者—代理商—批发商—零售商—消费者这几种类型。新创企业无论是在经济实力方面，还是知名度和市场管理能力方面，都难以对抗成熟的企业，因而要根据自身条件选择营销渠道模式。此时，新创企业在做好系统规划的基础上也不必拘泥于过分规范的销售政策和市场规范，重点是做好产品的大量铺市和流动销售。

2. 选择合适的经销商

新创企业可以选择和自己一样刚起步的经销商，因为他们也需要企业的支持，因此忠诚度也很高，双方可以发展长久的良好合作关系。

3. 设计可控的营销渠道结构

新创企业在构建营销渠道时，还应设计可控的营销渠道结构。所谓营销渠道结构，就是指营销渠道的宽广度、深度和长度。由于新创企业还缺乏一定的管理能力，在营销渠道的宽广度上可能不太适合做太多功夫，因而应把重心放在深度方面，提倡零售终端的多样性。一般来说，新创企业在经济实力、知名度和市场管理能力等方面都相对薄弱，因而应选择窄而长的深渠道结构。

（二）营销渠道的管理策略

1. 严格管理渠道经销商

管理新创企业的营销渠道，要注重设置专门的管理人员严格管理渠道经销商，对其销售情况进行跟踪，及时了解并掌握其库存情况、资金信用情况、每个产品的销售情况、经销商经营竞争商品的情况等。管理渠道经销商，不应停留在表面的"管"上，更重要的是使经销商与新创企业的市场战略保持一致，融入新创企业的文化。

2. 采取有效的激励措施

对经销商采取公平有效的激励措施，如年终返点、销售竞赛等活动，也是新创企业有效管理营销渠道的一个重要策略。激励措施要与整体的销售政策相适应，对经销商的销售潜力有整体的把握。奖励目标不能太大也不能太小，否则就起不到激励的作用。

3. 有计划地收缩，有步骤地扁平

当新创企业发展到一定的规模时，管理者要注意适当地收缩营销渠道，有步骤地实现扁平化，使销售网点分布更加科学。首先，新创企业还要进一步扩大市场渗透指标，控制总经销商的势力范围，但又不影响经销商的收益；其次，新创企业要以新产品招商为由，进行补充型区域招商，逐步扩大自己的营销渠道。

七、新创企业的市场营销策略

（一）市场进入策略

所谓市场进入，就是指新创企业根据自己的市场战略而进入一个还没有被开发或是还没有被完全开发的区域或领域的行为和过程。市场进入的方式主要有以下两种。

1. 逐渐渗透式

逐渐渗透式主要是采用缓慢进入市场并逐步占领市场的方式。这是一种蚕食式的市场进入方式。它的优势在于其采取的是渐进式的执行过程，企业可以根据不断变化的情况适时调整产品的营销策略，一步步将市场范围扩大，将竞争者比下去；还在于其能够在新生的市场中试验产品的进入能力、吸引力和竞争能力。不过，这种市场进入策略也有一定的缺点，即市场占有过程较缓慢，而新创企业往往需要尽快进入市场。

2. 大刀阔斧式

大刀阔斧式主要是以高强度的广告（宣传）轰炸或大规模的公关活动等手段，在较短的时间内进入市场，占据较多的市场份额。这种市场进入方式往往依据的是强大的市场攻势。它虽然能尽快进入市场，获得收益，但同时也面临着较大的风险，企业容易陷入困境。因此，新创企业想要采用这种形式的市场策略，就应当对市场有非常透彻的了解并制定完善的营销策略，同时准备好合适的后备反应策略，以有效应对突发情况。

（二）产品引入期、成长期的营销策略

产品的引入期和成长期，是产品生命周期中非常重要的两个时期。这两个时期的营销策略自然也极为关键。

1. 产品引入期的营销战略

新创企业在进行营销管理时，意味着自己的产品准备走向市场。无论创业企业生产的是什么，这些产品都意味着开始进入产品生命周期的引入期。此时，销售增长趋于缓慢发展。在这一时期，营销人员一般重点考虑价格和促销两个方面，而这两个方面可采

取的策略主要有以下几种。

（1）快速掠取策略

这是指以高价和高促销水平的方式推出新产品。以下几种情况，新创企业可以采取这一策略：潜在市场的大部分人还没有意识到该产品；知道它的人渴望得到该产品并有能力照价付款；企业面临着潜在的竞争对手；企业想建立品牌偏好。

（2）快速渗透策略

这是指以低价格和高促销水平的方式推出新产品。以下几种情况，新创企业可以采取这一策略：市场较为庞大；市场还没有该产品；大多数购买者对价格敏感；潜在的竞争非常激烈；随着生产规模的扩大和制造经验的积累，企业的单位制造成本已经下降。

（3）缓慢掠取策略

这是指以高价格和低促销水平的方式推出新产品。以下几种情况，新创企业可以采取这一策略：市场的规模有限；大多数的市场已经存在这种产品；购买者愿出高价；潜在竞争者并不迫在眉睫。

（4）缓慢渗透策略

这是指以低价格和低促销水平的方式推出新产品。以下几种情况，新创企业可以采取这一策略：市场较为庞大；市场中该产品的知名度较高；市场对价格相当敏感；存在一些潜在的竞争者。

2. 产品成长期的营销战略

当产品的销售量迅速增长时，证明企业的产品进入了成长期。在这一时期，由于有大规模的生产和利润机会吸引新的竞争者开始进入该市场。为了尽可能地维持市场增长，创业者可采取以下营销策略：一是进入新细分市场；二是进入新的分销渠道；三是改进产品质量和增加新产品的特色和式样；四是适当时候降低价格，对另一层次对价格敏感的购买者形成吸引；五是广告更注重产品偏好。

第九章
大学生创业实务

随着我国政府对于大学生创业活动的鼓励和政策支持，近年来创业的大学生人数越来越多。但是，由于各方面条件的限制，许多大学生的创业活动并没有取得令人满意的成效。无数的创业故事已经说明，即使有了好的创业项目，但没有有效整合创业资源，也会导致创业的失败。对于有创业意向的大学生来说，在进行创业之前就必须要选择好创业项目，并且要对自己所拥有的创业资源进行合理的整合。如何选择创业项目和整合创业资源是大学生创业实务的重要内容，必须要处理好这两个方面的有关事宜，才能保证创业活动的顺利开展。此外，在开始创业前，大学生若没有根据自身的实际情况进行创业活动的理性思考，也很容易导致创业活动的失败，因此本章主要从创业前的理性思考入手，分析大学生创业项目的选择及其创业资源的整合。

 第一节　大学生创业前的理性思考

作为年轻人，大学生有创业梦想是值得鼓励的。特别是对那些具有宏伟蓝图设计的大学生来说，创业不失为实现人生价值的一种良好方式。但是，创业毕竟有风险，一有不慎就有可能遭受经济损失。因此，在正式开始进行创业前，大学生要理性思考一些问题，这些问题主要包括以下三个方面。

一、创业的目的

思考自己创业的目的可以有效地避免大学生因一时冲动创业。在社会实践中，我们

经常可以看到这样的例子，某些大学生看到新闻媒体中渲染的大量创业成功案例，便匆匆开始创业；某些大学生因聆听了创业成功者的一场讲座，被成功者富有传奇式的创业经历所感染，于是激情澎湃地寻找项目并立即投身于创业之中；某些大学生在自己过去的人生中备受家贫的煎熬，一心想通过创业改善自己目前面临的窘境。在这些大学生群体中，虽然也有个别成功的，但大多数往往只停留在豪情满怀的誓言和对创业前景过度乐观的态度上，而缺乏对创业的深入思考，尤其对创业所面临的困难、可能造成的风险以及创业机会成本等问题考虑不周，因此，创业活动以失败告终。

有鉴于此，大学生在开始创业前，首先，必须考虑清楚自己是为了什么创业，在确定自己的创业目的之后，还要审慎思考诸多问题，考虑创业过程中可能遇到的困难，比如资金短缺时，有什么解决策略？产品不能按期开发出来怎么办？产品如何销售？有什么办法让客户接纳自己的产品？这些问题都是创业过程中无法回避的问题。其次，要认真分析、评估创业风险。比如一旦创业项目不能如期进行如何来解决？创业失败后所导致的债务如何承担？如果创业失败了，如何能按期偿付银行贷款而不至于让自己在银行的诚信记录中留下污点？自己的创业项目所具有的最大缺陷以及可能给自己带来的不良后果是什么？自己所能承担的创业风险的底线是什么？再次，需要深入思考创业的机会成本。选择创业则意味着放弃了其他就业机会，机会成本越高则创业者的创业价值面临的挑战越大。比如凭创业者的才干，如果完全有能力进入公务员队伍，成为一名待遇丰厚、职位稳定、社会地位高的公务员，是否还有必要为不知前景的创业项目而努力？再如假设有机会应聘到一家待遇不错、前景看好的大公司工作，相对比创业更有保障，自己是否有足够的勇气做出取舍？

二、自己如何创业

若大学生下定决心创业，那么大学生还要思考自己要如何创业。从创业形式来看，大学生可以与人合伙，也可以自己独立创业；可以创建一人有限责任公司，也可以创建有限责任公司。企业的组织形式多种多样，但不是所有的组织形式都适合自己的创业构想。比如，合伙企业对注册资金要求低，但是创业者需要承担无限责任；有限责任公司虽然更符合现代企业制度的需要，但是需要的资金又相对较多。因此，创业者必须选择一个最适合自己创业构想的企业组织形式，然后才能具体实施创业项目。

然而，即便是选择了适合自身情况的企业组织形式，也不能保证大学生一定就能创业成功。选择企业组织形式仅仅是大学生创业的第一步，接下来还有许多事情等着大学生去完成，像企业如何获利，这就需要考虑创业的资源问题以及资源配置问题。具体来看，大学生应首先考虑的是业务资源及盈利模式是什么，即新创企业做什么以及靠什么来获得利润。企业选择了业务资源即选定了企业的经营范围及发展领域，但是在追求盈利的道路上因选择不同的路子或渠道而产生不同的结果。在当今这样一个同质化现象十分严重的竞争环境中，大学生是选择别人的老路还是基于自己的资源实际情况或者自己的企图选择与众不同的发展之路，是对创业者智慧的极大考验，也决定着创业者能否创造出属于自己的辉煌成就。其次大学生还要考虑自己的产品应该卖给谁，即谁来购买自己的产品或服务。我们知道，企业所生产的东西最终都是要通过售卖才能换来利润，若大学生创建的企业所生产的产品或服务没有市场，不能得到消费者的青睐，那么创业活动也就无法取得成功。因此，大学生必须考虑自己的顾客资源。在这里需要注意的是，潜在的客户资源并不一定就是自己的可控资源，创业者可通过良好的营销渠道进行市场挖掘，让自己的产品进一步地接触到更多消费者。只有那些真正到消费者手中且获得广泛认可的产品才能经得起市场的检验，才能让企业的活力持久。口若悬河的推销人员能把稻草说成金条，却不能阻止消费者发现上当受骗后所产生的理智。因此，良好的营销手段固然重要，但值得信赖的产品质量更是企业获得客户的关键。最后，大学生还要考虑自己的企业经营能力，考虑自己能组建什么样的团队来实现自己的创业目标，考虑自己的创业资金是否充足，考虑自己的产品生产与服务是否符合国家政策法规的规定等。大学生只有充分考虑各方面的因素，才能提前为创业活动做好各项准备，有条不紊地开展各类创业活动。

三、自己有什么竞争优势

在企业运作过程中，优势往往是让自己立于不败的法宝之一，因此竞争优势也是保证大学生创业成功的最重要因素。大学生想创业成功，但若没有一定的竞争优势，就很容易被市场淘汰。因此，在开始创业前，大学生也必须考虑自己竞争优势是什么。

具体来看，在初始创业阶段，大学生创业者对创业资源的分析往往不足，经常简单地认为只要有了足够的资本、有了经营的场所就可以稳操胜券。其实，创业是一个系统工程，市场分析、产品生产、产品销售、团队约定、退出机制等一系列问题都环环相扣，缺一不可。再加上当今这样一个市场经济环境，无数的创业者和经营者都在挖空心思地开发新产品、开拓新领地，无不各尽其能，因此大学生的创业项目很有可能与其他企业项目有所雷同，又或者大学生自认为创新的东西在市场上已经有相关的产品。在这样的情况下，大学生还没有正式参与市场竞争，便已经在起跑线上缺乏诸多优势。因此，大学生必须千方百计地了解竞争对手，做到知己知彼，同时还要认真思考自己的产品或服务是否已经存在？如果已经存在，他们的经营状况如何？他们下一步有什么打算，将进一步推出什么样的产品？自己与他们竞争时在哪些方面比较具有优势？在今后如何保持

自己的竞争优势？实际上，一个宏伟的计划付诸实践之前，大谈自己的核心，竞争优势还为时过早，因为许多竞争优势的形成并不完全取决于最初的构想，在创业过程中不断地积累而获得的竞争优势更为可靠。在创业初期，我们强调核心竞争优势的目的在于提醒创业者们：必须立足自己的现状和行业发展的现状与趋势，全面、深入地再三评估，把创业前的各种准备做足、做细、做实，避免让自己输在起跑线上。

 # 第二节　大学生创业项目的科学选择

一、创业项目的分类与信息收集

（一）创业项目的分类

按照不同的标准，可以将创业项目划分为不同的类别。弄清楚创业项目的分类，是为了创业者在选择项目时，能有更清楚、更明确地选择目标，能更好地帮助创业者理清创业思路，对创业项目做出准确选择。

1. 按照行业行为主体划分

按照行业行为主体的不同，可以将创业项目划分为以下几种。

（1）生产行业类

包括农业、畜牧业、养殖业、渔业、采矿业、制造业、加工业、建筑业等。

（2）销售行业类

包括衣、食、住、行、文化、科技、医卫等各类用品的商业流通行业。

（3）服务行业类

包括旅游业、咨询业、租赁业、房地产管理业、医疗保健业、文化业、餐饮业、酒店业、交通运输业、邮电通信业、金融保险业、广告业、信息服务业、中介服务业以及科教、文卫等服务业。

2. 按照产业角度划分

按照产业角度的不同，可以将创业项目划分为以下几种。

（1）第一产业类

包括农业种植业、畜牧养殖业、水产养殖业、经济林种植业、果树种植业、种子培植业、休闲农业、观光养殖业等。

（2）第二产业类

包括制造业、采掘业和矿业、建筑业、公用事业等。

（3）第三产业类

包括运输业、旅游餐饮业、网络服务业、休闲娱乐业、信息咨询业、美容健身业、教育培训业、经营贸易业、包装储藏业、维修业、各类生产和生活服务业等。

（二）创业项目的信息收集

大学生在进行创业项目选择之前要做好创业项目信息的收集工作，只有收集更多的创业项目以及相关的信息才能够做出选择，寻找到适合自己的创业项目。

1. 收集信息要敏感

信息无时不有，无处不在。对所有的人来说，获取或使用信息的机会都是均等的。然而，不同的是，同样的信息，有的人视而不见，听而不闻，置身于信息的海洋之中却不停地埋怨缺乏信息；有的人则能从一鳞半爪的迹象里获得新的创业思路。这是因为每个个体对信息的敏感程度不同。敏感程度高的人善于小中见大、触类旁通、举一反三；敏感程度差的人反应迟钝，见大不见小，心无"灵犀"自然"点"也不通。由此可见，收集信息首先要提高对信息的敏感程度，而提高敏感程度的关键是要转变观念，同时，不断拓宽知识面，锻炼和提高对信息的感知能力。

2. 要注意收集边缘信息

边缘信息是指那些表面上看起来与就业关系不大或者没有关系，而实际上却能够对创业起到间接的作用，有时甚至是非常重要的间接作用的信息。这类信息不能用孤立的、静止的眼光去看待，而要把它置于动态发展过程中进行分析。无数的事实告诉我们，许多边缘信息能够对经济发展、对创业过程产生较大影响。所以，在创业实践过程中，不能忽视对边缘信息的收集和利用，只有这样，才能增加创业的机会。

3. 要拓宽信息收集的途径

可以通过以下几种渠道来收集创业项目信息。

第一，从互联网中收集信息。互联网有大量的信息，是丰富的信息库。

第二，从新出版的书籍中收集。新出版的书籍往往给人带来新的思路，拓展人们对原有事物的看法，从而提高人的创新意识。

第三，从具有权威性的报刊中进行收集。权威性的报刊中发布的信息具有一定的代表性，可以为大学生创业者提供一些参考。

第四，从市场中收集。市场的需求是创业项目生存的根本，因此，可以密切关注市场变化，从中寻找创业项目。

第五，从人际交往中收集。不同的人会有不同的熟悉领域，可以为大学生创业者提供更多的信息。

第六，从广播、电视节目中收集。广播、电视节目中也会提供一些创业项目的相关信息，大学生创业者可以多加注意。

第七，从各种集体活动中收集。集体活动中信息会相互碰撞，从而会出现一些新的创业项目。

二、创业项目选择的原则

大学生在选择创业项目时，一定要遵循以下几条原则。

（一）市场原则

大学生在选择创业项目时，一定要考虑市场的需求，尽量选择那些市场需求量大、具有广阔发展前景的创业项目。急市场之所急，供市场之所求，只有这样，市场才会支持创业者的创业行为，创业才可能取得成功。

（二）效益原则

大学生创业的目标一方面是为社会创造财富；另一方面也是为了自己能够通过创业获得利益，从而过上更好的生活。所以，大学生在选择创业项目时一定要考虑效益原则。

（三）充分利用自身优势的原则

不同行业因其性质、特点的不同，对创业者的能力要求也不同，精于此而疏于彼的现象在日常生活中随处可见，因此大学生创业一定要认清自己的能力倾向以及优势所在，力求与创业的具体要求相匹配。

（四）符合国家产业政策原则

大学生在选择创业项目时，一定要选择国家产业政策鼓励、支持的产业或项目，回避国家产业投资明确限制和压产的项目，同时还要考虑所选项目是否需要特别资格特许经营，自己是否具备相应资格或能力申请到相应的资格。

三、创业项目选择的方法

创业就是经营自己的事业，最终实现创业者的目标。创业者都希望自己的企业发达兴旺，从而实现自己的创业理想。但是，创业过程中有不少失败者，创业失败的原因很多，但项目选择方法错误，也许是一个关键问题。概括来说，创业项目选择的方法主要有以下几种。

（一）行业分析法

行业不同，行业的特征、经营要求、运行方法、运行原则也不相同。创业者选择创业项目的时候，如果看好某种行业，了解、分析和研究这个行业的操作方法、流程、技术、管理等都是非常有必要的。比如，生产行业中还有很多细小的生产行业，创业者对具体的小行业同样需要进行考察分析。只有行业分析准确了，才能顺势而为。

（二）市场热点追踪法

市场是创业者的生命。创业项目投资要注意把握市场商机，寻找热点市场。市场经济的规律告诉我们，经济发展总有某个重点阶段，行业发展总有高潮和低谷，大众消费总有某个热点时段。所以创业者开公司开店，势必有一个热点时期、热点市场，这个时候如果创业项目做得早、下手准、抓得紧，控制好投资规模，创业者大都可以成功获利。

（三）商业盲点寻找法

创业者要善于从身边、从媒体信息或者自身爱好中发现商机。创业者要像猎犬一样，具有十分敏锐的嗅觉，看到每一个角落存在的商机，发现别人不能看到的商业盲点，这样的创业往往能够取得成功。但创业者需要注意的是，不能因为赚钱的欲望和盈利的驱动，去追求那些利润高、投资回报短、热门畅销的行业和项目，而忽略了那些初期看似利润较低，创业又不费力，但有广阔发展空间的项目。创业者选择创业项目，就是要独具慧眼，去寻找这些盲点项目。

（四）经营环境评估法

经营环境评估对选择创业项目十分重要，因为项目成功与否往往是环境决定的。创业者选择创业项目，首先要对这个项目所在的环境进行分析、研究、评估。小到企业生存的自然环境，大到社会环境，都要考虑进去，最好选择小环境优质、大环境优良的具有双重优势的环境进行创业，这样成功的概率就会大很多。

（五）销售利润分析法

利润是指企业销售产品的收入扣除成本价格和税金以后的余额。它是企业一定时期内获得的经营成果，是商业行为追求的核心，也是创业项目投资考察的重点。只有不断获得利润，企业才有可能存活；只有获得更大的利润，企业才有可能成长壮大。因此，选择创业项目时，创业者要考虑自己将会获得利润。但在创业之初，不一定要追求利润的最大化，也不适合选择这样的行业，大学生创业应该从小处入手。

四、对预选创业项目的市场调研

在创业过程中，当预选好一个项目之后，接着就是要对此项目进行市场调研，收集、整理和分析相关的信息资料，为项目投资决策提供依据。创业项目的市场调研的内容主

要包括以下几方面。

（一）调查创业项目的市场需求状况

市场的需求情况对未来企业的生产经营状况有着决定性的作用。没有需求的创业，是无源之水、无本之木，是无法做到生意兴隆、企业兴旺的。因此，大学生在决定选择创业项目之前，必须仔细调查研究该创业项目建成之后产品的市场需求情况。一般而言，调查需求状况包括服务对象的人口总数或用户规模，人口结构或用户类型，项目产品的需求总量、需求结构、需求规律，市场需求动机等。

（二）调查创业项目的外部环境

创业的外部环境是创业者本身无法控制的外部因素。从根本上来说，外部环境对创业活动的决定性作用在于它能为各种创业活动提供各种精神的或物质的条件，能从各个方面影响创业活动的进程，决定创业活动的成败。影响创业活动的外部因素主要包括经济环境、政策与法律环境、科技环境、文化环境等内容。外部因素极为复杂，各种因素对创业活动所起的作用又各不相同，并且在不同的客观条件下，这些因素又以不同的方式组合成不同的体系，发挥着不同的作用。因此，在确定创业项目、从事创业活动前，必须收集各种信息，认真分析、研究外部环境的发展变化，了解产业与市场结构变迁的趋势，把握国家关于发展经济的政策导向，社会文化、价值观念的变迁等。否则，很可能因为不了解外部环境而导致创业项目选择不合理。只有适应外部环境的客观实际，开拓创新，创业活动才能得以顺利进行。

（三）调查项目的竞争状况

大学生在选择创业项目时还需要深入调查、了解、研究产品的市场竞争状况，需要调查了解的情况包括竞争对手的数量、经营状况、劳动效率、优势和弱点、竞争策略以及潜在的竞争对手等，还可以从先进入市场的企业的一些经济技术指标、人员培训方法、重要人才进出情况、新产品的开发计划等情报，加以对比、借鉴或参考。

（四）调查创业项目的现有资源

只有具备充足的原材料，创业投资项目建成竣工并投入使用后，才能保证企业的正常运转，获取预期的收益。如果没有充足可靠的原材料，创业投资项目将很难取得预期的收益。创业者在确定创业项目之前，只有将这些情况调查清楚，才能理智地分析判断，做出正确的决策。

（五）调查创业项目的效益

在创业者进行的调查活动中，创业项目可能获得的效益是需要考虑的重要因素之一。

由于价格水平的高低及其变动情况直接影响产品的销售，对于企业的经济效益具有十分重要的意义。因此，对创业项目的效益进行预测时，要重点进行价格调查。价格调查的内容主要包括建设厂房的总造价、生产设名的总投资、为创办企业应缴的各种费用、产品的原材料价格、生产工人和管理人员的工资、产品的市场价格以及变动趋势等。

第三节　大学生创业资源的整合

创业资源是大学生开展创业活动的前提条件，是新创企业必不可少的组成部分。一般来说，刚毕业的大学生所具有的创业资源是相对有限的，为了保证创业活动的顺利开展，大学生创业者就必须对其所拥有的创业资源进行合理的整合，充分发挥各种创业资源的价值。

一、创业资源的定义

"创业资源是指新创企业在创造价值的过程中需要的特定的资产，包括有形与无形的资产，它是新创企业创立和运营的必要条件，主要表现形式为创业人才、创业资本、创业机会、创业技术和创业管理等。"

二、创业资源的分类

创业资源按照归属的角度划分，可以分为内部资源和外部资源；按照资源对企业的作用，可以分为要素资源和环境资源。按照能否给企业带来竞争优势，可以划分为普通资源和战略资源。下面我们就对创业资源的不同分类进行具体的介绍。

（一）按照资源的归属权划分

1. 内部资源

创业者的内部资源归创业者所有，内部资源是在法律法规的范围内，创业个人或者团队可以自由使用的各种资源，如企业的创业者、员工、机器设备、材料、土地、厂房、资金、技术、员工的时间等，包括有形资产及无形资产两个部分。内部资源对创业者的成功起到了巨大的作用。它具体包括以下几个方面的内容。

（1）房产和交通工具

房产和交通工具一般是对资金资源的补充，它是创业的硬件资源，也是内部资源必不可少的部分。在需要的情况下，可以做抵押品向银行或其他投资人申请融资。如果这些房产和交通工具是按揭方式购置的，则要大打折扣。

（2）技术专长

技术专长是指有形技术和无形技术两个部分。有形技术是指某一领域公认的专家、已申请成功的发明专利，如注册会计师、工程师、医生、高级美工师、心理咨询师等；无形技术是指专有技术、科研成果或者对某个特定行业和领域的深入研究。

（3）现金资产

现金资产是指创业者本人（还可能包括其家庭）拥有的可以自由支配的资金。它除了包括货币之外，还包括变现的国债、股票等。现金资产一方面要为创业提供保障；另一方面也要保证家庭生活的正常开销。

（4）商业经验

商业经验是指对市场经济运行规律和商业规则的熟悉程度，商业经验丰富是商业成功运行的前提条件。因此，创业者要对进入的行业有一个深入的了解，通过研究和实践的方式积累商业经验。

（5）信用资源

信用资源是指创业者所拥有的信用程度。创业者的信用程度越高，信用资源就越丰富。在很多情况下，创业者或创业团队的信用资源都对企业的发展产生重要的影响。尤其是企业出现危机需要融资的时候，信用资源就显得尤为重要G

（6）家族资源

家族资源的涵盖面比较广泛，包括创业指导、学习机会、经济支持、人脉关系、客户资源等。所有的这些资源必须经过家族权威者的认可，才可以将其作用发挥到极致。

大学生处于资源积累的初始阶段，资源的数量和质量都不高，需要经历一个资源积累的过程。大学生积累经验应该从以上六个方面着手，除了获得家族的支持和房产资源外，重点是要通过实践积累商业经验，从而增强创业信心和相关的经营能力。同时，对技术资源和信用资源的积累也要高度重视，因为技术已经成为现代商业的核心竞争力。大学生创业者若能拥有产品方面的专利技术则能成为吸引投资和获得学校、政府大力支持的关键资源；信用是企业的生存发展之道，大学生创业团队只有重视信用资源，才能为企业的生存发展营造一个良好的氛围。

2. 外部资源

外部资源是指创业个人或者创业团队对外部资源的利用，这是创业个人或者创业团队与资源的拥有者存在某方面的共同利益。常见的外部资源，如技术供给者、销售商、原材料供应商、广告商以及相关政府部门等。下面将对外部资源的创业者的职业资源和人脉资源进行重点阐述。

（1）创业者的职业资源

所谓职业资源，即创业者在创业之前，在为他人工作时所建立的各种资源，包括项目资源和人际资源。大学生在创业之前，应当充分利用学校的资源，与老师和同学建立良好的关系，尤其是要把握教师手中的关系资源。大学生应重点建立与技术专家型教师和创业专家型教师的关系，使他们为自己的创业提供技术方面的指导。

（2）创业者的人脉资源

人脉资源是指创业者的人际网络关系，它对企业的发展具有重要的作用，具体体现在以下两个方面。

①朋友资源

朋友的范围比较广泛，包括同学、战友、老乡、同事等。俗话说"在家靠父母，出门靠朋友"，朋友对创业的重要性可谓是不言而喻。如果一个创业者不善于与商业精英或者是高技术水平的人结交朋友，那么他想在商场上立足是很困难的。创业专家认为，人际交往能力应列在创业者素质的第一位。

②同学资源

同学资源也是创业者不能忽视的人际资源。因为同学们最终都要走向职场，很多同学都有可能成为职场的佼佼者，尤其是名牌大学的学生。许多商界老板都意识到了这一点，纷纷到各大名校读 EMBA，主要目的之一就是拓展人脉关系。同学之间互相接触的时间长，一般不存在利害冲突，友谊一般都较可靠。对于创业者来说，战友、同乡资源同样是非常重要的。因为他们都建立在一定的感情基础之上，彼此之间的信任度较高。

大学生在积累人脉时应该从以下两个方面着手。

第一，创业团队的积累。大学同学彼此互相了解、互相信任，很容易成为创业伙伴，共同承担创业初期的艰辛与困难。同学之间的信任关系一旦形成，往往是比较稳定的。大学生要善于通过各种方式建立与同学的信任关系。例如，参加学校组织的社团、创业大赛等活动。

第二，创业贵人的积累。大学生在创业的初期，肯定会遇到各种各样的困难，此时，就需要他人的帮助和指点。大学生创业者需要在社会人士和高校老师中争取这种宝贵的支持，一个富有创业精神、勤奋努力的年轻人是能够获得成功人士的垂青和指引的。

（二）按照资源对企业的作用划分

1. 要素资源

它是指直接参与企业生产、经营活动的资源，如场地资源、创业资本、创业人才、创业技术和创业管理等。

2. 环境资源

它是指没有直接参与企业的生产、经营，但对企业生存发展起重要作用的有效性资源。如政策资源、创业信息、创业文化、品牌资源和创业机会等。

（三）按照能否给企业带来竞争优势划分

1. 普通资源

它是指用于正常开展企业活动的资源，如办公场所、办公设备等。

2. 战略资源

它是指可以帮助企业抵御竞争对手压力的资源。自身具有较强的竞争性。战略资源一般具备四个特征，即稀缺性、价值性、不可替代性、不可复制性。

三、创业资源的获取途径

创业资源的获取途径主要有以下几个方面。

（一）获取资金资源的途径

创业资金的获取，主要有以下四种途径。

（1）抵押、银行贷款或企业贷款。（2）依靠亲朋好友筹集资金，双方形成债权债务关系。（3）争取政府某个计划的资金支持。（4）采用所有权融资的方式。

（二）获取创业计划的途径

创业计划对创业者的成功具有重要的作用。创业计划的获取主要有以下几种途径。

（1）购买别人的创业计划，并对其进行修改完善。（2）吸引有创新想法、有设计理念的人加入自己的创业团队，使其成为新创企业的成员。（3）构思自己的创意，委托专业机构研究、编制创业计划。

（三）获取技术人才的途径

创业企业获取技术人才的主要途径有以下几个方面。

（1）购买他人的成熟技术，并进行技术市场寿命分析等。（2）吸引技术性的人才加入创业团队。（3）购买未完全成型的技术，在其基础上对其进行完善。

（四）获取市场与政策信息的途径

创业者应该根据自己企业的实际情况，选择技术、市场与政策信息，其获取途径有：政府机构、专业信息机构、图书馆、同行创业者或同行企业、大学研究机构、新闻媒体、会议及互联网等。

四、创业资源的特殊性

创业资源除了具有商业资源的特征之外，自身还具有一定的特殊性，主要表现在以下两个方面。

（一）创业者在创业资源中的作用举足轻重

创业者对创业的信心和决心与之后企业制定的目标策略、发展方向都有重要的关系，因此，创业者是创业过程中最重要的创业资源。雇员的素质也是一种特别重要的人力资源，创业者可以利用市场的力量和个人人格力量影响雇员的投入。

（二）创业资源多为外部资源

企业成立之初，内部资源并不充足。创业者必须把外部资源转化为内部资源来弥补资源短缺的问题，使公司的风险降低、成本降低，加强公司在市场中的稳定性。

五、创业资源的管理

（一）识别创业资源

"创业资源的识别是指创业者根据自身资源禀赋，对企业创业所需资源进行分析、确认，并最终确定企业所需资源的过程。"新创企业成长发展的重要前提就是能够对创业资源进行识别。资源识别的目的不仅是确认当前拥有的资源和所需资源，还要对可能需要的替代资源和潜在的资源进行分析，以便今后的获取。在对企业资源识别的过程中，要从企业内部资源和外部资源两个方面进行。新创企业资源的识别分为两种情况，具体识别过程如下。

1. 企业还未成形前

对企业资源的识别如果发生在企业还未成形之前，那么识别资源的主要目的就是分析今后还需要哪些资源，如何获得这些资源，使企业的发展具备一定的物质基础。

2. 企业建成之后

创业建成之后，对资源识别的过程可以分为三步。

第一步，对资源进行分类。按照一定的标准对创业资源进行分类，可以使企业资源的占有情况一目了然。一般情况下,创业资分为物质资源、社会资源、金融资源、人力资源、技术资源和组织资源。

第二步，对资源进行较为复杂的交叉分类。例如按照资源的结构属性划分，可以分为简单资源和复杂资源；按照资源是否具有使用价值，可以分为实用型资源和工具型资源。简单资源是那些构型简单、以所有权为基础的资源；复杂资源是那些构型复杂、以

知识为基础的资源。实用型资源是那些直接用于生产的资源；工具型资源是提供获取其他创业资源路径的资源。

第三步，对创业资源的基本情况进行详细的分析，并思考其获取的方式。在思考获取方式的时候尤其要注意是否有可以替代的资源，评估替代资源的成本及效益。

（二）获得创业资源

创业资源的获得是指在确认并识别资源的基础上，利用其他创业资源或途径得到所需资源并使之为新企业服务的过程。创业资源的获取途径是多种多样的，即使是同一种资源也有可能有不同的获取方式，同一种获取方式也可能收获不同的资源。总之，要根据企业的实际情况，将多种方式组合起来获取创业资源。

（三）开发创业资源

创业者获得创业资源之后，只是积累了企业发展的基础，还不能保证企业的成功运营。创业者还必须对创业资源进行开发，挖掘其潜在的价值。如何开发创业资源，使资源发挥更大的作用和价值，这是创业者在创业过程中重点考虑的问题。

对创业资源的开发，主要从两个环节进行，即资源合并和资源转化。

资源合并是指创业者对分散的各种资源进行整合，包括对内部资源和外部资源的整合，使新创企业在现有资源的基础上，形成较为完善的资源系统。这样一来，企业的各种资源就能够得到充分的利用，节约生产成本，提高效益。

资源转化是指创业者或创业团队把个人的优势和能力转化到企业的生产经营中，使企业产生独特的竞争优势。创业者的这种转化大多是伴随创业资源开发过程完成的。

（四）利用创业资源

创业资源的识别、获得、开发都是为创业资源的利用做准备的，如果创业资源不被利用，那么前面的一切管理都是没有意义的。作为资源整合过程的最后环节，资源利用是新企业创业资源价值实现的过程。因此，为了实现创业资源的价值，使得创业资源得到合理的利用，新创企业需要运用自身的资源整合能力，根据企业的实际情况对资源进行合理的配置，从而达到提升竞争力、提高效益、创造财富的目的。对资源的利用并不是一次性的，它也是一个循环往复的过程。整合资源的最终目的就是发挥资源"1+1 > 2"的增值效应。充分合理地利用资源，对企业制定切实可行的战略规划具有重要的意义，也为新企业未来的发展打下良好的基础。

六、创业资源整合的原则

创业资源的整合是一个复杂的动态过程，是创业企业对不同来源、不同层次、不同结构、不同内容的资源进行选择、汲取、配置、激活和有机融合，使之更具较强的柔性、条理性、系统性和价值性，并对原有的资源体系进行重构，摒弃无价值的资源，以形成新的核心资源体系。为了保证创业资源的整合的合理性，创业资源整合必须遵循以下几项原则。

（一）互惠性

之前我们提到过，创业资源大部分来自外部资源，也就是说大部分的创业资源实际上都是一个相对独立的利益体。在创业资源整合的过程中，创业团队与创业资源是在双赢的目标之上进行整合的。双方共同创造新的价值，才能都获得进步和发展。因此，资源整合围绕的核心就是创造价值。

（二）渐进性

创业资源的发掘、利用并不是一蹴而就的，它都要经历一个循序渐进的过程。资源的开发和利用需要考虑三个方面的因素，即成本、收益和不确定性因素，因此，对于每一种创业资源，都应当选择一个适当的整合时机，以降低资源的维护成本。

（三）目的性

创业资源可以分为内部资源和外部资源。两种资源的开发利用都带有一定的目的性。整合内部资源主要是为了防止出现一些资源不能使用的问题，这样做可以提高资源的利用效率。整合外部资源的主要目的也是保证资源可以得到充分利用。

七、创业资源整合的过程

资源整合的过程主要包括四个方面，它们互相联系、互相影响，形成一个有机统一的体系。

（一）资源扫描

（1）创业者对自己拥有的资源要进行盘点和了解，并对自己拥有的资源进行归类，分清楚哪些是内部资源，哪些是外部资源，哪些资源是普通资源，哪些资源是战略性资源。（2）要清楚资源的数量和质量，做到心中有数，这样才能分析出资源的优势和不足。（3）要确定创业资源的获取渠道，对资源拥有者的利益需求进行深度分析，找到与自己利益相关的契合点。（4）瞄准与企业发展有关的社会关系，并逐步扩充社会网络。

（二）资源控制

资源控制主要包括三个部分，即创业者自身资源的控制、交易获得的资源控制、通过社会网络获得的资源控制。

资源控制的方式主要有并购和购买两种方式。

（1）资源并购，是指采用股权收购或资产收购的形式，将企业外部资源内部化的一种交易方式。（2）资源购买，是指从市场中购入企业发展所需的资源。

创业者在最初进行创业的时候，拥有的资源并不充足，需要通过以上两种方式来丰富资源。除此之外，创业者的声誉、能力、行为等是吸引潜在资源的决定性因素。

（三）资源利用

资源达到一定的数量时，就需要对它们进行充分、合理的利用，以体现出这些资源的价值。企业资源在未整合之前大多是分散的、有些资源的作用在某些方面是相同的，因此，就需要对企业收集到的资源进行分类、整理，使它们能够产生最佳效益。资源在整合之后，就会形成新的资源优势，产生"1+1＞2"的效果，并为下一步拓展奠定基础。

（四）资源拓展

资源拓展，又称为资源的再开发，主要是指对不同的资源建立联系的过程，一方面将现有的资源与以前的资源建立联系；另一方面是把现有的不同资源建立联系，不断挖掘资源的功能与价值，即不断开拓资源的范围。资源拓展会为企业的发展注入新鲜的活力，为企业的进一步发展奠定坚实的基础，它是企业保持生命力和竞争力的重要手段。除此之外，资源开拓也会为企业带来更多的商机。

八、创业资源整合的机制

合理的整合资源机制可以长久地保持企业所需要的资源。因此，建立创业资源的整合机制是十分有必要的。具体来说，创业资源的整合机制包括以下几个方面的内容。

（一）共赢机制

企业对非所有权的控制已经成为企业管理的重要组成部分。企业联盟是加强非所有权的重要形式之一。

（二）利益相关者机制

利益相关者，指与创业者创建新企业有直接利害关系的自然人或法人单位。它负责对新创企业提供各种资源，建立起以利益相关者为核心的资源整合机制，对企业的持续发展具有重要的作用。企业建立资源整合机制的时候，一方面要寻找比自己具有优势的同行业合作者；另一方面还要寻找在资源上可以互补的合作者。创业者只有增强自信心，提高企业在社会上的声誉和地位，与利益相关者共同分享收益，才能吸引到具有优秀资源的合作者。

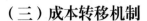

（三）成本转移机制

转移成本是一家供应商更换到另一家供应商所产生的一次性资本。转移成本的内容包括重新训练员工的成本、需要技术援助的成本、增加人口辅助设备的成本、重新设计产品的成本等。转移成本的形式主要有两种，即他人转移成本的形式和自我转移成本的形式。

（四）杠杆机制

杠杆机制主要是指以最少的资源获得最大化的效益。杠杆机制对资源的影响具体表现为以下两个方面。

（1）资源的使用率提高，使用寿命延长。（2）可以充分利用资源的替代品，使整合后的资源具有更高的复合价值。

参考文献

[1] 新时期大学生创新创业教育的研究与实践 [M]. 西安：陕西旅游出版社 .2020.

[2] 李璞著 . 新时期大学生创新创业教育与创业风险研究 [M]. 北京：中国纺织出版社 .2018.

[3] 丁锋著 . 新时期大学生创新创业与职业发展研究 [M]. 哈尔滨：哈尔滨工业大学出版社 .2018.

[4] 尉海东著 . 新时期大学生创新创业教育 [M]. 吉林：吉林出版集团股份有限公司 .2016.

[5] 林志达著 . 新时期大学生创新创业教育的研究与实践 [M]. 北京：光明日报出版社 .2017.

[6] 刘云华著 . 新时期大学生创新创业教育研究 [M]. 北京：国家行政学院出版社 .2016.

[7] 郑硕，黎凤林，侯赛著 . 新时期下大学生创新创业指导研究 [M]. 昆明：云南美术出版社 .2018.

[8] 文薪燚著 . 新时期大学生创业准备与创业团队管理专题研究 [M]. 北京：中国商业出版社 .2017.

[9] 王宏著 . 高校大学生创新创业能力培育研究 [M]. 长春：吉林人民出版社 .2017.

[10] 李新宇著 . 大学生职业规划与创新创业 [M]. 北京：中国书籍出版社 .2019.

[11] 王旭光主编 . 大学生创业基础教育 [M]. 北京：首都师范大学出版社 .2017.

[12] 张文佳责任编辑；（中国）金新 . 普通高等教育"十三五"规划教材大学生创新与创业教育 [M]. 北京：中国轻工业出版社 .2019.

[13] 高静，雷智中主编；张芝，张欣宇副主编 . 创新与思考 – 新时期工会工作探索 [M]. 沈阳：辽宁大学出版社 .2018.

[14] 赵世浩著 . 大学生阶段性成长研究与实践 [M]. 北京 / 西安：世界图书出版公司 .2018.

[15] 张丽主编；李智永等副主编 . 大学生就业与创业教程 [M]. 武汉：武汉大学出版社 .2017.

[16] 康海燕 . "互联网 +"大学生创新创业实践教程 [M]. 北京：北京邮电大学出版社 .2019.

[17] 钟之静著 . "互联网 +"大学生创新创业大赛蓝宝书 [M]. 广州：暨南大学出版社 .2020.

[18] 谭书敏，张春和主编 . 互联网 + 大学生创新创业教育概论 [M]. 成都：电子科技大学出版社 .2018.

[19] 侯力红，姬春林编著 . 互联网＋大学生创新创业教育研究 [M]. 北京：科学技术文献出版社 .2017.

[20] 陈审声 . 基于"互联网＋"视角下的大学生创新创业教育 [M]. 北京：冶金工业出版社 .2019.

[21] 刘晓莹，杨诗源主编 . "互联网＋"时代艺术类大学生创新创业基础教程 [M]. 厦门：厦门大学出版社 .2019.

[22] 戚雪娟，杨景胜著 . "互联网＋"背景下大学生创新创业研究 [M]. 北京：中国原子能出版社 .2018.

[23] 陈虹宇，曹颖主编；高薇冬，付芬，张艳副主编 . 互联网大学生创新创业入门 [M]. 北京：中国水利水电出版社 .2018.

[24] 高其胜主编 . 大学生创新创业基础 [M]. 长春：东北师范大学出版社 .2019.

[25] 陈雄主编 . 大学生创新创业实务 [M]. 厦门：厦门大学出版社 .2019.

[26] 李贺，王畅主编 . 大学生创新创业基础 [M]. 北京：北京理工大学出版社 .2019.

[27] 苏白茹主编 . 大学生创新创业基础 [M]. 厦门：厦门大学出版社 .2019.

[28] 万生新，姬建锋著 . 大学生创新创业教育 [M]. 西安：陕西人民出版社 .2019.

[29] 颜弘主编 . 大学生创新创业教程 [M]. 哈尔滨：哈尔滨工程大学出版社 .2019.

[30] 单林波著 . 大学生创新创业思维与方法研究 [M]. 北京：中国商务出版社 .2020.

[31] 龙玉祥，张承龙主编 . 大学生创新创业基础 [M]. 武汉：华中师范大学出版社 .2018.

[32] 张莉主编 . 大学生创新创业训练 [M]. 上海：上海交通大学出版社 .2018.